智能城市规划



# 智能建设

# INTELLIGENT CONSTRUCTION

吴志强　主编

上海科学技术出版社

图书在版编目（CIP）数据

智能建设 / 吴志强主编. -- 上海 : 上海科学技术出版社, 2020.9(2023.2重印)
（智能城市规划）
ISBN 978-7-5478-4776-3

Ⅰ. ①智… Ⅱ. ①吴… Ⅲ. ①互联网络—应用—现代化城市—城市建设—研究—中国 Ⅳ. ①C912.81-39

中国版本图书馆CIP数据核字(2020)第016154号

国家重点研发计划资助《城市新区规划设计优化技术》
（项目编号：2018YFC0704600）
中国工程院2015年度土木、水利与建筑工程学部咨询研究项目
《中国新型城镇化的智能建设战略研究》

智能建设
吴志强 主编

上海世纪出版（集团）有限公司
上海科学技术出版社 出版、发行
（上海市闵行区号景路159弄A座9F－10F）
邮政编码 201101 www.sstp.cn
上海当纳利印刷有限公司印刷
开本 889×1194 1/16 印张 11
字数：230千字
2020年9月第1版 2023年2月第3次印刷
ISBN 978-7-5478-4776-3/TU·290
定价：98.00元

# 内容提要

Synopsis

本书是“智能城市规划”丛书的第三本，汇聚中国工程院土木、水利与建筑工程学部等诸多院士的思想与智慧，以中国工程院咨询研究项目“中国新型城镇化的智能建设战略研究”为蓝本，从新型城镇化的定义入手，应用人工智能为引领的“大智移云链”新技术，以上海全市、浦东新区、杨浦区三个层面为剖析案例，针对我国城镇化过程中存在的6个突出问题，提出了中国城镇化建设智慧化的战略建议。

本书聚焦中国智能城镇化建设，可以为城乡建设管理、城乡智慧治理、城乡规划决策等方面的领导、学者以及相关专业的师生提供参考思路，以实现更美好城乡生活的目标。

# 本书编辑委员会
# Editorial board

# 序 Preface

我国《新一代人工智能发展规划》指出，到 2020 年，我国人工智能总体技术和应用与世界先进水平同步；到 2025 年，人工智能基础理论实现重大突破；到 2030 年，人工智能理论、技术与应用总体达到世界领跑水平的“三步走”目标。与其他国家人工智能发展规划的最大区别在于，将人工智能本身理论的突破与我国城镇化的历史进程进行结合，“以人工智能的发展推动我国城市规划、设计、建设全过程的智能化”，形成以智能化提升我国“智力城镇化”的高品质发展，以城镇化场景运用牵引新一代人工智能理论研究突破的方向。我国在人工智能科学理论和技术上的崛起与我国城乡建设的智能化双向驱动之间的结合，是实现中华民族伟大复兴的必经之路和特色所在。

未来城镇化是“智力城镇化”。“智力城镇化”体现在“城市智化”“规划设计智化”“建设组织智化”。人工智能将使城市在环境中具有自我学习、自我感知、自我迭代的能力，人类从未创造过具有自我进化能力的设备和环境；规划的智化，成为生产、生活、生态环境中具有革命性、颠覆性、自发性及应对根本任务的新型设计定义；建设、组织的智化，将全球最专业的人才纳入网络。

8 000 年的城市历史是从城市的物质世界开始的，在这个物质世界上支撑的是人类社会世界的不断发展，物质世界与社会世界的交互成就了城市的发育、不断迭代和进步。今天，我们的城市开始有了自己的第三元世界：城市的赛博世界（Cyber）。

正是因为城市的赛博世界的诞生，才有了“城市智化”的可能。“城市智化”不是一蹴而就的，而是一天一天不断进步的。2010 年上海世博会时就大规模使用了全场景数据感知和动态采集，后被称为“大数据方法”；在整个园区场馆规划设计中，研发并运用了大量的多场景推演，后被称为“虚拟现实”。2012 年，中国工程院以此为基础，以智能城市立项进行研究，“中国新型城镇化的智能建设战略研究”项目在 2014 年之前主要聚焦大数据研究，之后进入人工智能研究阶段。从 2014 年至今，我们的团队一直在人工智能技术应用于城市规划和研究方面投入大量时间和精力。

“智能城市规划”丛书——《智能城市》《智能规划》《智能建设》，正是未来三大智化趋势的知识和理论的积累，汇聚了国内外几十位院士和顶级专家的智慧和思想，反映了当今世界关于智能城市最前沿的研究和实践成果，指出了未来新一代智能城市的发展方向。

本丛书可以为城乡规划决策、城乡建设管理、城乡运营治理等方面的领导、学者，尤其是从事城市和社区智能化建设的企、事业领导提供参考思路和事业发展顶层设计的思想理论依据，同时也可以作为城市规划、建筑学、环境设计、道路交通、市政建设、土木工程、软件信息、公共管理、金融投资、风险管理等专业的教师和学生专业研读的前沿参考文献。

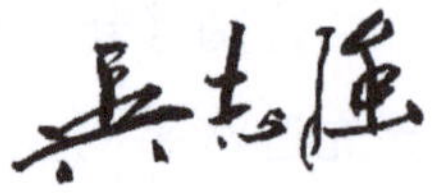

2020 年 8 月

# Preface 序言

2014年3月，中共中央、国务院印发了《国家新型城镇化规划（2014—2020年）》，其中第一篇“规划背景”中介绍了城镇化的重大意义、发展现状和态势，指出了在城镇化快速发展中存在的一些必须高度重视并着力解决的突出矛盾。文件迫切要求转型发展，以尽快克服传统城镇化带来的众多问题：“土地城镇化”、“摊大饼”式扩张；空间分布和规模结构不合理，与资源环境承载能力不匹配，各种“城市病”日益突出；对历史文化遗产保护不足，从而造成“千城一面”和缺乏特色；以及体制机制不健全等阻碍城镇化的健康发展。

2014年冬，时任中国工程院常务副院长的潘云鹤院士希望同济大学城镇群智能协同创新中心（以下简称“中心”）能对“新型城镇化”的建设进行一些研究。作为中心的名誉顾问，我虽然不是城市规划的专家，但很愿意为中国新型城镇化的健康发展发挥自己的一点余热。中心主任吴志强教授知道我刚完成了《宜居城市的绿色交通体系及发展对策》的咨询课题，具体的工作则由吴志强教授主持进行。

2015年2月初召开了第一次工作会议，讨论了项目研究计划。由于咨询课题要在一年内完成，项目组决定把上海市整体、浦东新区和同济所在的杨浦区作为大、中、小三个层次的实例进行研究，通过规划理念的创新，对存在问题进行大数据科学剖析和诊断，提出解决对策的具体规划方案以及预期效果的检验方法，希望能为上海市在“十三五”规划中的城市建设出谋划策，作出一点贡献。

3月下旬，项目组拜访了上海浦东新区政府的有关领导，就浦东新区的城镇化规划和存在的问题进行了交流和研讨。4月中旬，项目组又和杨浦区有关领导举行了研讨会，并于6月底完成了初稿。7月上旬，项目组对初稿进行了讨论，提出了修改意见，于9月底完成了第二稿。

10月中国共产党十八届五中全会召开，提出了“十三五”规划的初步意见。上海市政府也开始部署上海市在“十三五”时期的深化改革和发展计划，以及2020年的目标，其中也包括城镇化方面的具体安排。项目组在了解了上海市的“十三五”规划内容后，又对报告的第二稿进行了调整和补充，于11月底完成了第三稿。

本书旨在按照“新型城镇化”的理念，运用基于信息化和互联网的大数据分析方法和科学规划理论，剖析城镇化进程中存在的不足和挑战，提出“十三五”期间亟待解决的问题及其智能建设方案，包括规划调整、重点项目的绿色建设方法、交通设施的补充和完善，以及必要的政策引导等方面的建议，供建设决策时参考。

希望本书的最后一章“推进城市智能建设战略建议”（汇聚了诸多院士的集体智慧，充分反映了本课题研究的重要结论和建议）对我国未来的城市建设与规划有所裨益，明确新型城镇化下城市建设中的智能化方向，提升我国城市现代治理水平，以智能建设方向和科研攻关，实现 2010 年上海世博会“城市，让生活更美好”的愿景，跻身世界宜居城市的前列。

# 导言
# Introduction

城市建设的智能化，也就是这本书的名字“智能建设”，既是信息时代、技术时代的最新领悟，也是城市建设历史遗留问题的解决方案；既是世界性的研究前沿，也是具有中国特色的研究课题。因为中国城乡建设的速度、规模和品质需求，以及对环境的影响，都是史无前例的。

城乡建设的智能化过程，需要把握城市的大数据。只有建构在大量实践感知之上，城市建设才有可能寻找到自己的基本特征、建设规律、痛点难点及其解决路径。没有感知就没有大量的数据，没有大数据的支撑就不可能对城市建设进行智能化提升。

城乡建设的智能化提升，需要把握城乡建设的基本规律。没有基本规律的认识和支撑，城乡建设也只能在盲目的道路上、粗放的道路上徘徊和停滞。只有按照城乡建设的规律，才有可能进行科学的预测和科学的诊断，并指出未来技术攻关和产业攻关的关键突破点。

城乡建设的智能化诊断，在于城市建设和城市运行中的大量复杂关系建构规律中间的关联系数，以发现城市建设和运营过程中的社会、经济、生态、文化、物质空间之间的互动关系，并按照这种关联系数判断城市各要素之间的相互影响和关键控制节点。

世界的城镇化发展是有基本规律的。各国城镇化发展是否健康，只有在此生活的人们对其美好生活的向往意愿的满足得以正确地判断。中国的城镇化道路在原有的基础之上，走向健康可持续的发展道路，不仅仅是基于国情的，基于各个地区和城市的，更是应该利用其后发优势，是生态智慧的。

我把中国城镇化道路的“新型”认作为以下几个方面：生态的、智慧的、创新的，为人民的美好生活服务的。可能还有更多的要素，但以上是不可缺失的要素。

本书聚焦中国城市未来建设中的智能化，以“智能建设”为书名，以中国工程院土木、水利与建筑工程学部咨询研究项目《中国新型城镇化的智能建设战略研究》为依托，汇聚了学部内外诸多院士的思想和智慧。从新型城镇化的定义入手，聚焦以人工智能为引领的“大智移云链”（大数据、人工智能、移动互联网、云计算、区块链）新技术革命提供的技术可能，以上海市、浦东新区、杨浦区三个层面的城市为剖析案例，针对我国城镇化道路过程中存在的6个突出问题，提出了中国城市建设智慧化的战略建议。

本书最后提出的战略建议，可以为城乡建设管理、城乡智慧治理、城乡规划决策、建设企业领导、城市治理学者及相关专业的教师与学生，面向城乡建设智能化发展和研究，提供参考思路。以智能化的路径，支撑中国未来的城乡建设，实现更美好城乡生活的目标。

吴志强

# 目录
# Contents

# 第一章　新型城镇化和建设智能化的理论内涵

# CHAPTER 1
# THEORETICAL CONNOTATION OF NEW URBANIZATION AND INTELLIGENT CONSTRUCTIONS

## 1.1 新型城镇化的内涵

Theoretical Connotation of New Urbanization



2011 年 4 月，中国工程院（下文简称“工程院”）启动了重大咨询项目《中国特色新型城镇化发展战略研究》，由中国工程院名誉主席徐匡迪院士担任项目组组长，中国工程院与中国科学院数十位院士、100 多位专家共同参与。在对国内多省实地考察的基础上，广泛研讨、多次论证，并向国务院总理李克强、常务副总理张高丽及有关部门领导汇报项目成果。于 2014 年 2 月出版了项目研究成果《中国特色新型城镇化发展战略研究》。

城镇化，既是社会进步的历史成果，又是我国现代化建设的动态进程，是现代文明进程的重要标志。自 2012 年以来，国务院总理李克强多次提到城镇化问题，中央高层连续出台相关文件。对城镇化问题的高度关注，反映了城镇化对调整经济结构的重要作用。

实现国家现代化，必须健康地推进城镇化。城镇化同时也是双刃剑。不合理的城镇化会造成资源能源消耗增长、乡村文明毁灭以及社会矛盾加剧，负面影响不容忽视。

作为社会经济发展的结果，城镇化发展是一个长期的历史过程。对某一国家或地区而言，即使城镇化率达到较高水平且保持稳定，城镇的各项功能仍在发展，城乡居民的社会生活仍在变化，城镇化发展仍在持续。

城镇化是现代化建设的动态性结果，也是历史进程的自然结果。未来 20~30 年是我国现代化的重要战略机遇期，也是新型城镇化发展的关键时期。顺势而为，妥善引导，将释放巨大的内需潜力，成为带动经济社会发展的持续动力；走得不好，现有的“城市病”将蔓延，影响现代化进程，陷入“中等收入陷阱”。

作为《中国特色新型城镇化发展战略研究》的重要成果，“新型城镇化”的“新型”体现在：不断汲取传统城镇化进程中形成的人类共同文明的最新理念和最高智慧，努力实现经济社会全面协调的可持续发展。中国城镇化需要实现转型发展，改变粗放式、城乡二元分割的城镇化发展模式，实现区域协调发展。

中国的城镇化比其他国家更需要开展生态文明建设。必须清醒地认识到，中国的城镇化道路不能照抄国外的发展模式，不能任何方面都追求与世界接轨，而应更加针对自己的需求：生态的，智慧的，创新的，为人民的美好生活服务的。

新型城镇化发展，是努力建设以人为本的宜居家园的发展，是更加注重提升质量和效益的发展，是产业集聚、创新驱动、产城融合、“四化”同步的发展，是城乡统筹、公共服务均等、逐步消除城乡二元结构的发展，是以生态文明理念为指导、以建设生态城市为目标的发展，是体现中国城市地域特色、弘扬优秀文化传统的发展。

以新生代农民工成为人口迁移主体和城镇化率首次超过 50% 为主要标志，我国城镇化发展已经进入了中期阶段。城镇化率达到 50% 左右，曾经是发达国家依靠科技创新促进经济快速发展的“黄金时期”，也往往是积累的矛盾凸显和“城市病”集中爆发的阶段。这一阶段急需调整城镇化发展战略和模式，把提升质量和效益放到更加突出的位置上来，实现健康稳妥的可持续发展。

城镇是推动社会生产力发展最有效的空间聚集形式，是产业集聚和创新生成的高地，是经济发展的主战场。要通过城镇化推动经济发展，实现产城融合，形成产业聚集，打造创新高地。工业化和信息化的深度融合是未来城镇化进程的主要推动力，而城镇化发展本身是我国新型工业化的巨大内需潜力和拉动力。现代农业、现代服务业的发展，对支撑新型工业化、提升城镇化质量具有重大意义，是城镇化进程中必须协调的重要方面。推动城镇化的健康、高效发展，必须“四化”同步、协同发展。在这一过程中，要坚持信息化的全面渗透和倍增作用。

从“五位一体”的高度把握生态文明在城镇化进程中的地位和作用，把生态文明渗透到城镇化发展的规划设计及基础设施建设、自然生态系统保护和绿化、生产和消费方式、法治和文化教育等各领域和全过程。以环境承载力为前提，规划城镇发展建设的合理规模及相关的约束性指标，创新城镇发展模式。强化对自然资源、历史人文资源及城乡生态环境的保护力度，因地制宜地推行新型农村社区建设，从整体上形成集约紧凑的城镇布局形态

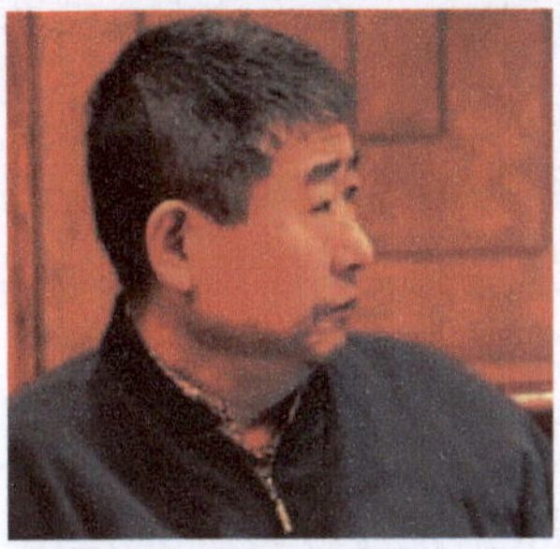

**江亿　院士**

清华大学建筑学院教授

城市规划的智能化，首先用于城市发展规律的精准把握和科学模拟。关于城市规划建设的理性化过程，早在20世纪60年代，吴良镛先生和冯康先生等学者就做出了大量的探索。但是由于城市问题远远不是物性问题，而且其数量量级极大，无法通过简单的物理模型解释。当时虽然有想法，但没有数据，导致规划与科学存在距离。城市的规划建设比具体工程复杂，涉及经济学、社会学等许多方面，变量极多，不确定性大，很难建立清晰可靠的模型，从而无法准确把握城市发展的规律。

随着新时代、数字时代的到来，大数据的海量数据挖掘成为可能。同时，依靠非结构数据超越原有数理模型，使得建设的智能化也成为可能。此外，通过黑箱、灰箱理论进行规律解释，以定量理性科学方法提升并超越传统城市规划，产生时代的飞跃。建议应该科学、理性地回答以下重要问题：

对中国整个城镇化进行总量决策，比如，中国究竟一共有多少建筑面积，据我了解，这个值在490亿~570亿$m^2$，不同的口径说法不同，但具体数字到底多少？这对于国家层面的总量控制十分重要。

现在每年还在建100亿~120亿$m^2$的建筑，这个值应该多少是合适的？我国这样的建设速度还能持续多长时间？

我国作为一个发展中国家，未来城市人口多少，未来需要多少建筑面积，应该进行科学的整体把握。否则，如北京丰台区近期出现了新的地王，平均地价25 000元/$m^2$，总标价86亿元。这必须从总量上进行科学认识和控制。

要充分认识和理解，哪些是以前没有的技术，哪些是现在有的技术。在大数据、云计算、互联网、可视化、移动时代的今天，这些技术中，城市建设有哪些可以使用，可以进行哪些主要的定量化和预测分析。

需要明确指出，未来城市城镇化中碰到的问题，比如信息孤岛，各机构需要在战略建议中进行统合。同时，也需回答如何应对和解决城市的安全问题、交通问题、布局问题、科学发展问题。只有在此基础上，才能进行科学的决策和咨询。

和产业功能配套，以及符合生态文明理念的城乡空间结构。

### 1.1.1 中国城镇化面临的问题

首先，需要全面总结中国过去传统城镇化所面临的主要问题：

中国改革开放 40 多年来，各地都在招商引资争取扩大产值，各省会城市都占有各省产值的 1/3，使人口急剧扩张，农民工聚集到省会城市和北上广等特大城市，由于资源不足，大量聚集城市的农民工不能完全享受市民待遇。公共交通系统跟不上房地产，大量汽车造成大气污染和交通堵塞。这种“中心化”的发展缺乏全国空间的整体合理规划布局，大多采用“摊大饼”方式，层层向外扩张，过多的功能聚集在一个中心城市。这种空间中心集聚化的发展理念，必须要转变成为“区域城镇群落”的发展理念，使功能分散成多点，均衡布局，协同发展。全国小于 50 万人口的数千个城镇，几百个小于 300 万人口的地级市和数十个小于 1 000 万人口的省会城市，以及若干超过 1 000 万人口的特大城市，组成一些区域城镇群，使全国人民安居乐业，生活幸福，职住平衡，减少交通拥堵，保护环境，组成国家级、省市级、地方级的多层次城镇群落。

（1）区域发展不平衡

我国幅员辽阔，各地区自然环境、资源禀赋和历史发展基础不同，导致我国不同区域间客观上存在经济社会发展和城镇化发展的差异。虽然近年来国家相继实施了西部大开发、振兴东北地区老工业基地、促进中部地区崛起等区域发展政策，原本经济落后的地区有了提升，但全国范围内的城镇化水平仍然存在着发展不协调、发展差距较大的情况，客观上造成了人口等各类资源要素的大范围、长距离流动，大幅增加了整体发展的成本。2020 年，我国东部地区城镇化率平均达到 62%，中部城镇化率达到 48%，西部城镇化率达到 45%，西部落后东部约 18%。东部地区人均 GDP 约为中、西部地区的 2 倍多，中、西部地区的经济发展和城镇化发展相对滞后。

另外，我国还存在规模庞大的集中连片特困地区。据统计，占全国总面积 40.8% 的 14 个集中连片特困地区中，农民人均净收入仅为 2 675 元 / 年，不足全国平均水平的一半；全国综合排名最低的 600 个县之中，有 521 个位于集中连片特困地区内。经过几年的脱贫攻坚战，虽然绝对贫困的状态有了历史性的改善，但是由于自然和历史原因，我国少数民族地区和边疆地区经济发展仍然落后，基本公共服务设施供给严重不足，发展的任务十分艰巨。

（2）发展模式粗放

虽然城镇化已在集约节约利用土地、高效利用能源资源方面作出了巨大贡献，但我国大多数城镇发展模式比较粗放，造成了土地、能源、水等资源配置不合理和利用效率低，在建设过程中充分反映了治理水平粗放的问题。

从土地资源看，大多数城市偏重用地规模的外延扩张，出现了“土地城镇化”速度快于“人口城镇化”的现象，土地资源低效利用问题在一些城市普遍存在。珠江三角洲地区 GDP 每增加一个百分点，就要消耗 $3.39 \times 10^7\ m^2$ 土地，目前已经陷入用地紧张的状况。以开发区为主体的工业用地利用方式，虽然经历了清理整顿，目前仍存在发展粗放、产出效率不高的问题。另外，相当部分的开发区与城市空间分隔，面临着服务配套不足、职住不平衡等问题，制约了工业的转型提升。

从水资源来看，我国人均水资源仅为世界平均水平的 1/4，有 300 多个城市属于缺水型城市。水资源浪费严重，不少城市供水管网漏失率超过 20%。有些城市不顾水资源条件，盲目上马高耗水项目，进一步加剧了水资源紧张的状况。部分城镇因超量开采地下水，出现了区域性地下水位下降现象，形成大面积的漏斗区。

城市能耗不断加大，利用效率仍有待提升。城市发展虽然为我国集约利用能源作出了重大贡献，但与国际先进水平相比仍存在较大差距。如单位建筑能耗比同等气候条件下的西欧、北美国家高出 2~3 倍。

（3）大城市“城市病”凸显

人口、产业等各类要素向大城市过度集聚导致的环境污染、交通拥堵、城市安全等问题已经严重制约城市的良性运转，成为制约大城市可持续发展和竞争力提升的重要因素。

城市环境污染现象日趋突出，严重威胁居民健康。研究表明，我国城市大气可吸入颗粒污染物超标情况严重；二氧化硫浓度依然维持在高水平，为欧美等发达国家的 2~4 倍；臭氧、灰霾等二次污染问题日趋严重；部分特大城市的灰霾天数已经达到全年的 30% 以上，PM2.5 超过标准值 6 倍。我国城市环境保护工作面临从控制局部污染向区域联防联控、从控制一次污染向控制二次污染、从单独控制个别污染物向多污染物协同控制转变的复杂局面。

大城市交通拥堵严重，城市运行成本不断提升。2019 年全国载客汽车保有量达 2.25 亿辆，小型载客汽车保有量达 2.21 亿辆，其中私家车持续快速增长，2019 年首次突破 2 亿辆。伴随着机动车数量的增加，我国大城市普遍出现了严重的交通拥堵现象。2019 年第三季度上海高峰平均车速已经低至 24 km/h。严重的交通拥堵产生了巨大的外部效应。有研究测算，因为交通拥堵问题，中国 15 座城市日均损失近 10 亿元。

**崔俊芝　院士**

**中国科学院数学与系统科学院计算数学与科学工程计算研究所研究员**

国家城镇化发展与时俱进地提出了城市的智能与信息技术应用。

近二十年来，我国提出了城市智能化、信息化、数字化等各种名词，数字化城市管理原来是针对市政管理的智能化，而现在提出的智能化则是面向全市政府层面的。智能城市的建设，需要把物联网、云计算、3S 技术等信息技术，与政府管理部门的深度社会管理体系建设相结合，技术与管理紧密结合，才能构成智能城市的体系。

我们同时应该认识到：过去一直都提出城市的规划建设管理，忽视了乡镇的建设和发展，这样的做法是不对的。城市和农村不能搞两极化，必须一体化，特别是城市和城市周围，否则城市中心很智能，郊区和农村很落后，这样的情况仍是不利于社会发展的，这样的情况同样不是智能城市。

城市突发灾害增多，城市防灾减灾设施亟待完善。近年来，城市暴雨等气象灾害、污染物泄漏等事件频发。城市作为人口、生产要素高度聚集、叠加的巨系统，重大灾害事件发生的种类、频率、连发性及造成的损失都大于非城市地区。我国传统的城市防灾减灾基础设施建设，在抵御外部自然灾害风险中发挥了重要作用，但从有效应对当代突发事件的能力来看，还存在着诸多问题。

（4）中小城市设施不够完善

我国中小城市整体上发展较弱，产业发展动力和公共服务提供能力不足，严重制约了中小城市的产业和人口集聚能力。设施建设滞后，公共服务水平低，难以形成较为完善的城镇供水、排污、供电等基础设施体系和商业、科技、教育等社会化服务体系，降低了其人口、产业承载能力，难以适应人口、产业进一步集聚的发展需求。

落后地区的中小城市由于经济发展落后，设施不完善，提供工作岗位不足，不能起到集聚人口的作用，难以发挥中小城市对乡村地区发展的带动作用和农业服务支撑作用；发展较好的中小城市，在产业转移过程中获得了新的发展机会，经济加快发展、人口快速集聚。但由于在现行财税分配制度和建设用地指标分配等相关政策下，其财政权与事权不对等，致使其设施建设滞后，公共服务不完善，未能达到相应的水平。

### 1.1.2 新型城镇化的创新

**（1）新型城镇化不应以环境为代价，重蹈发达国家覆辙**

在 50% 城镇化这个点上，发达国家同阶段，面临若干生态事件。自 19 世纪 60 年代英国工业革命开始，世界各国陆续进入工业化进程。工业化对城市的经济发展起到了巨大推动作用，但同时对环境破坏巨大。几个早期工业化国家，在各国城镇化率达到 50% 的前后，生态与环境问题均呈现出集中爆发的态势。

作为第一个工业化的国家，1851 年英国城市人口首次超过农村，达到总人口的 50%，实现了初步城市化。在这个时代的末期，英国又率先实现高度城市化。1891 年，城市人口占总人口的 72%；1900 年，城市人口占总人口的 75%。

工业化对城镇化进程的推动作用十分显著，英国因此成为 19 世纪最强大的国家。然而环境问题逐渐凸显。19 世纪中叶，城市卫生协会对当时英国主要城市状况的报告这样描述："博尔顿市：实在糟；布里斯托尔市：糟极了，死亡率很高；赫尔市：有些部门坏得不堪设想，许多地区非常污秽，镇上和沿海排水系统都极坏，严重拥挤和普遍缺乏通风设施。"

19 世纪，英国城市的环境问题主要为水体和空气污染，由此造成多种传染病及早期公害。19 世纪，烟雾腾腾到处充满恶臭的城镇吞噬了成千上万英国人的生命。

美国在 1918 年达到 50% 的城镇化率。这段历程中，美国也面临着土地贫瘠、森林大量砍伐、工业废气导致酸雨不断、卫生设施不足、河流污染等问题。20 世纪 50 年代，美国洛杉矶发生了世界八大公害事件之一的光化学烟雾污染。此外，西部矿产劫掠式的开采，使矿区自然生态严重失衡；伴随着工业的发展，工厂不断增多，排放出的废气、废尘随之增加，空气污染严重，酸雨不断。同时，人口增长惊人，城市住房和卫生设施严重不足，废物被随意倾倒，河流污染严重。

德国于 1893 年达到 50% 的城镇化率，环境问题也接踵而来。有关鲁尔区污染状况的记载触目惊心：数千座烟囱夜以继日地排放滚滚浓烟，雾霾天气严重时伸手不见五指；天降灰雨，城市好像被火山灰掩埋的庞贝古城；衣物不能在室外晾晒，否则会变得更脏；长期生活在污染地区的居民出现轻微的呼吸道痉挛，白血病、癌症及其他血液病的发病率也明显上升；而莱茵河的污染简直让其成为"欧洲下水道"。

中国的经济产业在 1978 年改革开放后经历了 40 多年的快速发展，伴随中国腾飞的是中国城乡环境的严重污染。中国的发展和面临的环境问题在一定程度上，同发达国家的特定发展阶段具有一定相似度，可以从发达国家治理环境的历程中获得启示。

1）将环境治理与空间规划有机结合

目前我国各城市仍处于发展阶段，多数城市的规划项目都在编制或即将编制，因此在规划编制中落实环境治理思路是从本源治理环境的一大途径。德国有较好的经验，包括城市绿道、生态廊道、公共空间、绿化场地在内的具体设计，以及对城市生态环境具有维护作用的基础设施规划设计，都对环境治理和优化有着现实意义。这既是预防性的环境保护，也是改善性的环境治理。

2）运用分析模拟等新技术，重视数据的采集并适当开源

新技术的生态落实在应对环境问题上非常重要，尤其是结合数据的分析模拟技术，可以确保我们做出具有针对性的对策。这其中包括污染物的监控、统计，以及落实的治理技术等方面。同时，污染监控中

的数据采集应当被赋予更多的注意力，同时应该适当给研究人员开源，让不同学科的人可以从不同领域入手协同工作，为环境问题和城市的生态改善提出多角度的策略。

3）管理手段与技术手段的综合应用

技术手段绝不是唯一有效的方法，但对于中小型污染源的管理实践往往非常有效。这些措施往往比较简单，但是因为涉及日常生活和工作活动的点滴，累计效果往往非常显著，对于改善地区大气质量有着显著的作用。管理手段和技术手段并行，这在发达国家的城市生态发展和环境治理过程中是常见的，也是值得我们思考和学习的内容。

4）从本源着手，有效应对污染源

应对环境问题要从本源入手，因此对污染源的分析和治理非常重要。如水污染治理需要明确污水由何处排出，治理空气污染也需要明确污染产生的源头。同时，对燃料清洁程度的控制和监测、对不同车型标准的制定和监察，以及对车辆定期进行环境影响评估和维护等，都是改善城市环境问题的本源策略和方案。

**任南琪　院士**

哈尔滨工业大学副校长

中国城市水资源和水环境面临严峻挑战。我国水资源短缺问题严重，人均淡水资源 2 260 $m^3$，只有世界平均水平的 1/4，多条主要河道流域面临着供水紧张的压力。

我国快速城镇化进程造成了大量生态环境问题和城市洪涝等灾害，比如河道水系功能丧失、城市水体黑臭；填湖开发、挤占天然水系，河道断流干涸；逢雨必涝、雨后即旱；等等。同时，尽管“十一五”期间国家投入了大量人力、物力、财力，但仍未有效控制我国 7 条主要河道的水污染问题，重污染企业仍是主要水污染源之一。

污水排放标准越高，并不意味着环境质量越好。城市地表水和污水处理排放标准很高，代价也很高。水处理厂需要消耗大量的资源和能源，本身也是高耗能企业。污水处理如果仅仅是为了达标排放，其实是将环境代价和环境风险转嫁，不仅耗能耗材，还要面临因处理造成的 $CO_2$、$NO_x$ 等温室气体带来的大气污染、气候变化等后果，因此仅为了达标排放的水处理是“非科学”的。

单纯依靠制定更严格的排放标准，难以完成节能减排的目标，综合环境效应甚至可能随之恶化。污水本身也是一种非常重要的资源，需综合考虑处理水的出路和用途（回用水、高标准水体排放水，如水质要求不高的工业水、冲厕等；排放水和生态用水，如流域、生态水体或绿化等；营养物还田，保留 N、P 等营养物质，农业、林地灌溉等），做到好水好用、劣水劣用、水尽其用。

污水回用、污染物能源与资源回收等，可以降低能耗、减少温室气体排放、回收能源和营养物，是实现水生态环境改善的必然趋势。

5）提高“城市建设为人民、城市建设为美好生活”的意识，用好网络信息技术，提升治理水平

城市可持续发展、生态文明建设、环境保护是每个城市人的事情。从污染源的角度来看，每个城市公众都可能成为造成环境污染的污染源之一。这就需要提高公众对可持续发展、生态文明以及环境保护的充分认知。同时，公众参与的另一个方面就是城市人平等的发言权，城市环境属于公众，公众对可持续发展的意见和思

路往往发自基层，可以作为政策和技术落实的参考与支撑。

6）形成成本控制与长期收益相结合的思路

城市开发和环境治理中不可避免地需要考虑成本，因此在进行治理的初期，应当优先考虑成本效益较高的项目，以维持资金的充分流转。但对成本的思考也应更加重视长远，形成长期收益的思路，而不是局限在眼前利益。从发达国家的发展经验看，环境治理的长期收益都是远远高于初期成本的，我国制定环境策略时对成本的考虑也应立足长远，制定更具先进性的城市政策。

**（2）新型城镇化不应以消耗资源劳动力为代价，避免陷入发展中国家同阶段的中等收入陷阱**

中国城镇化率将在8~10年之内到达65%的关键点，面临着智力城镇化和体力城镇化分化。如果未来城镇化率每个百分点的提升不能对劳动生产率做出重大的质量提升，不能完成适应城镇现代生产生活的国民教育，中国将走向体力城镇化道路，城镇化历史性资源将一次性消耗完毕。当城镇化率达到80%以上，就会形成大量的城市人口负荷，城市的社会冲突和理性智能水平及社会智力创新贡献都无法使国家走向一个高劳动生产率的城市社会。

因此，未来在城镇化率从50%到65%过程中，中国必须大量提升城镇化智力发展的投入、主体和产出要素，保证在到达65%城镇化率之前，为中国走向智力城镇化的道路奠定基础，也就是为上述的智力城镇化做好历史性的准备。只有这样，中国未来30年的城镇化途径，才能让每一个城镇化百分点的提升，直接贡献于整个民族的创造力的提升，进入一个创新型社会，使中国在城镇化率达到75%~80%的时候，劳动生产率达到发达国家的水平。因此，未来的10年时间，中国城镇化如何发展，将决定中国未来几十年的发展道路。

**（3）新型城镇化不应以追求发展速度为代价，要走理性重质量的城镇化之路**

根据中国统计局资料显示，1978—2013年，中国常住人口城镇化率从17.9%提升到53.7%，年均提高一个百分点。中国用了约30年的时间，也是在一代人成长的时间中，从一个以农业为主的社会，跨越到以非农业为主的社会。此时，在传统乡村文明和现代都市文明的碰撞下，各种城镇化发展的问题尖锐呈现，包括环境持续污染、城乡矛盾加剧、资源耗费严重等诸多风险，稍有不慎，可能落入“中等收入陷阱”，进而影响现代化进程。未来城镇化之路，决定着未来中国的发展命运。中国改革开放40多年以来，取得了经济社会发展的巨大成就，但是中国未来40年是走向智力城镇化道路还是体力城镇化道路，则是必然做出的选择。经过智力投入、智力主体、智力产出的分析，可以看出中国已经积累了相当不错的智力发展要素，各项指标已经接近或超过世界平均发展水平。中国若想步入智力城镇化进一步发展，需要重视以下问题：

1）从50%~65%这个释放15个百分点的城镇化率阶段，必须重视公共教育和科研的投入，重点攻关未来城市发展的主要领域，如智能技术、高端制造等。在这个过程中，不应该完全依赖政府的公共投入，而应将社会资本积极地投入智力基础的积累，并释放研究成果的产业转换能力，将智力成果转换为社会经济发展成果。

2）智力要素在城镇化率70%之后，对城镇化质量的提升才明确显现出来。如果像巴西、墨西哥、阿根廷等在70%以后才重视智力投入的建设和智力主体的培育，对“人”和“创新力”发展滞后城镇化的“补课”很难提升城镇化整体的质量，所以中国应该以此为鉴，走类似韩国等发达国家的发展道路，在城镇化率50%~65%期间就加大智力投入，为城镇化率达到70%之后继续智力发展奠定基础。

3）智力城镇化国家，是城镇化率进入70%稳定发展后，最具竞争力、创新力、发展潜力的城镇化国家。目前城镇化率低于50%的国家，基本上是发展中国家和不发达国家，都是依靠能源和廉价劳动力发展，主要分布在亚洲和非洲。而城镇化率高于50%的国家，其能走上智力城镇化发展国家道路的，不足44个，不到世界国家或地区总量的17%。以“智力”为创新力和核心驱动力，才有可能让中国在未来的20%~25%城镇化率增加中实现越级发展，进入“智力城镇化”国家行列。

**王浩　院士**

中国水利水电科学研究院

水资源研究所所长

城市的水文化、水景观问题，要学习巴黎塞纳河、伦敦泰晤士河等，无论是从规划建设维度，还是从城市运行维度，将城市滨水地区与城市作为一个有机整体，多部门联动非常重要。以水环境为例，如果水利局、市政局、园林局、交通局、发改委等各部门各管一摊，将非常不利于衔接。

智能城市建设中，需要从规划层面、运行层面、建造层面注意水的问题。城市的水资源承载能力是有限的，城市不能盲目扩张。以北京市为例，北京有21条较大的河流，在中国北方地区水资源丰富，适宜承载人口是800万~1 000万，然而现在已经2 100万，所以不得不实施南水北调、跨流域调水、海水淡化等工程。智能城市的规划，一定要注意不能突破天然水资源分布的承载能力。城市的排水问题十分突出，我国住房和城乡建设部曾对359个城市近5年的数据进行调查，发现几乎每个城市都发生过内涝，且淹水时间超过12 h的城市多达80个。城市排水实际是个综合性的问题。规划层面上，需要注意透水砖的铺装、补给地下水、立体绿化、新建小区的低影响开发、立交系统的下凹式地区等。此外，急需提高排水标准。我国市政建设的排水标准多为一年或两年一遇，与国外普遍十五年一遇的标准而言都是偏低的。而运行方面，城市排水管道与城市河道之间衔接不好的问题十分突出。

城市的水质问题，中国目前的许多城市，如铜陵、马鞍山等，是只建污水处理厂，不建污水收集管网。地下工程是中国城市普遍的弱项，缺乏地下空间的统一规划和利用。污水收集管网的尺寸不够，覆盖度不够，错接率很高，导致污水不易收集，加上污水处理厂缺乏24小时的实时监测进水、出水、水量、水质等。这些都是突出问题。

滨湖地区形成城市名片。河道本身就是城市的生态走廊，必须与城市总体规划紧密衔接。目前城市规划与水系规划严重脱节，需要在智能建设中结合好。新型城镇化在我的理解中有一个特定的内涵：衡量一个城市的活力，需人力资本、经济资本、自然资本三个方面。城市中，人力和经济资本的确是集聚的，然而自然资本是城市的短板。那么，城市河段的治理、河道的生态化修复在加强城市自然资本的建设中十分重要，也是新型城镇化中“新型”的内涵。

## 1.2 建设智能化的内涵

Theoretical Connotation of Intelligent Constructions



2006 年，在承担世博会总规划师工作期间，针对 IBM 提出的“Smart Planet”和世博会的“城市，让生活更美好”( Better City, Better Life) 的主题，我们建议 IBM 在世博会中把“Smart Planet”原先的地球主题和世博会的城市主题进行嫁接。经过几轮商讨，在世博会园区内，我们提出了“智慧城市”(Smart City) 的概念。2008 年成立了 IBM- 同济智慧城市研究中心，启动了第一批“智慧城市”课题，完成了“智慧城市”的基本定义，指出了城市的智慧化是一个过程，是一个逐步越来越智慧的过程；城市的智慧化不可能一蹴而就，必须针对城市现有的缺陷和问题进行不断的智慧化，所以应该是一个“Smarter City”。城市只要比过去智慧一些、智能一些和聪明一点，就可以让生活更加方便一点，能源少消耗一点，自然资源少索取一点，时间少浪费一点，让百姓和城市管理省心一点。

在完成了基本概念后，我们架构了“智慧城市”的四层技术架构：感知层、数据库、处理层和应用层。

我们还构思了“智慧城市”可以先期推进的六项应用：智慧医疗、智慧教育、智慧交通、智慧服务、智慧金融和智慧文化。

我们把 2007—2008 年工作的“智慧城市”四张概念原图（见图 1-2-1~ 图 1-2-4）在书中呈现给大家。

2008 年，IBM 正式向各城市推出了“智慧城市”的概念，基本上是基于以上的概念思考和架构。

实际上因为要对仗于“Smart Planet”中的“smart”概念，所以在城市层面构思的时候沿用了“smart”这个词，本来“smart”也没有达到中文里的“智慧”的高度，但是 IBM 在翻译“smart”时使用了“智慧”一词。实际上我们更倾向于把它译为“聪明的”，所以“Smart City”本义是“聪明的城市”，还没有做到“智慧的城市”。笔者也特别欣赏潘云鹤院士的翻译，他认为“smart”应该译为中文的“妙”。

“Smart Planet”本来是 IBM 公司针对市场的推进概念，

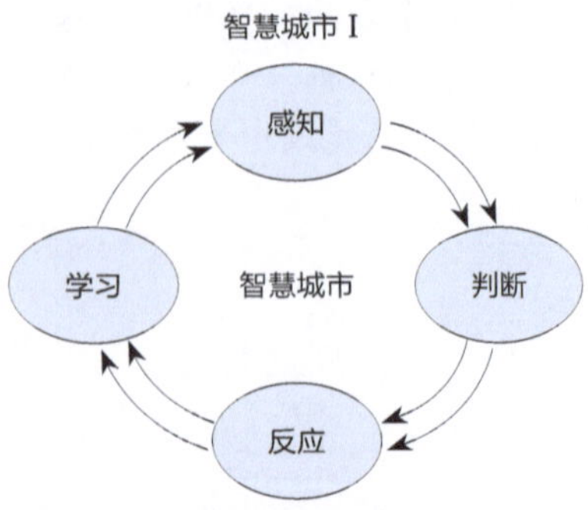


图 1-2-1 “智慧城市”原图 1
Fig. 1-2-1 Sketch 1 for Smart City

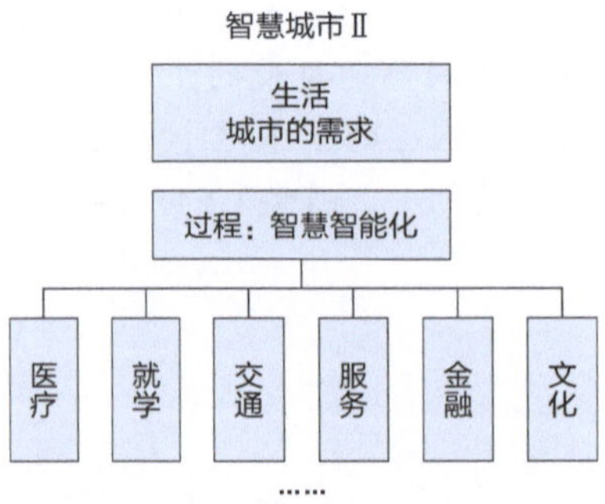


图 1-2-2 “智慧城市”原图 2
Fig. 1-2-2 Sketch 2 for Smart City

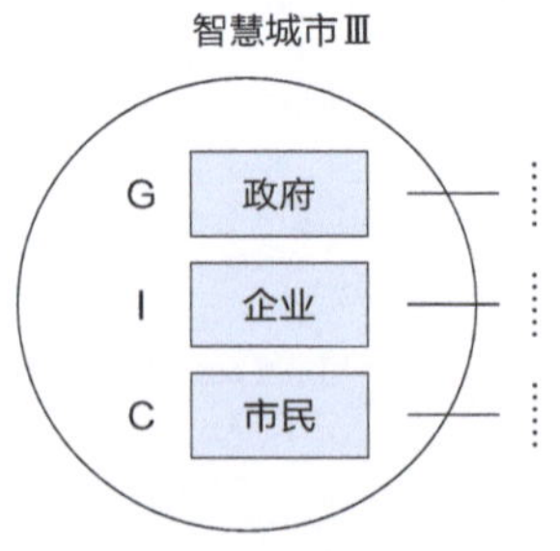


图 1-2-3 “智慧城市”原图 3
Fig. 1-2-3 Sketch 3 for Smart City

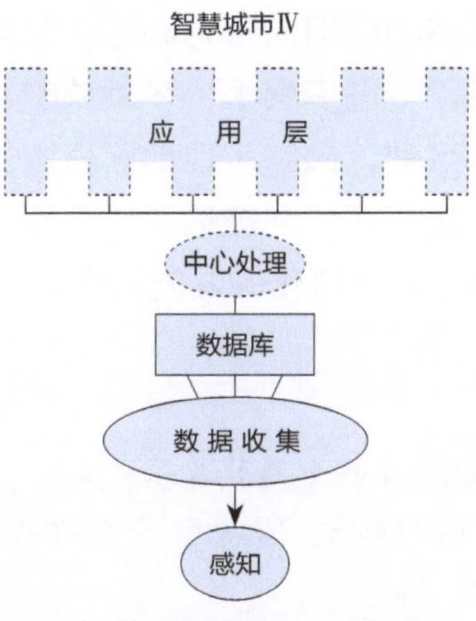


图 1-2-4 “智慧城市”原图 4
Fig. 1-2-4 Sketch 4 for Smart City

“Smart City”也只是“Smart Planet”在碰到了世博会城市主题之后的一个合成词：Smart+City。所以“Smarter City”本义就是“更聪明一点的城市”。

2011 年，中国工程院徐匡迪主席和潘云鹤院士提出了科学意义上的智能城市概念，即 Intelligent City，简称“iCity”。对于中国广大城市而言，建设智能城市，实质就是让一个城市能够又好、又快、又省地智能化发展，就是要将我国新型城镇化、深度信息化和工业化升级版深度融合，使城市能够集约、绿色、宜人、安全、可持续发展。

智能城市更多是从城市的整体空间出发，通过对各种数据的集成，在充分运用数字化、网络化和智能化等技术的基础上，对知识、信息技术的高度集成与深度整合，按城市经济社会发展与市民的需要进行有效服务，成为发现问题、解决问题等方面具有更强的创新发展的不竭动力，使城市更具生命力和可持续性，形成新的城市发展形态与模式。这样不仅可以从经济、社会及服务方面给予市民直接的利益，更能让他们实时感受到触手可及的健康、实时协同的高效、和谐健康的绿色和可感可视的安全。智能城市的社会价值主要体现在可以有效解决城市病、拓展产业发展领域、使居民创业就业生活满意；智能城市的经济价值主要体现在它是城市经济增长的增倍器。

当前城市的主要任务是管理与服务的智能化。而我国目前正处于工业化、城镇化、信息化、农业现代化同步发展的阶段，遇到的问题和困惑在质和量上都有独特性。所以，中国城市智能化发展和建设的路径必然结合中国城乡的特点、各自的发展阶段、各自面临的问题与困难，借助人工智能为引领的“大智移云链”（大数据、人工智能、移动互联网、云计算、区块链）新技术革命带来的技术可能，进行智能化提升。

12 年来的实践告诉我们：凡为了智慧而智慧的，都不是智慧；凡为了更少消耗自然资源、能源、时间和让人更省心的城市，才是真正的智慧城市。

## 1.2.1 智能城镇群，区域合作城乡协调

我国城镇化建设中遇到区域发展各自独立不协调的问题，由于不同行政管理机构、管理权限的制约，出现地区交通基础设施重复建设、区域环境（如大气问题、水污染等）问题。

城镇群是中国城镇化可持续发展的关键地区。

例如：《欧洲空间发展展望（ESDP）》是欧盟各成员国共同协商制定的一部非强制性空间战略发展政策文件，旨在强化各成员国之间有效长期的协同合作。此部政策文件的政治原则是通过提升经济和社会凝聚力，为公共政策的制定提供法律依据，以达到平衡、可持续发展的核心目标。

无论是国家层面还是区域层面，空间发展对于生物多样性的保护和持续利用发挥着至关重要的作用。

ESDP 明确提出了合理管理自然和文化遗产的三条建议：首先，基于综合的发展战略和规划理念保护及利用自然资源，进行综合资源规划，制定区域和跨国层面的发展战略；其次，综合管理利用水资源，改善水资源的供求平衡关系，通过环境影响评价监督大型水资源工程；最后，创新管理文化景观和文化遗产，制定合理的空间发展策略，以达到保护和创造性发展的双重目标。

ESDP 对我国城市群空间发展战略规划研究方法的启示：明确规划政策的目标与定位；重视规划区域的科学划分；规划政策制定过程；明确规划政策实施途径；完善规划政策的

评定系统。

城市群空间发展区域规划是保证我国在快速城镇化进程中长期可持续发展的重要保障。借鉴 ESDP 的政策制定和实施应用，针对我国区域规划目前的问题，通过科学再划分政策实施主体、建立协商谈判的政策制定机制、构筑协调合作的政策实施组织以及制定完善的后期监督与动态调整体系，促进多层级、多领域的合作互利，最终实现地区资源最大化、民众利益最大化、城市群区域一体化的发展目标。

**董石麟　院士**
浙江大学建筑工程学院
教授

我认为城市规划的连续性很重要。例如杭州市规划局长曾跟我反映，城市建设按规划实施很难做，经常因为换了新的领导，规划就要重新调整，由此导致诸多的城市问题。

智能城市的建设，不只关系到我们学部。现在很多智慧城市、智能城市的建设，包括医疗、交通、安全等许多方面，我们没有能力统统涉及，所以需要划定我们需要涉及的智能城市建设包括哪些特定的领域和方面，提炼出其中可能用到的智能技术。

## 1.2.2　智能城市，城市多系统

城市智能化反映了新技术革命条件下城市发展的新方向，应超越单纯信息技术的观点，从更为开阔的视野开展城市建设。我们认为，应该把城市智能化发展看作由三元空间耦合关联而成的复杂系统，其中第一元空间为“物理空间（P）”；第二元空间为“人类社会空间（H）”，即人类决策与社会交往空间；第三元空间为“赛博空间（C）”，即计算机和互联网组成的“虚拟”空间。城市智能化应理解为三元空间（PHC）同步推进、彼此促进的过程。

在传统城市建设中，重点放在第一元空间的建设，如城市规划、建设和管理等，主要着眼点是城市的物理场所和物理设施，如土地使用、功能区布局、交通运输规划、能源、环境、水资源、城市基础设施等。自 20 世纪 90 年代以来提出的数字城市、网络城市等的建设，都开始着眼于营造和拓展城市的第三元空间。当前各国和国内各城市开展的智慧城市的建设，实际上主要还是集中于第三元空间的营造。

值得引起重视的是，围绕第一、三元空间的城市建设无疑是重要的，但第二元空间的巩固与扩大，以及第二元空间与第一、三元空间的贯通将是城市智能化更为深层与长远的主题。未来城市智能化建设，应在重视第一、三元空间建设的同时，重视第二元空间的建设，以及三元空间之间的耦合，把城市建设的中心定位于人的全面发展，尤其是人的创造力的全面提升，从而推动城市经济、社会、生态的全面可持续发展。

可以看出，当今城市已从二元空间（PH）进入了三元空间（PHC），是城市智能化的大势所趋，只是各国所取名字不同、内容不同、发展阶段不同而已。目前国内外开展的智慧城市建设，主要集中于第三元空间的营造，而我国城市智能化应该是三元空间的彼此协调，使社会、经济和生态三者协调发展，超越现有数字城市、网络城市和智慧城市的建设理念。

### 1.2.3 智能项目，项目的全过程

在建设项目中，以现代信息技术为支撑，通过建设项目中的数据精密化处理与管理，科学理性解决建设项目中遇到的问题，保障项目规划、建设的全生命周期运行，构建各方共同参与、协同创新的项目运营管理机制。

例如，通过上海城市出租车轨迹流量的大数据，研究出城市区域间规划是否存在问题（图 1–2–5）；通过分析大规模车流轨迹数据在不同区域之间行驶的特征，便可找到连通性较差的区域。这些结果可以作为制定下一版交通规划的参考。

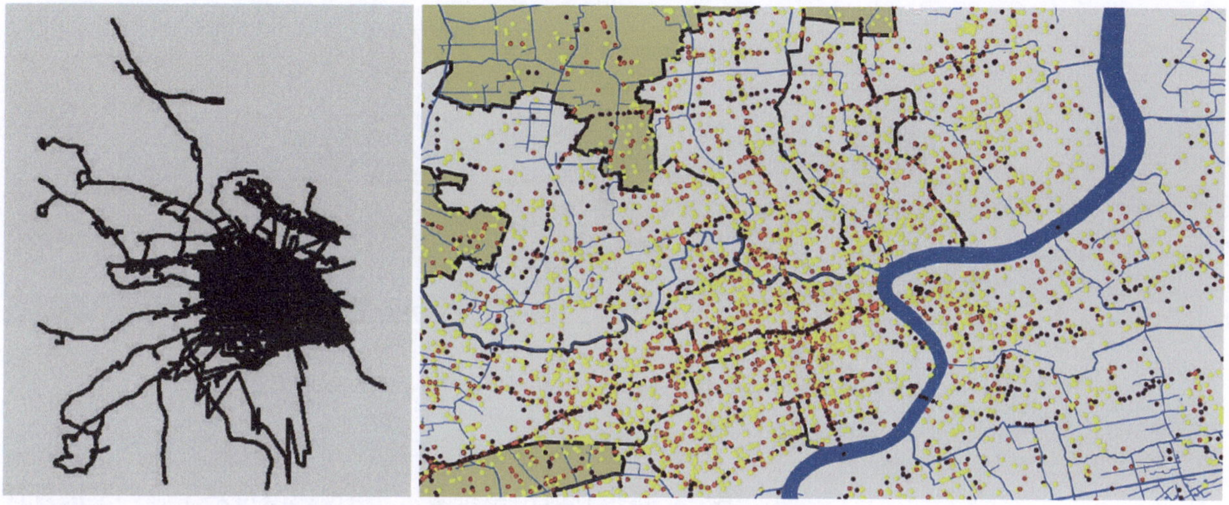

图 1–2–5　基于出租车 GPS 数据时空分析的上海城市空间结构分析
Fig. 1–2–5 Spatial structure analysis of Shanghai city based on spatio-temporal analysis of taxi GPS data

**刘经南　院士**
昆山杜克大学原校长，
武汉大学教授

提出“新型城镇化”内涵非常重要。从历史层面，“新型城镇化”与过去发达国家经历相似历史阶段时期的城镇化道路相比，有什么不同？从国家层面，“新型城镇化”与发展中国家城镇化道路相比，有什么不同？从本国层面，“新型城镇化”与过去 30 年的传统城镇化道路相比，有什么不同？

智能建设的定义和内涵需要具体阐述。国家和城市层面关于智能城市或智慧城市出台了很多文件和规划方案，包括智能电网、智能社区、智能建筑、智能交通、智能管理等，这是一种智能城市建设的结构。那么，在本项目中，智能城市建设的结构是另一种构成方式，是由建设全过程的各个阶段构成，这样的结构需要建立在对智能建设定义清晰的基础上。因此，建议在智能建设体系层面再细化、再思考。

## 1.3 智能建设聚焦的三个问题

Focusing on the Three Problems of Intelligent Construction

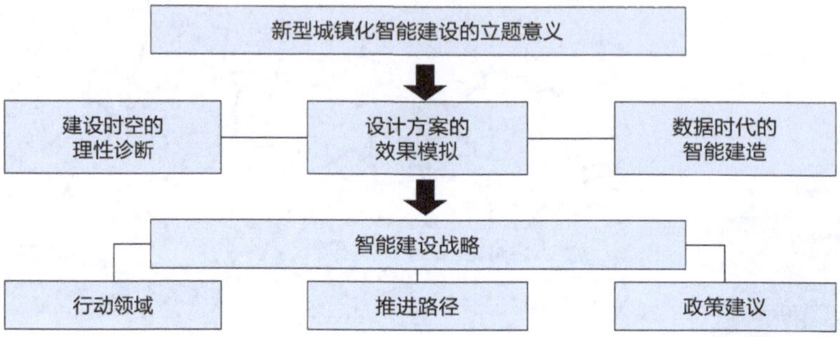


图 1-3-1　新型城镇化的智能建设目标框架

Fig. 1-3-1  Target framework of intelligent construction of new urbanization

### 1.3.1　城市客观问题的精准诊断

规划建设的智能化首先体现在运用科学的手段对现状的问题进行诊断，解决过去城市规划建设过程中看不到的三个问题。

第一，看不到人民切身关心的问题。在过去 30 年老常态下的城镇化和城市建设中，城市领导者个人内心所感觉的问题和自己在位时要做出伟大成就的目标往往替代了人民切身的迫切需求。

第二，看不到环境发展可持续的问题。城市建设往往只抓形态，以牺牲环境为代价，填水造陆、挖山筑城，对环境造成了不可逆的破坏。

第三，看不到城市系统复杂因果关联的问题。这个问题是城市一个非常复杂的系统，一直看到冒出来的问题而看不到潜在的问题，看不到冒出来的现象之后所引起的原因以及原因的原因，这才是我们需要迫切建立城市科学问题诊断的必要性。要通过诊断看到百姓切身的关心、环境持续的发展、城市各种问题之间的关联和因果，克服过去老的城镇化过程中城市领导整天处于救火状态和显示自己的意志的局限。

### 1.3.2　规划方案影响效益的精益优化

过去的城市规划设计过程是不智能的，非常缺乏对于未来预见以及对于总体发展规律的掌握，这直接导致方案快速实施之后造成无法挽回的建设后果。智能规划的精益优化就是针对过去的城市规划设计过程中看不见的内在逻辑。

第一，看不见规划设计实施以后未来的城市运行的结果。智能规划主要解决的是今天或者是历史上到今天为止，一直不见未来的问题。什么是不见未来呢？就是依据今天规划设计图像的美丽来决策，这将导致每一个规划设计决策后所造成的社会经济和整个城市运行的后果是不可见的。

第二，看不见城乡发展本身的客观规律。城乡发展本身的客观规律实际上是城乡发展的生命规律，这也是整个学科中间的核心内容。绝大部分的领导是未受到城市生命规律知识方面的培训，不知道城乡发展的生命规律，将导致决策者无法具有敬畏之心，将会导致其为所欲为：用小城市做大城市的事情，在城市发展初级阶段做发达国家做的事情，今天的社会做历史辉煌的事情等。这是看不见城乡发展本身的客观规律所将造成的大量的问题。

第三，看不见整个世界城镇发展的总体大趋势。因为看不见整个世界城镇发展的总体大趋势，城市走向将变得不清晰，一会儿向左一会儿向右，不能坚定其走向具有可持续、创新创意、具有内增性发展动力的未来。如果看不见整个世界城乡发展的总体大趋势，规划将变得茫然、随意。

因此，规划设计最为重要的就是看到世界城乡发展的未来，城市各个生命阶段的发展未来，看到每一个规划设计建成后的未来。只有看得见这三项并且进行集体协同攻关，才能克服今天的大量盲目的投入、决策、规划和建设。

### 1.3.3 数据时代的智能绿色精密建造

基于数据时代的城市可以实现更加高效集约的建造、运营、管理。

第一个理不清，当市长到岗以后，因为治理制度的集中，使得书记和市长会面临所有系统的问题，无法理清城市发展中的轻重缓急，所有的问题都会同时出现，不知道什么是最重要的、必须要做的，以及过期就再也无法挽回的。

第二个理不清，无法及时地感知和对应冒出来的问题，所以没有办法感知和应对这些问题。只是等到问题爆发以后才能看到问题，而不是在问题潜伏期就能够看到问题，没有办法理出历史、今天、未来要产生的问题，以及问题之间的关联。

第三个理不清，无法把局部地段和关键部位的治理措施和整个城市生命整体的系统之间进行关联。这是一个局部与整体的关系，像中医的针灸，一针下去整个系统就活了，这将会非常精准地知道什么地方是关键部位、什么地方将影响到整体。目前，大部分城市的治理是平均分配的，将资源、时间、人力和资金都平均用于解决冒出来的问题，缺乏针对性。同时，城市几乎没有预防的能力，无法在问题的潜伏期进行治理。理不清什么是关键点和整体，理不清两者之间的关联。

沈祖炎 院士
同济大学原副校长

我国正处于城镇化发展的关键时期，《中国新型城镇化的智能建设战略研究》意义重大。

城市规划和建设，与工程建造、城乡交通、区域水环境等方面的许多问题并不是相互分离而独立存在的，例如交通问题，决不可以脱离交通问题谈规划建设。因此，我认为：通过规划设计和建设统领其他维度的问题，这样的结构更有价值。

另外一点需要说明，城市建设问题不是一两年就可以解决的，一个城市从建立之初到逐步成型，是个时间跨度很长的过程，会经历许多因素的变化，如国际形势、经济背景等。如何在城市建设中及时反映这种变化十分重要。这就需要智能技术的介入，从数据上客观、理性地对城市建设进行反馈，并及时对建设实施进行更正。

许其凤 院士
解放军信息工程大学
教授

第一，智能化的城市建设和智能城市，这两个概念之间既有联系又有区别。报告中提到全球各国的智能城市建设特色，例如韩国、瑞典、美国等国的建设特色，包括网络、交通、基础设施、服务等。智能城市的建设也应该包括这些方面。所以我们在城市的建设中，应该创造更多的智能建设条件。比如在基础设施规划的时候，应一并考虑移动互联的通信基站等。因此，未来的城市建设过程中，应该考虑如何创造智能建设的条件。

第二，项目从城市布局方面给出了对城市智能建设的建议。城镇化进程中，大量人口向城镇集中，城镇必须从空间上有着合理的布局，包括工业、行政、文化、居住各个方面，这也是为智能建设创造条件。以北京的交通为例，早上上班，大家蜂拥涌向城市中心，造成双向车道一边水泄不通，而另一边空空荡荡；到晚上下班时，情况恰恰相反。这与北京的行政机关、文化教育、生产服务等过于集中有关。除了城市功能布局的建议，还应考虑城市产业的转型问题。

# 第二章　智能建设对新型城镇化的必要性及技术可能

CHAPTER 2
NECESSITY AND TECHNICAL POSSIBILITY:
INTELLIGENT CONSTRUCTIONS IN NEW URBANIZATION

## 2.1 中国城镇化发展历程回顾

Review of the Development of Urbanization in China

### 2.1.1 发展阶段

根据图 2-1-1 所示，我国的城镇化发展可以划分为四个阶段。

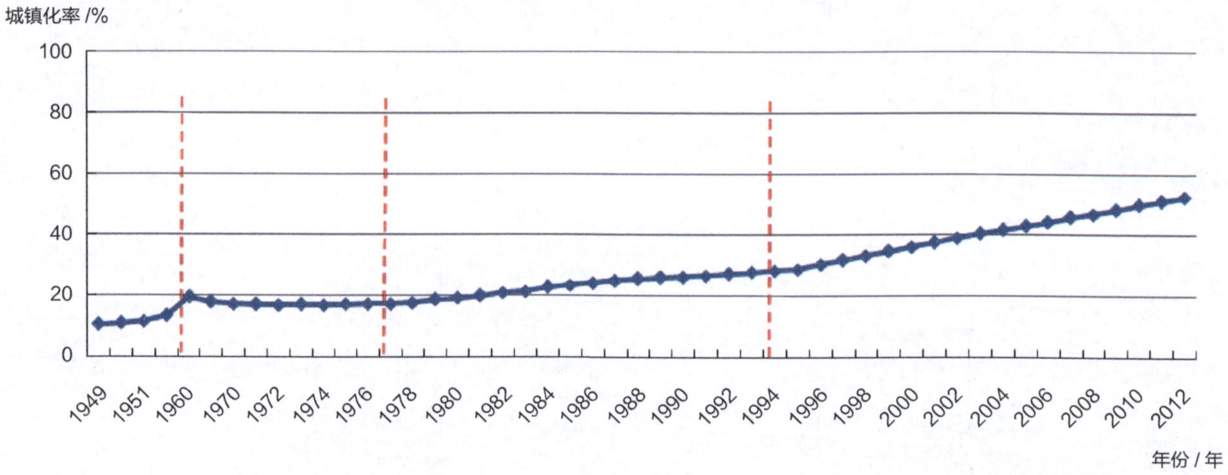


图 2-1-1　1949—2012 年中国城镇化率变化
Fig. 2-1-1　The trend of China's urbanization rate from 1949 to 2012

第一阶段：

初步发展（1949—1960 年）

中华人民共和国成立之初，全国共有 132 个城市，城镇人口占总人口的 10.6%。1953—1957 年，我国制定并完成了"一五"计划，经济逐步得到恢复，1957 年城市增加到 176 座。1958—1960 年，我国开展了"大跃进"与人民公社化运动，政策的失误造成人口激增，城镇人口年平均增长率达到 9.5%。

第二阶段：

波折徘徊（1961—1977 年）

1961—1965 年，我国经济发展受"大跃进"的负面影响，城镇化率从 24.7% 下降至 18.0%。1966—1977 年，是城镇化徘徊停滞阶段。到 1978 年，与中华人民共和国成立之初相比，我国城镇化水平只提高到 17.92%。

第三阶段：

稳步发展（1978—1994 年）

1978 年，十一届三中全会的召开使我国的工作重点转向以经济建设为中心的社会主义现代化建设，城镇化进程倒退与停滞了 17 年后开始逐步健康发展。截至 1994 年年底，城市数量从 193 个增加到 622 个，年均增加 32 个。根据第四次人口普查显示，城镇化率从 1978 年的 18.0% 上升到 1993 年的 28.14%，年均增加 0.63%。

**第四阶段：**

**快速推进（1995 年至今）**

1995 年至今，我国城镇化快速推进，城镇化程度极大提高。尤其是 2001 年以来，中共中央以“十五”计划的形式，明确制定城镇化推进战略，调整部分不利于农民进城的政策因素，我国城镇化在原来快速发展的基础上进一步加快，出现城镇化的冒进态势。全国范围内，正常的发展和人为的拉动，使我国的城镇化率迅速上升。截至 2011 年年末，全国共有 657 个设市城市，建制镇增至 19 683 个，城镇人口达到 69 079 万人，城镇化率 51.27%。

### 2.1.2 世界城镇化发展基本特征

诺瑟姆（Northam，Ray M.，1979）认为城镇化发展的过程近似一条“S”形曲线，并且可以相应地划分为三个阶段：城镇化水平较低且发展缓慢的初始阶段（initial stage）、城镇化水平急剧上升的加速阶段（acceleration stage）、城镇化水平较高且发展平缓的最终阶段（terminal stage）。城镇化水平在第二阶段开始时低于 25%，发展到超过 60% 或 70% 后进入第三阶段。虽然各国由于统计口径和方法不同，对城镇化的发展阶段有不同的认识，但是众多学者以此为基础，接受城镇化率小于 30% 阶段为城镇化初始阶段，30%~70% 城镇化率阶段为快速城镇化阶段，大于 70% 城镇化率阶段为城镇化成熟阶段。

由于各国的经济、社会、环境、文化的不同影响，城镇化进程路径不同。英国快速城镇城镇化阶段（30%~70% 城镇化率阶段）用了约 100 年的时间，美国快速城镇化阶段

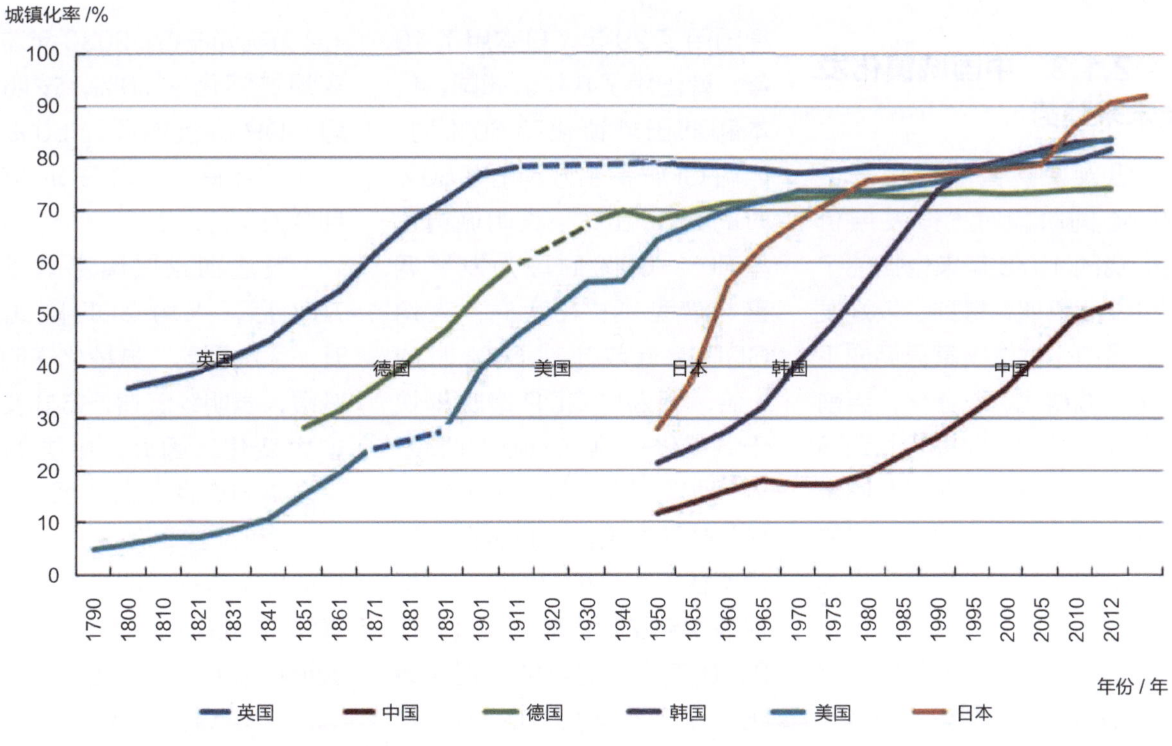


图 2–1–2　英国、美国、德国、韩国、日本、中国的城镇化历程分析图
Fig. 2–1–2 The urbanization process of UK, USA, Germany, Republic of Korea, Japan and China

用了近80年时间，德国城镇化快速阶段用了约80年时间，日本和韩国城镇化快速阶段分别用了约25年（图2-1-2）。而中国从1994年才进入城镇化快速通道，经过17年的发展，即完成了快速城镇化的一半。

若按照1978—2012年城镇化率从18.6%发展到51.7%，平均一年增长一个百分点的速度，中国城镇化率约在2028年达到70%。但是从美国、英国、德国、日本、韩国的快速城镇化率时间的分段分析，实际上不同的国家在30%~50%、50%~70%阶段的城镇化率的快慢是有区别的，不能简单进行城镇化率的平均增长率或回归分析进行推理。因此，为研究未来中国城镇化的趋势，需要比照主要发达国家，如英国、美国、德国、日本、韩国等国家城镇化与经济发展的关系，为未来中国城镇化发展做情景预测分析研究。

**魏敦山　院士**
上海建筑设计研究院
有限公司顾问总建筑师

城市建设决策过程中应避免非理性决策，各地建设了各级博物馆(从省级到市级到区级到行业级)，缺乏论证。空置房子太多了，城市需要留空白。

城市建设目标应发挥实际作用。现在的许多建设存在大量浪费的现象，如不管窗户面积比例，大量使用空调的所谓“绿色建筑”，造成了大量的浪费。规划和建筑设计重形式轻内容，太阳能、中水等技术附加在建筑设计里，绿色建筑的概念被媒体宣传炒来炒去，缺乏实用性。建筑设计和规划需要从实际的需要出发，通过智能化进行改进。

### 2.1.3　中国城镇化发展未来趋势

纵观发达国家经济发展史，不同阶段有不同发展机遇。我国1978年来也抓住了不少发展机遇，得到了较好发展。目前，发达国家已完成工业化、城镇化、农业化，当前主要任务是信息化建设；我国当下时代特征是“四化”同步发展，已成为世界独一无二的发展机遇，但也面临着巨大的挑战。

从50%到60%城镇化率过程中，德国用了15年，日本用了4年，韩国用了6年；从60%到70%过程中，德国用了29年，日本用了10年，韩国用了6年。德国、日本和韩国城镇化率60%时，人均GDP高出城镇化率50%时的25%左右，表明城镇化率50%~60%时段为发展调整与转型期；70%时，人均GDP接近或超过60%时的1倍，年人均GDP增长率快于城镇化率50%~60%时段，表明城镇化率60%~70%时段为快速发展期。按我国城镇化率在未来较长时间内以年均提高1%左右的速度推进，在2020年左右有可能实现城镇化率60%，按照2012年人均GDP 9 500美元基础上提高25%计算，人均GDP可达到1.2万美元左右；2030年左右实现城镇化率70%，按照人均GDP接近或超过60%时的1倍计算，人均GDP可达到2万美元以上。

发达国家城镇化率超过70%后，人均GDP陡线上升、大幅提高，城镇化率明显减缓，表明经济增长方式发生重大变化。因此，中国的未来发展将有两条路（图2-1-3）的可能性，有Y形两种发展的可能选择，能否在再释放20%的城镇化潜力达到70%城镇化率的同时，达到4万美元的人均GDP，是中国实现现代化的关键。这取决于是否有智力创造性的城镇化人口；

谢礼立　院士
中国地震局工程力学研究所名誉所长

通过城镇化把掌握在老百姓手里粗放式发展的土地，变成国家可以集约化管理的土地，才是城镇化的根本目的。所以，城镇化是经济方面的命题，而非建设方面的命题，这点需要明确。我认为，智能化是计算机及信息产业的应用，把人的智慧通过计算机集成，但始终不会超过人的智慧。关键是如何用得有效，用到自己的专业里面。同时，我们应清醒认识到：智能化不是万能的，不是所有事情都是智能化可以解决的。首先，需要知道我们在建设过程中需要哪些信息，然后使用计算机等信息技术智能化地去收集调配。然而，如何确定需要的信息，这个过程不是智能化可以代替的。

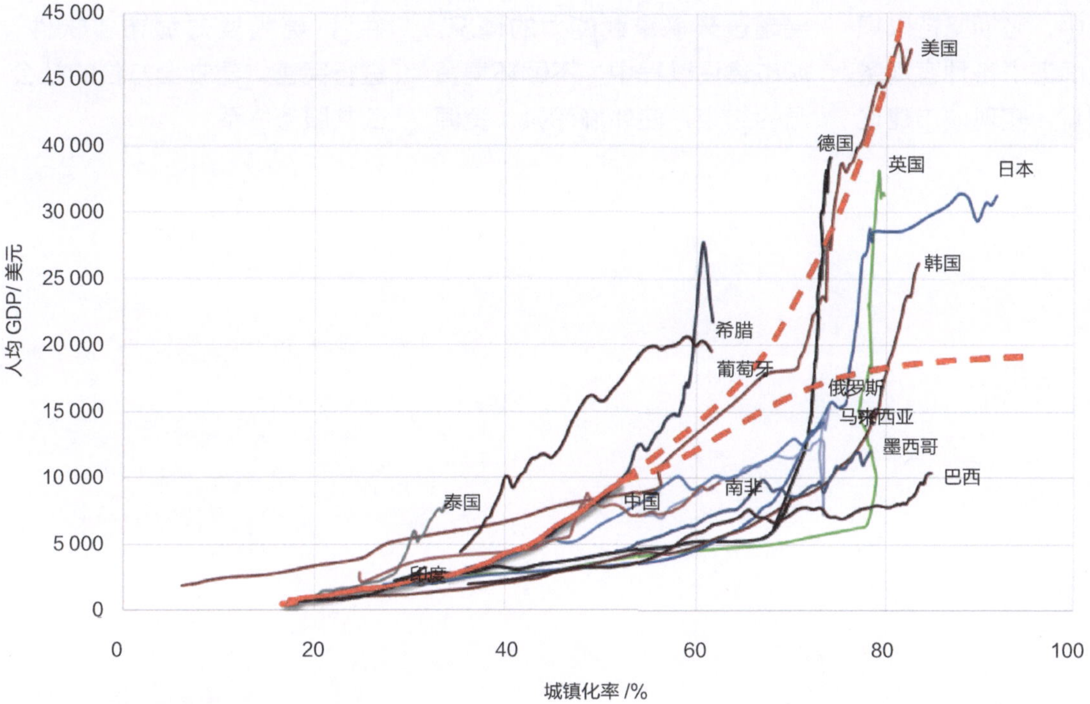


图 2-1-3　中国城镇化的两条途径
Fig. 2-1-3 Two pathways of China's urbanization future

是否有以城镇化带来的创新能力来推动城市社会经济的持续发展；是否能依靠脑力而非单纯体力来获得发展。

依靠智力提升城镇化发展水平的国家，其发展模式主要可以分为三种：第一，是以意大利、奥地利为代表的 1/3 模式（图 2-1-4），全国有约 1/3 的人口留守在农村，人均 GDP 在城镇化率达到 66% 的时候急剧提升，达到了 5 万美元左右。第二，是以德国、法国、瑞士为标准的 1/4 模式（图 2-1-5），在城镇化率达到 75% 的时候，社会经济出现了转型升级，人均 GDP 直线上升，但同时有 25% 的人口留在农村。第三，是以英国、美国为主的 1/5 模式（图 2-1-6），人均GDP在城镇化率达到 80% 的时候有了很大的提升。

如今中国的城镇化率已经达到了 55%，无论今后中国的发展是否会遵循上述三种模式，能够转化为城镇劳动力的人口都是非常有限的。中国城镇化发展在未来需要重视以下几个方面：

第一，重视城市规划。目前，一些城市盲目攀比，违背城市发展的客观规律，超越资源环境的承载能力，片面追求城市扩张，导致城市功能不清、定位混乱、重复建设、资源浪费等情况的发生。在未来的城市建设中，必须坚持以规划为主，全面考虑各种客观条件，因地制宜，实现城市建设的科学发展。

第二，改革土地制度。城镇化建设带来了用地紧张，如何提高土地使用效率、保护农民土地，是城镇化发展中的一个重要问题。在未来发展中，城镇化必须坚持以节约用地为核心，完善农村土地流转制度，保护农业用地。

第三，人与自然协调发展。我国城镇化建设和发展的过程中，普遍存在着城市化发展超过环境承载能力的情况。城市建设过程中，不顾环境资源的约束，使环境污染、资源浪费等问题日益突出，甚至在一些城市出现了垃圾围城等问题。在未来的城镇化建设过程中，必须重视人与自然的协调发展，改善城市生态环境。

第四，提高公共服务能力。城镇化发展过程中出现了一系列服务缺失的问题，如医疗卫生、住房保障、养老、交通环境，影响了居民的舒适程度。在未来的城镇化发展过程中，除了着力发展城市"硬件"，更需要对城市"软件"进行完善，建立全方位的社会公共服务体系。

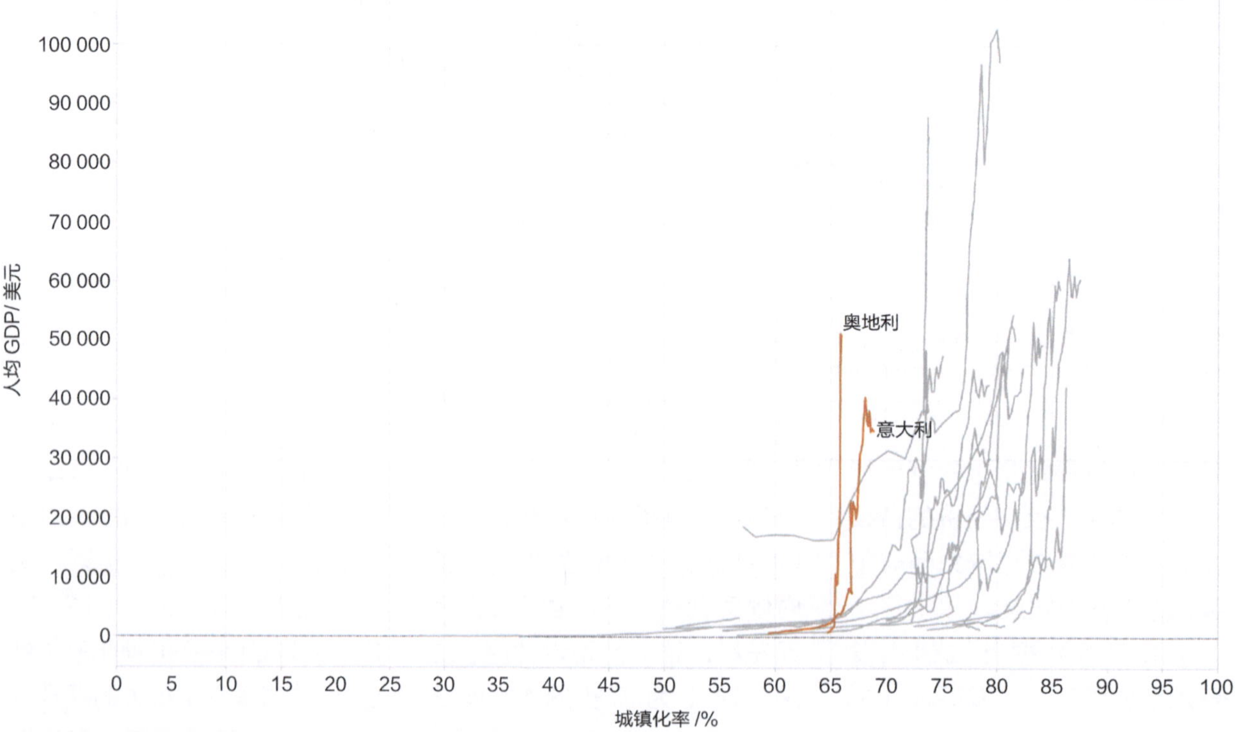


图 2-1-4　稳定剩余城镇化率的 1/3 模式
Fig. 2-1-4 Urbanization: 1/3 mode

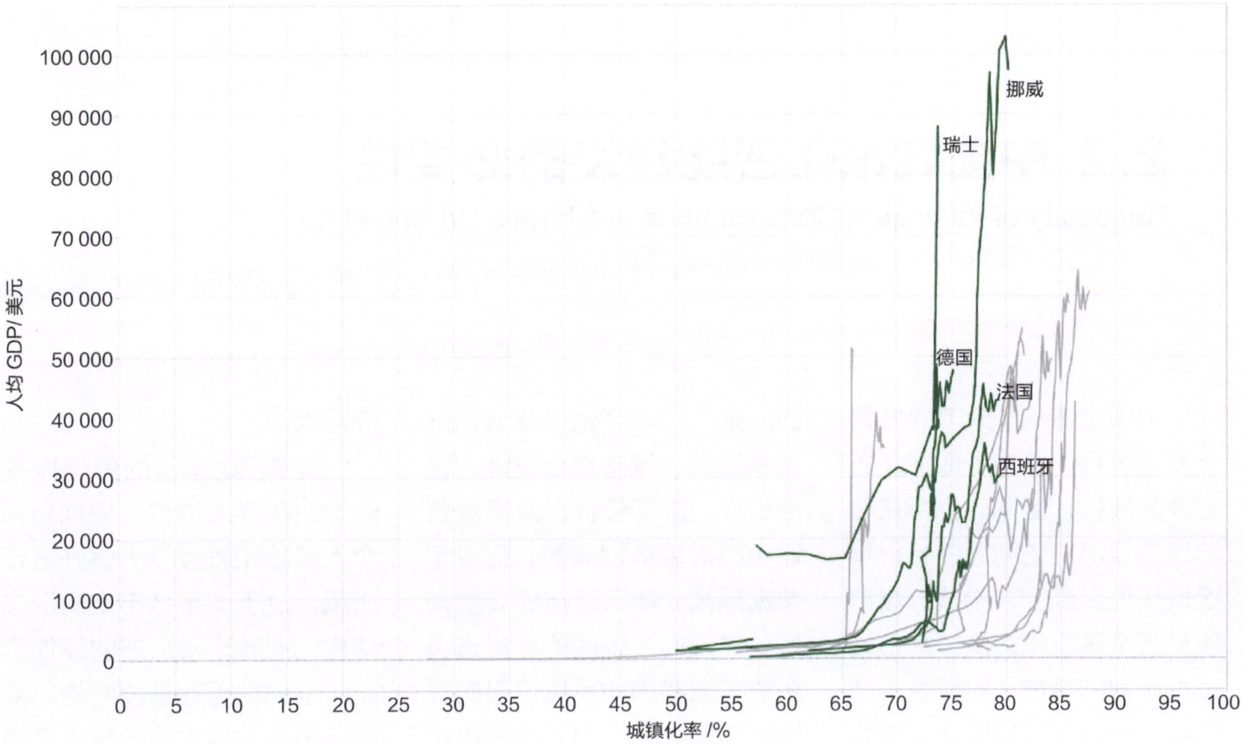


图 2-1-5 稳定剩余城镇化率的 1/4 模式
Fig. 2-1-5 Urbanization: 1/4 mode

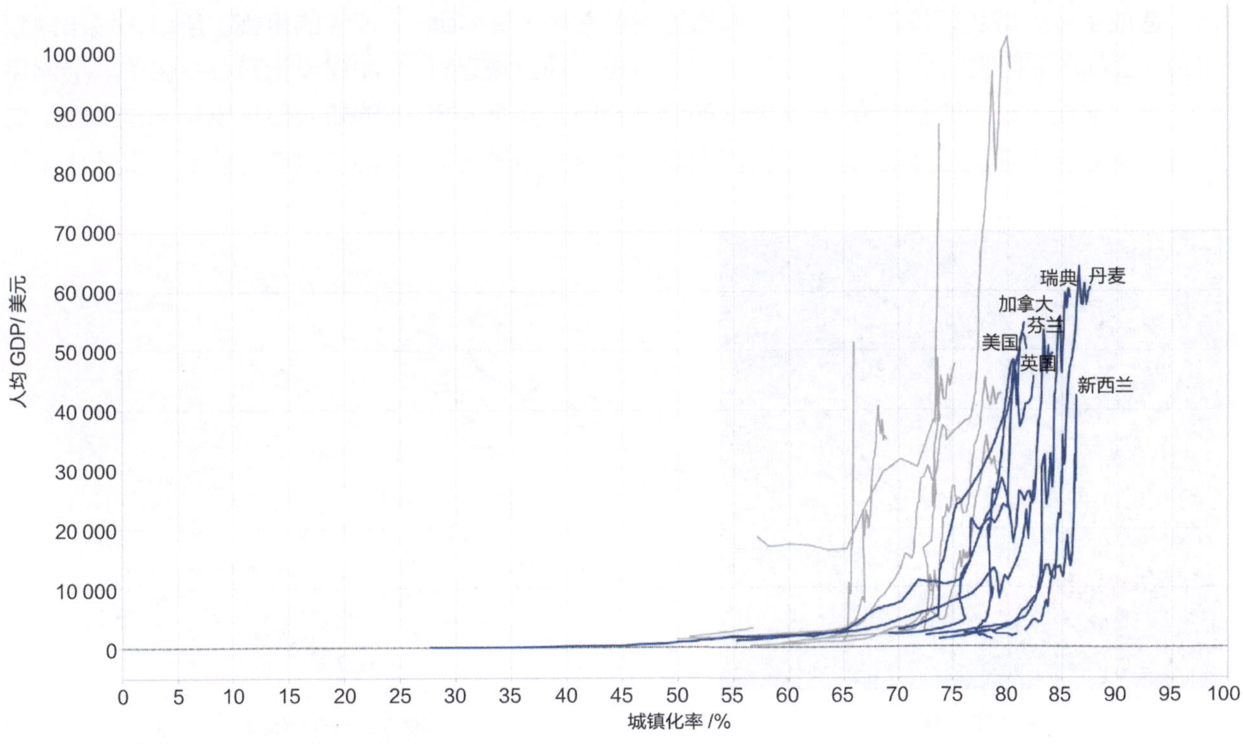


图 2-1-6 稳定剩余城镇化率的 1/5 模式
Fig. 2-1-6 Urbanization: 1/5 mode

# 2.2 中国城镇化智能建设的必要性

Necessity of Intelligent Constructions in China's Urbanization

中国过去 30 多年的城镇化发展历程，总体上取得了历史性的成绩，但同时也存在着迫切需要解决的问题，特别是区域环境受到空前挑战，城镇建设各个子系统之间未能形成理性协同的系统，对城乡区域的和谐与永续发展造成了威胁和挑战。

由于缺乏城市及其周边城乡群落之间的联系、互动、协调发展的理性技术和协同机制，造成了今天城乡环境、经济和社会问题的区域化呈现。

城乡建设过程中的各要素和各系统之间未能形成理性化的匹配，造成了建设从城镇群区域规划、城市规划设计、建筑设计、施工设计以及运营管理中的大量数据浪费，形成了数据隔离，所以急需建立我国城乡建设的系统间的数据连通系统，把我国城乡建设引向理性化和智能化，为新型城镇化提供理性内核。

## 2.2.1 城市建设决策迫切需要理性诊断

城市建设过程中，许多地方的城市建设重大项目缺乏科学理性的问题判断，而个人意志判断对建设项目立项决策影响巨大。

过去 30 多年的传统城乡建设决策模式造成了凭规划师个人经验和领导个人偏好进行决策，过于偏重城市空间形态结构，而缺乏对形态的理性诊断。这种缺乏理性诊断的结果是城市领导最重视的标志性项目不一定就是城市发展中最迫切投入的项目，而城市运营中最迫切需要解决的问题，又被城市外部形象忽视，没能引起理性的重视。所以，城市规划和建设策略存在陷阱。最常见的如人口规模预测过大而形成的“鬼城”效应，就造成了资

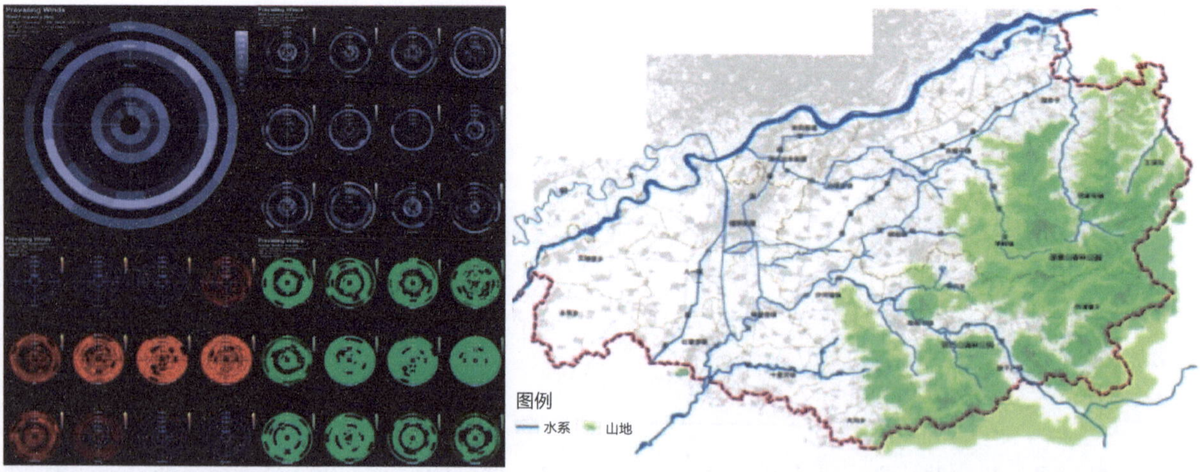


（a）宏观气候环境

（b）自然条件——山水格局

图 2-2-1　智能城市建设中的技术支持

Fig. 2-2-1  Technology support in intelligent construction

源的巨大浪费。

城镇建设的智能化应该基于数据分析和预测，对经济产业、人口构成、交通方式、市民生活和工作方式等城市生产、生活、生态的方方面面的流变进行理性的预测，确定合理高效的交通组织方式、能源消耗和回收利用手段等，对将来城市运行的各个方面和各个系统进行情景规划，然后基于此情景规划转换为城市发展战略与策略，进而指导城市空间形态、功能组织和建筑环境设计。

同时，城市建设的智能化应该提供实时决策手段，以便极大地提高城市对未来风险的适应能力。这种基于未来需求的“以流定形”的城市建设理性化过程是新型城镇化的前提。

### 2.2.2 城乡环境迫切需要的生态价值观指导

过去30年城市规划建设过于注重城市形象和奢华，生态价值观薄弱，忽视了大量城市环境的生态问题。

过去的城市在建设过程中普遍缺乏对环境所应有的尊重：一方面，挖山筑城等建设手段在传统的城市建设过程中忽视了城乡山水布局，对原有自然基底的破坏大大增加了城市自然灾害发生的可能性；另一方面，一味追求形态和构图，形成了轴线、巨型绿带、大广场、宽马路，这些城市建设模式使城市普遍失去了其原有的地方特色（图2-2-2~图2-2-4）。

究其原因：①城市之间恶性竞争，区域内城市缺乏协同联系，也缺乏群落协同的管理模式；②快速的城镇化使城市建设一直处于急速扩张的状态，大规模低成本的建设需求使城市建设很难实现精细化管理和运行；③由于技术手段和基础数据的缺失，城市在建设过程中缺乏城市建设的理性技

图2-2-2　传统城市建设中的普遍问题：城市大轴线
Fig. 2-2-2　Oversized axis in urban construction

图2-2-3　传统城市建设中的普遍问题：巨大硬质广场
Fig. 2-2-3　Excessive hard square in urban construction

图2-2-4　传统城市建设中的普遍问题：千城一面现象
Fig. 2-2-4　Missing of characters in urban construction

术体系。

城市建设的智能化和理性化就是以“天人合一”为基础，尊重自然，以可持续发展价值观指导长远的发展。同时，以城乡大数据把握城市发展基本规律，以动态感知网络支撑城市的规划决策和建设运行。

以多层级感知器实时收集、存储、监测、反馈海量数据，借助计算机系统及大数据技术等强有力的分析手段：一方面，对基底的地形地貌、地质土壤、水文气候、日照风向、生物物种、植被群落等自然条件进行充分的动态研究和分析；另一方面，对基底传统城市营造方式、功能组织形式、建筑建设策略进行研究分析与归纳总结，充分挖掘其在经历了千百年后所形成的应对自然的

**杜彦良　院士**

石家庄铁道大学副校长

城镇化进程对当今发达国家起到了重要的影响，为其推进工业现代化有着重要的意义。现在我国提出新型城镇化和智能建设的战略，我们需要明确这两者的基本概念和目标内涵。

新型城镇化的智能建设思路，应结合具体城市的地理地质条件，从环境、规划、建设、管理等方面具体落实信息化和智能化。

具体实践项目应站在更高层面指出新型城镇化和智能建设需要有哪些法规进行约束。同时，应做智能建设的示范区，通过榜样力量推广、普及智能建设。

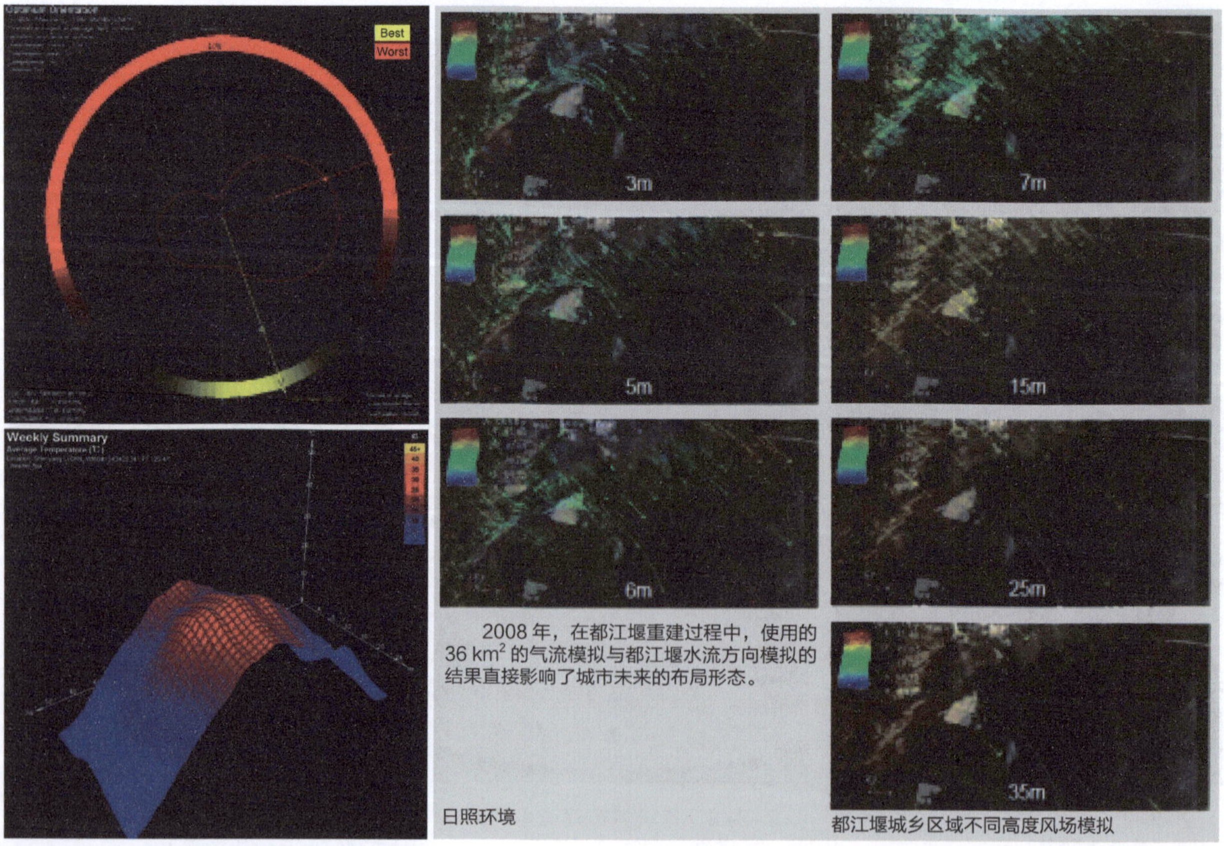


2008 年，在都江堰重建过程中，使用的 36 $km^2$ 的气流模拟与都江堰水流方向模拟的结果直接影响了城市未来的布局形态。

日照环境

都江堰城乡区域不同高度风场模拟

图 2-2-5　城市建设智能化的技术支持

Fig. 2-2-5 Technology support in intelligent construction

生态策略（图2-2-5）。综合以上两方面的分析，形成一系列的顺应基底山水格局、保持城市传统风貌、低碳节能高效的城市建设手段，使城市在建设过程中更加尊重原有环境。

### 2.2.3 建设系统之间迫切需要群落协同

传统城市规划与区域、流域的自然条件、区域大型水利交通工程、城市基础设施建设、城市单体建筑设计、数字化测绘技术脱节，存在层级分离、错位严重，城市建设各工种之间缺乏协同的技术平台等问题（图2-2-6）。

传统的城市建设是单点、非系统的，造成了城市功能片区之间的割裂和功能分区过于纯粹化，使居民出行距离过长，进一步造成了城市交通拥堵、活力不足的问题，更加剧了城市的无序扩张，就形成了类似于北京“越堵越大，越大越堵”的“摊大饼”的恶性循环，传统城市扩张的动力都是其功能的低成本外溢。

中国的城市正在经历翻天覆地的变化，无论对其规模或其功能结构，都难以进行长久性的预测和决断。所以，随着城市功能的演变，城市规划一轮又一轮地进行修编，城市大拆大建的行为屡见不鲜，看似合理的城市规划战略与策略在数年之后又要调整。这就说明了传统的结果导向型的“蓝图式”的规划策略不能适应不断发展中的城市。

新型城镇化的重点在于城市规划策略的智能化，从方法论上将实现突破，形成整体的、系统的、普遍关联的、复杂适应性的、动态的城市功能组织形式。平面复合、立体复合、错时复合的多层次复合型的功能组织方式将突破传统的、从二维考虑而形成的割裂的城市功能组织模式，形成二维、三维、多维普遍关联的城市功能组织模式。城市基本单元之间的普遍关联使城市内部各个群落、单体城市群落和区域城市族群群落之间形成多维度的网状动态适应系统。

城市建设的智能化，需要把物联网、云计算、3S技术等信息技术，与政府管理部门的深度社会管理体系建设相结合。只有技术与管理紧密结合，才能构成智能城市的体系。

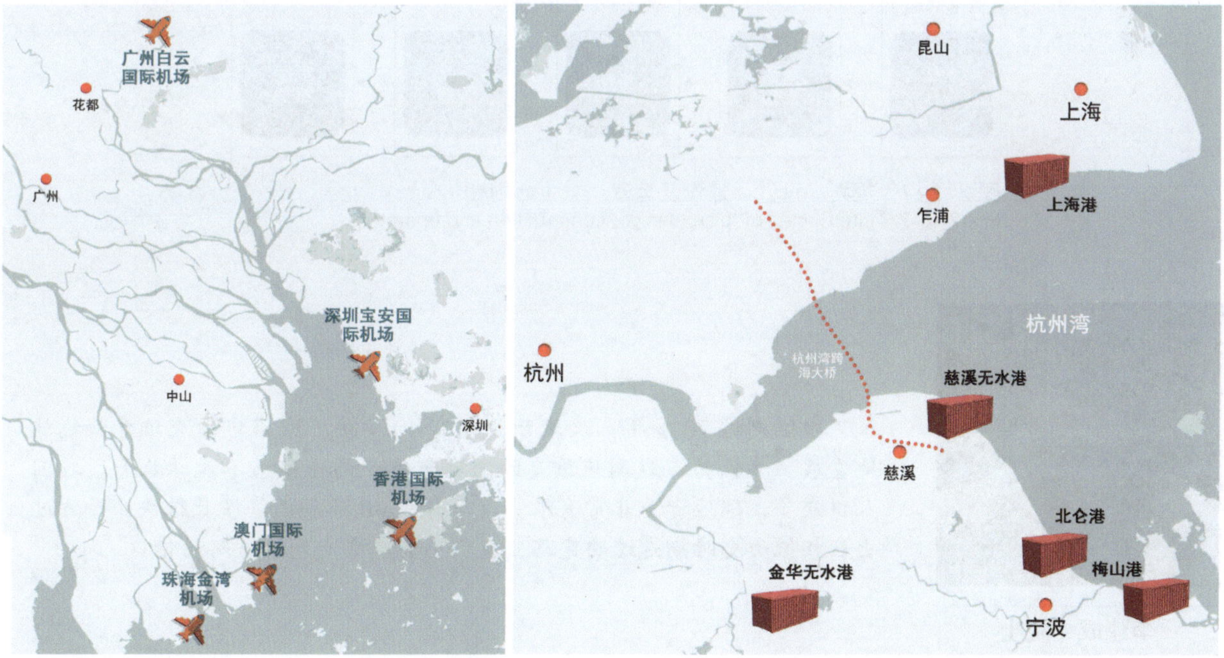


图2-2-6 部分地区城市建设发展缺乏系统协调
Fig. 2-2-6 The current problems of city construction and development

## 2.2.4 建设过程迫切需要全生命周期考量

现行的城市规划手段使城市规划、建筑设计、建筑施工三个阶段处于分离状态。

单从城市规划的角度来看，城市总体规划、控制性详细规划、修建性详细规划三个部分虽然在法律上有着一脉相承的关系，但是在实际操作中也存在许多下层规划突破上位规划的现象。

各阶段的规划策略都是由最后施工的具体实施而得以体现的，而规划和建设策略的逐级分离和错位使上位规划策略难以体现，这就造成了城市风貌的不统一、城市结构的模糊、城市功能的混乱等问题。

智能城市的建设手段将突破这一局面，通过对规划和建设的全过程跟踪，对建设行为进行统筹与管理。“全生命周期”的城市建设策略体现在以下两个方面：

一方面，指不同规模层面的“全生命周期”，即改变现行的总体规划、控制性详细规划、修建性详细规划之间相互割裂的现象，对上位规划中需要严格控制的内容进行严格把关，而对其不能控制的部分进行完全放松，打破现在各阶段规划都追求面面俱到的问题，使上下层次的规划之间形成良好的衔接关系。

另一方面，指不同时间阶段的“全生命周期”，即在设计之初就充分考虑到建筑及环境在规划设计、建造施工、维护管理以及拆除改建各个阶段的各种可能性，并制定统一的运行策略（图 2-2-7）。

对城市细胞的全生命周期进行精细化的运营管理，就能使整个城市处于动态、有序、持续更新的自适应状态，使城市成为一个不断生长、充满活力的生命体。

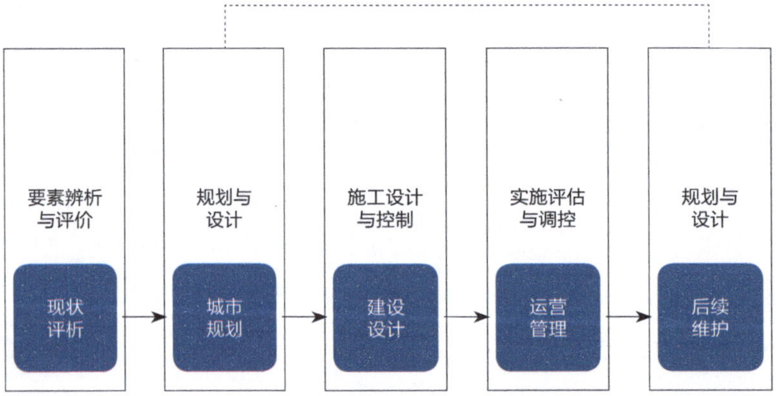


图 2-2-7　规划、设计、建设及运营“全生命周期”
Fig. 2-2-7 ‘Life Circle’ of plan, design, construction and operation

**李建成　院士**
武汉大学副校长、
测绘学院院长

中国走过 70 多年，改革开放也有 40 多年，城市建设应该更加稳健地发展。我认为，我国应该走欧洲城市建设的道路，不能学北美。我国人口众多，陆地资源非常有限。改革开放 40 多年经济增长很快，西方过去在相似历史时期走过的弯路，我们不能当成走同样弯路的借口。

### 2.2.5 城乡建设迫切需要精细化的施工技术

传统非智能的城市多采取高消耗、低效率的建设施工手段，这是由科技和施工水平、经济发展阶段、劳动密集型产业结构三方面的局限共同造成的，存在耗时长、能耗高、污染大的问题。

在全社会能耗中，建筑能耗占到近一半，为 46.7%。这些材料的生产需要冶炼、熔融、烧结大量的金属、非金属矿物原料和化工原料，因而也间接消耗了大量的矿产和土地资源。在加快推进生态文明建设中，建筑业应加快转变发展方式。

但建筑业走绿色发展、低碳发展、循环发展之路的任务有若干挑战：一是建筑业不仅是国民经济支柱产业，更是基础产业和富民产业，这也导致了行业一直处于粗放型发展状态，转型升级步伐沉重。二是建筑业关联上下游 50 多个相关产业发展，牵一发而动全身（图 2-2-8）。

智能城市的建设将积极利用高科技手段（图 2-2-9），采用自动智能化建造，基于“最小化”原则减少建设成本，使城市建设消耗最少时间、最少人工、最少材料、最少能源，在建造过程中采取最少构架和最少堆场，并使其整个过程产生的噪声、污水、固体废弃物均最少，即我们所谓的“最小化”策略。与传统使用 100 t 水泥产生 175 t 垃圾的建造方式相比，将必然对低碳生态城市的建设起到巨大的推进作用。

图 2-2-8　城市建设六大参与者
Fig. 2-2-8 Six participants of city construction

**崔俊芝　院士**
中国科学院数学与系统科学研究院计算数学与科学工程计算研究所研究员

我对智能城市建设的三点理解：

第一，现代城镇化模式，需要从原则上、思维上说清楚。新型城镇化是一个概念，不是确切的科学定义；智能化同样也是一个概念，而不是明确的定义。新型城镇化是一个演变中的概念，过去我们提的多是建设小康、生态环保，后来提和谐社会、优化配置。概念并不是提得越多越好，重要的是要把概念的原则性和思维性说清楚。

第二，现代信息技术体系需要从标准体系、科学体系、管理体系中融入城市规划管理体系中。标准体系，例如数字化城市管理有 10 套标准，这些标准集成了所有的城市信息采集、归纳、整理，不仅要有数据，还要有规矩。否则现在谈的大数据仅仅是最简单的和、加、平均、统计，甚至很多地方连统计都不算，仅是数据非结构的可视化。

第三，大数据可以为城市智能化建设和管理提供有效的决策和支持，这种支持有的是政府主导的，有的是市场主导的。所以确定哪部分属于政府主导，我们必须要做出选择，建立保证智能城市机制响应的完善法规。

国家提出走新型城镇化发展道路，本质意义是转型发展。需要系统梳理过去城镇化发展道路遇到的问题，在此基础上提出发展策略。需要明确的是，不是所有问题都必须通过智能手段解决。除了智能手段，机制、体制、法律、行政等方面都可以涉及。

**郭仁忠　院士**
深圳市规划和国土资源
委员会原巡视员

图 2-2-9　高科技手段在城市建设中的应用
Fig. 2-2-9 The application of high-tech means in city construction

马国馨　院士
北京市建筑设计研究院
有限公司顾问、总设计师

中国特色城镇化面临的挑战和风险，有低初级成本和低发展质量的特点。当今中国面临着如何可持续发展和转型发展的双重压力，为此激发的矛盾和问题很多，所以也面临着严峻的挑战甚至是社会风险。城镇的聚集和发展有其内在的规律，也有其自然发育成长的过程和规律。

我国的城镇化本身存在以下问题：

(1) 更多地加入了自上而下的管理者的强力干预。大规模空间城镇化比人口城镇化更为迅速，人口的年增长速度远远低于城市建成区和建设用地面积增长的速度。城乡差距、贫富差距、生态恶化及社会冲突等，表明在城镇化进程中资源要素、经济利益甚至公民的权利和身份等，都受到了社会公平欠缺的影响。

(2) 城镇化脱离本地实际。不顾条件限制盲目做大规模，造成城市发展不均衡，资源缺乏（粮食、水、油气三大瓶颈），产业支撑不足，忽视城市结构的改善和提升，基础设施滞后，公共服务设施不完善。

我国城镇化面临的问题，也是未来中国城市要解决的问题：

(1) 人口老龄化。我国的社会养老保险制度公平性不足，可持续性弱，统筹层次低，兼容性不强。尤其在农村，随着年轻劳力迁往城市，农村人口老龄化的程度高于城镇，城乡管理问题将会变得尤为突出。

(2) 发展和保护。中国有丰富的历史文化和自然资源，但除了明确的文保单位外，很多都遭遇了“造城运动”中的大拆大建：建设性的破坏。同时，又出现了“拆真造假”的现象。

(3) 城市治理能力和综合防灾应变能力。世界城市普遍面临一系列自然或人为灾害，需要全面、精确、实时地掌握风险动态，提前预防控制；事件发生后能信息共享、协调联动、做好应急管理。

(4) 生态危机。我国资源和能源都严重短缺，面临水资源缺乏和大气、固体废弃物、噪声污染等矛盾，城镇生态系统的服务能力显著退化。

(5) 畸形发展和建筑问题。中国是全世界最大的施工工地：建筑面积增加快，建筑材料消耗大，建筑业 GDP 增长快。建筑使用状况和发展状况极不均衡：建筑中盲目求新、求大，跟风建造超高层，城市文化水平和质量低下。

## 2.3 智能建设的技术可能性

Technical Possibility of Intelligent Constructions

随着我国信息化技术和水平的不断提升，建筑信息模型（BIM）、大数据、人工智能、移动技术、云计算等技术手段，都已经通过互联网得以实现，进而作用于城市建设的各个行业。这些技术手段将有助于打破城镇建设各个子系统之间数据交流的隔阂，减少建设城镇群区域规划、城市规划设计、建筑设计、施工设计以及运营管理中的大量数据浪费，形成城市建设各个行业数据交汇的“蓝海”，进而提高城市建设的整体信息化水平，降低成本，提高效率，为真正实现智能城市建设提供无限可能。

### 2.3.1 大数据智能技术

信息通信技术的发展以及政务公开的推进使大量数据如雨后春笋般涌现，人们称之为大数据。

大数据环境产生的微观个体（社会层面和物理空间层面）数据，与“以人为本”的新型城镇化不谋而合，为城市研究、规划设计、工程实践和商业咨询等带来了新的发展契机。城市大数据智能技术针对城镇群地区协调发展矛盾，实现规划决策优化。

从国际上看，以大数据和互联网交互技术为基础，运用云计算、情景分析模型为技术手段的智能规划技术，是当前发达国家在制定城镇空间规划中普遍发展的一项决策支持技术。

城市大数据智能技术主要以城镇为基本单元，建立城镇群地区信息数据共享的动态监测平台，通过空间分析模型和交互技术的研发，构建由城镇群现状分析诊断、规划方案模拟预测以及协同运营决策智能系统构成的智能规划技术体系，为综合判断城镇群协调发展的趋势、实现国家和地方对城镇群地区科学的空间治理提供坚实的科学技术支撑（图 2-3-1、图 2-3-2）。

王家耀　院士
解放军信息工程大学
测绘学院教授

智能建设的一个最重要方面是智能的感知和分析。今天我们提的感知感念和过去传统意义的感知不同，现在的感知是通过遍布在天上、地上的传感器实现的。

上海已有接近 100 万个摄像头，其中 30 万个是高清摄像头，这些都是感知手段。在智能感知获得数据后，接下来的一步是对其进行深度挖掘和分析，不然数据感知仅仅是数量的概念，而我们更需要的是思维方式的变革，从本质上改变我们对城市认识理解及分析问题的方式。

图 2-3-1　不同城市中心城区意象比较
Fig. 2-3-1 Images of the central district in different cities

图 2-3-2　厦门市建筑高度鸟瞰图意象
Fig. 2-3-2 View of building height in xiamen city

**智能城镇化协同创新长三角大数据平台**

智能城镇化协同创新长三角大数据平台致力于开展智能城市多源异构数据的采集与整合，校验数据的真实性与可靠性；构建智能城镇化数据库，建立完善区域层面的宏观数据与城市层面微观数据的耦合性；开展数据的提取、分析、输出相应的分析报表和数据（图 2-3-3~ 图 2-3-5）。

智能城镇化协同创新长三角大数据平台的宗旨是：

（1）高密度区域城镇化智

**郑颖人　院士**

中国人民解放军后勤工程学院教授

关于城市建设中的生态环境问题，是必须引起广泛重视的。比如延安下了一场暴雨，就导致了30多人的死亡，这样的城市建设是极为不可取的。一个地方，过去是一座山，现在城镇化进程下，这座山没有了，那房子应该怎么建。这不是建设方案好不好的问题，而是安不安全的问题。现在我国在西南、西北环境中要特别重视建设安全问题。

地质环境作为城市建设必须要考虑的要素，不仅仅是避免地震带来的影响，其他的地质灾害也应引起重视，比如因地面松散而引发的泥石流灾害等。城市建设和山水格局的关系，必须通过模拟客观真实地反映出来。过去都是地方领导说了算，现在是建设模拟说了算。

能诊断。

（2）高密度区域城镇化智能规划。

（3）高密度区域城镇化智能治理。

（4）高密度区域智能城镇化大数据平台。

智能城镇化协同创新长三角大数据平台汇集软件学院、城市规划学院、创意设计学院以及其他机构和组织协同研发，针对社会生活、自然要素、

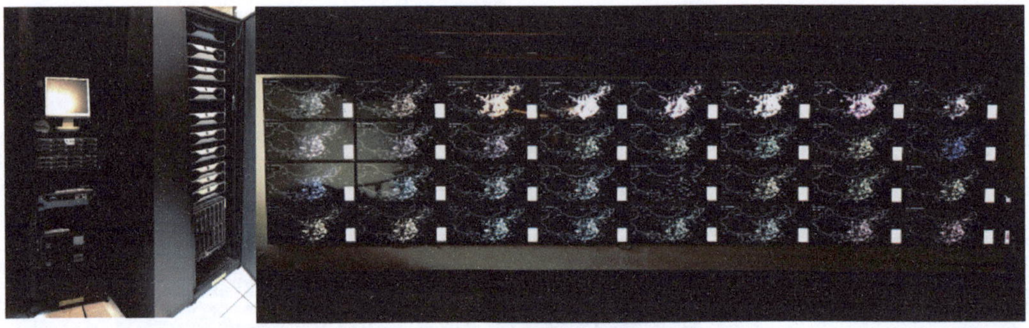

图 2-3-3　智能城镇化协同创新长三角大数据平台

Fig. 2-3-3  Big data bank of China Intelligent Urbanization Co-creation Center

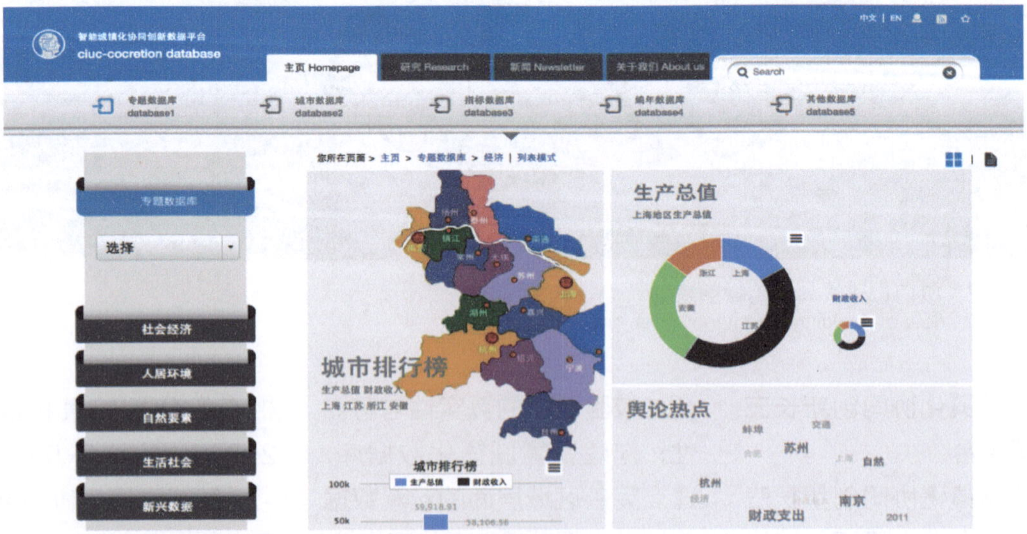


图 2-3-4　智能城镇化协同创新数据平台界面

Fig. 2-3-4  Interface of Intelligent Urbanization Co-creation data platform

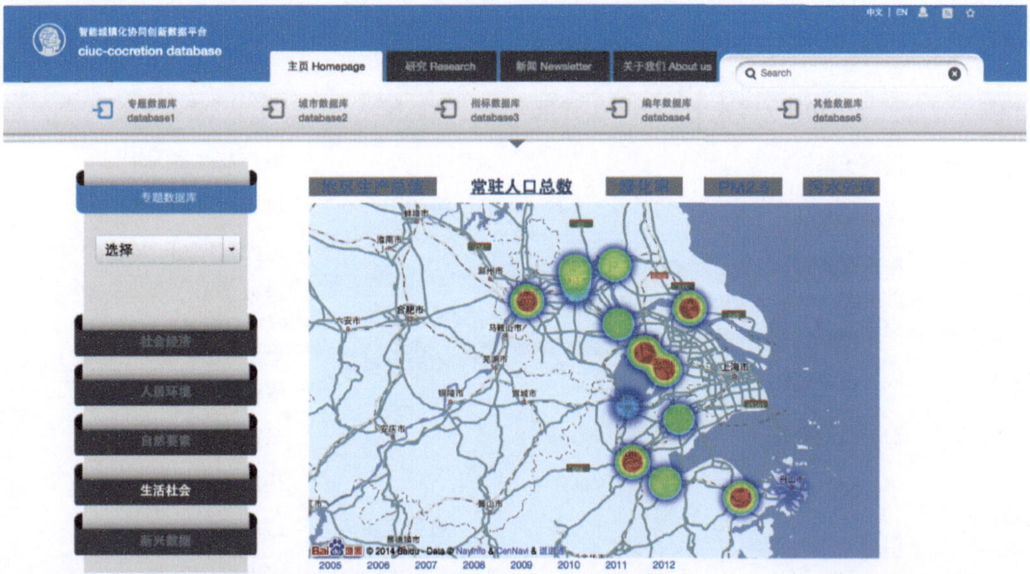


图 2-3-5　智能城镇化协同创新数据平台数据

Fig. 2-3-5 Data in Intelligent Urbanization Co-creation data platform

人居环境、新兴数据和社会经济五大领域。

全库围绕五个领域共收集一亿余条数据，研发完成一个统计指标整合软件，研发完成一个大数据平台 Web 系统。

## 2.3.2　建立城市战略发展规划方案模拟评价平台

技术一：市长决策桌

（1）智慧城市：领导决策平台。

平台构建以智能化的信息平台为手段，以物联网、云平台等 ICT 技术为支撑，针对中国城市未来智能化发展产生的新需求，在中国的城市决策体制和城镇化发展背景下，实现满足城市各层面决策者的城市数据分析表达和决策信息实时传递，为决策行为提供一体化的辅助支持平台（图 2-3-6、图 2-3-7、图 2-3-16）。

（2）技术创新：智能数据化决策。

八大功能模块（表 2-3-1）支持智能决策；评估指标体系作为决策数据基础；关键数据挖掘和数据的空间可视化；用户需求为导向的进化更新。

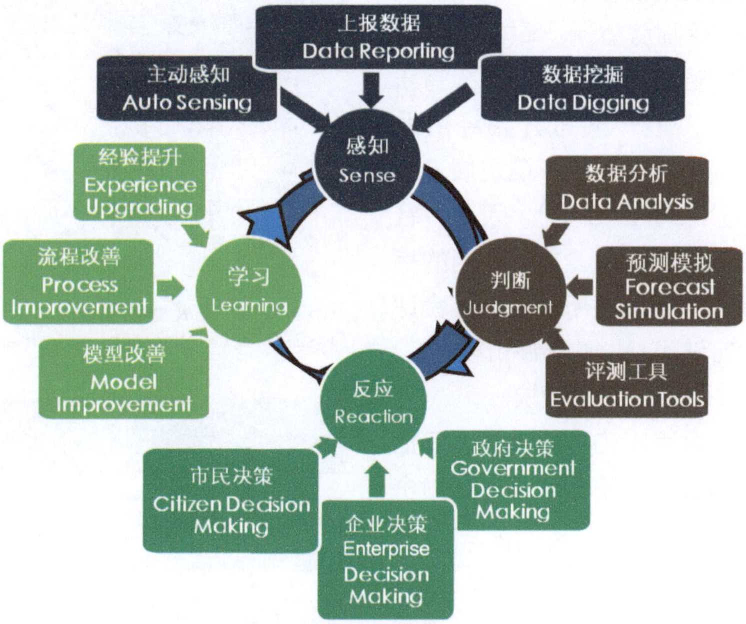


全面感知 (intensive sense)：在充分的数据支撑下决策。
准确判断 (accurate judgment)：能对状态和后果做出预判。
恰当反应 (appropriate reaction)：能根据情景分析调动资源应对，实现最小能源、资源、时间、社会心理消耗。
持续学习 (continuous learning)：能不断改进决策模型和流程，实现持续进步。

图 2-3-6　智能市长桌决策平台结构框架

Fig. 2-3-6 Intelligent decision-making platform framework mayor desk

表 2-3-1　八大模块功能介绍
Table 2-3-1 Introduction of the eight main functions

| 序号 | 功能模块 | 功能子模块 |
| --- | --- | --- |
| 1 | 发展业绩 | 经济子系统<br>社会子系统<br>生态子系统 |
| 2 | 资源统筹 | 空间资源统筹<br>人力资源统筹<br>财政资源统筹 |
| 3 | 向上联络 | 下发文件<br>市局沟通 |
| 4 | 日常管理 | 日程管理<br>文件批阅<br>远程会议 |
| 5 | 经验引介 | 城市发展案例库<br>城市百科知识库<br>城市数据知识库 |
| 6 | 突发事件 | 自然灾害<br>社会安全<br>事故灾害<br>公共卫生 |
| 7 | 意见汇聚 | 市民信息反馈<br>政府机构反馈<br>企业联盟反馈 |
| 8 | 重大项目 | 世博会项目<br>经济适用房<br>迪士尼项目 |

①发展业绩模块。

政府计划的执行情况，包括各类经济指标、环境保护指标、保障房指标、减排指标等。不同省市的政绩考核指标有所差别，但一般可分为经济发展、社会发展、环境发展三大部分（图 2-3-8）。因此，针对不同的城市，决策平台的指标选取上应有所差别，综合评价方法可参照政绩评价权重。

②资源统筹模块。

盘点市内可用资源，包括人力资源、空间资源、财力资源等（图 2-3-9）。整合现阶段能用和可用的人、财、物，以对外转化资源，对内盘活资源、资源统筹模块可以反映城市决策者所利用的各类资源的总体和细分状况，是支撑决策的重要组成部分。

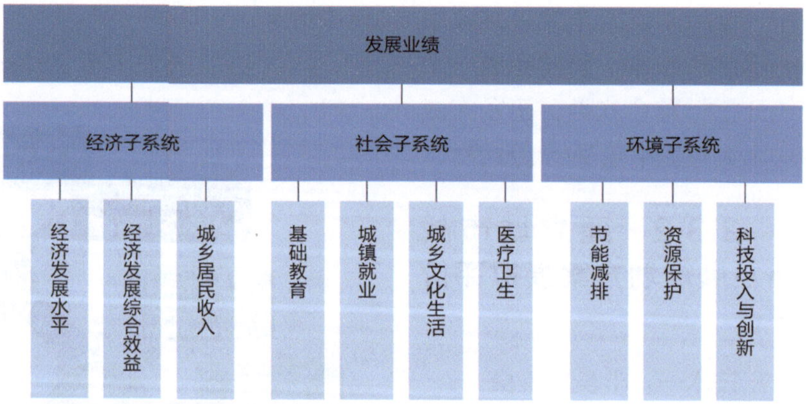


图 2-3-7　发展业绩模块
Fig. 2-3-7 Development performance module

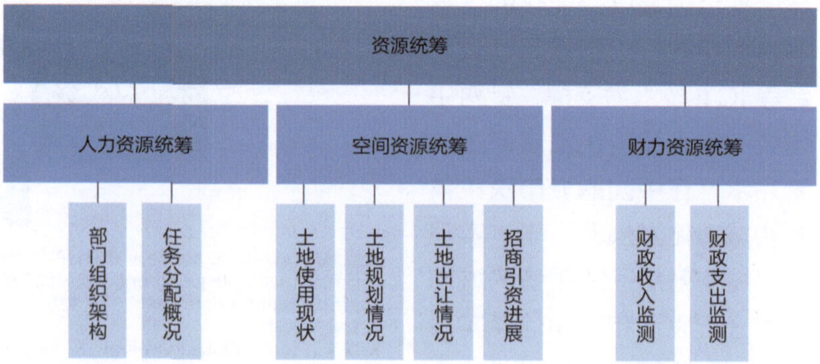


图 2-3-8　资源统筹模块
Fig. 2-3-8 Resource planning module

③向上联络模块。

城市决策者需要紧跟上级指示及精神，详细阅读下发的各类文件，所以单独辟出向上联络模块，将各类文件分类整理，便于实时传达信息、随时查询记录（图 2-3-10）。它反映城市上级的管理和决策信息，是管理决策的指导依据。

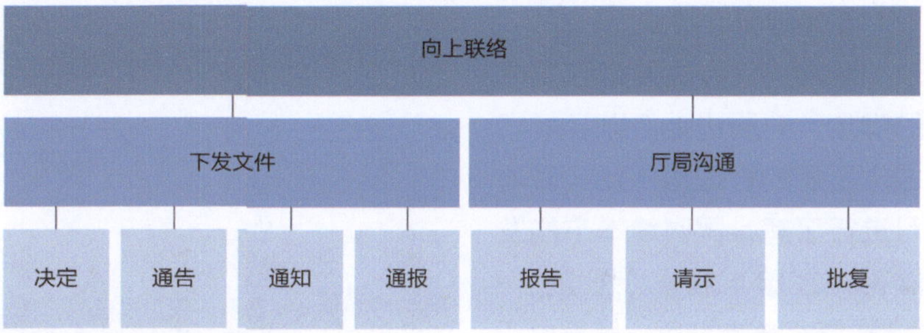

图 2-3-9　向上联络模块
Fig. 2-3-9 Contact upward module

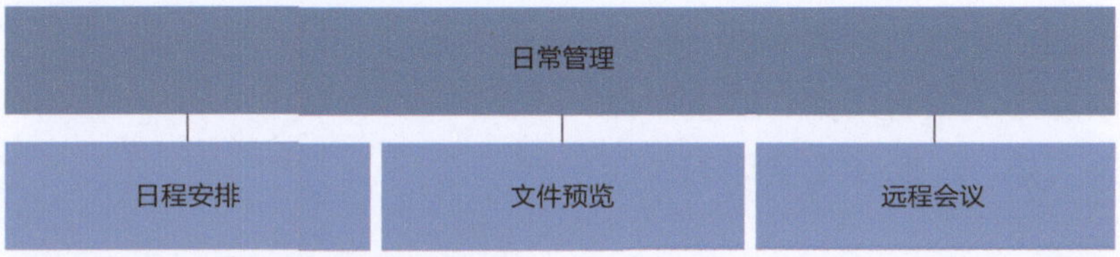

图 2-3-10　日常管理模块
Fig. 2-3-10 Daily management module

④日常管理模块。

城市决策者每日的工作安排和必须解决的事务，包括三个部分：日程安排，运用云计算软件设置每日的计划表，可实时更新，方便掌控自己的行程；文件预览，预先上传每日所处理的重要文件或会议简介，使城市决策者在开会或决策前先进行概略了解；远程会议，连接视频设备，使城市决策者足不出户便可掌控所关心的会议议程，免除了会场来回的交通时间消耗（图 2-3-11）。

图 2-3-11　市长决策平台界面
Fig. 2-3-11 Interface of intelligent decision-making platform: mayor desk

⑤经验引介模块。

城市决策者需要紧跟发展的脚步，对周边地区以及标杆城市所做的管理措施及实践项目进行了解，同时给本市的发展带来经验与启发（图2-3-12）。需设置专业团队每日更新各个子模块的案例内容，实时更新，保证城市决策者每日看到最新动态与优秀案例。它反映城市决策者所关心的发展借鉴对象，不断学习全球的最佳实践案例。

⑥突发事件模块。

城市决策者需要对突发事件进行最快的反应，做出最适当的处理，以将市民的生命、财产损失减少到最低。本模块设置报警系统，对接气象局、公安局、环保局、交通局等重要部门，第一时间将突发事件上报，并对发生地直接定位，使整个领导班子能够第一时间启动应急预案或直接赶到现场解决事件，是保障城市管理和决策正常运行的工具（图2-3-13）。

⑦意见汇聚模块。

城市决策者需要对本市的各项状况和机能保持实时关注。这就需要一套自下而上的信息反馈机制，包括普通市民意见、各专家意见、人大政协意见、企业机构意见等，都要统筹研究后进行处理或采纳（图2-3-14）。它反映多方参与城市管理和决策的途径，是城市决策者广泛听取多方建议和意见的快速通道。

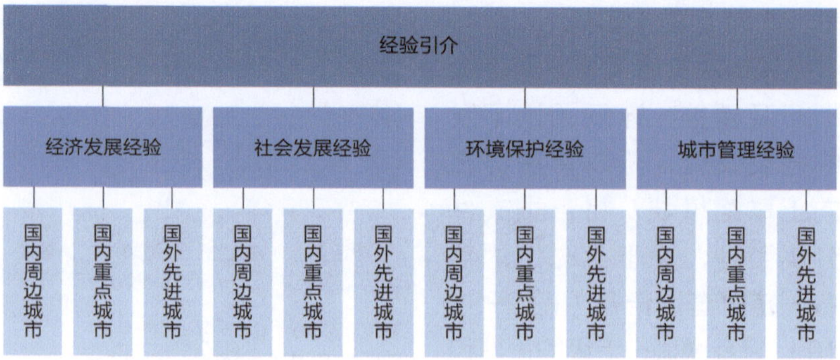


图2-3-12　经验引介模块
Fig. 2-3-12 Experience reference module

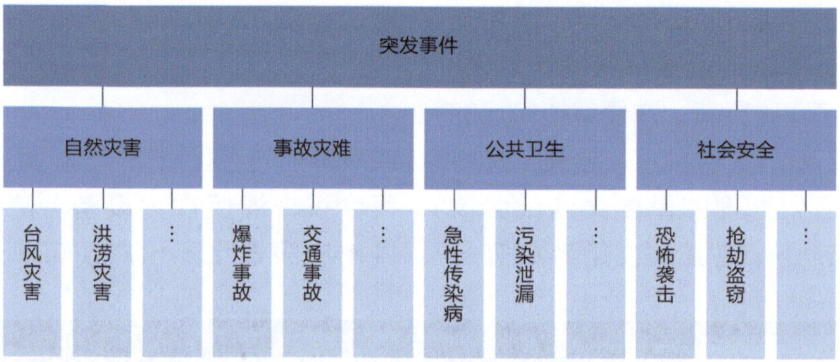


图2-3-13　突发事件模块
Fig. 2-3-13 Unexpected events module

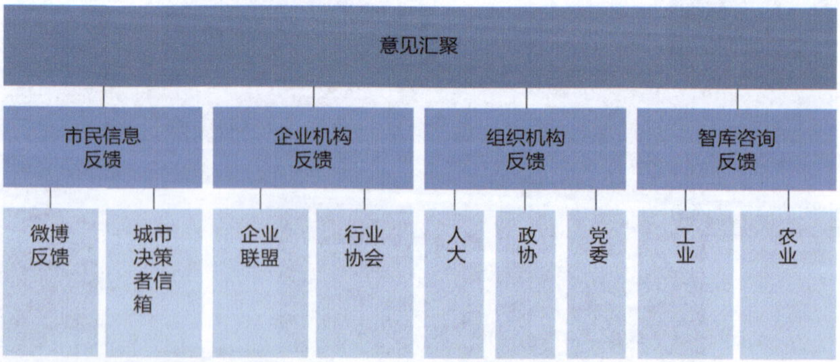


图2-3-14　意见汇聚模块
Fig. 2-3-14 Suggestions module

⑧重大项目模块。

城市决策者在任期内需要作出亮点的重大项目。模块内包括城市决策者关心的重大项目目标、完成计划、时间节点、完成程度，同时还能够实时更新现场画面，随时掌控项目进度（图 2-3-15）。它反映城市决策者关心的重要项目管理，是实现决策目标的关键点。

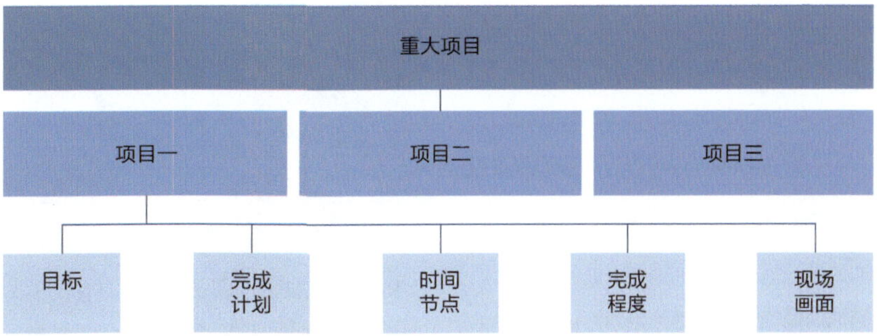


图 2-3-15 重大项目模块
Fig. 2-3-15 Major project module

**何华武 院士**
中国铁路总公司总工程师

依目前中国城镇化的发展进程，中国很容易落入中等收入陷阱。如何避免中国落入这一陷阱，我们项目提出了从智能的角度，更加科学合理地建设。这与目前国家提出的“万众创业、大众创新”的背景吻合。智能建设是中国新型城镇化与新常态经济发展的重要板块。

智能建设应大量引入北斗卫星的运用。北斗卫星导航定位系统到 2020 年预计成为全球四大导航定位系统之一，且是我国拥有自主知识产权的卫星导航定位系统。我们要在智能建设中强调北斗卫星的运用。

图 2-3-16 智能市长桌
Fig. 2-3-16 The intelligent mayor desk

**技术二：规划方案场景虚拟现实技术**

（1）虚拟现实技术概述

北京伟景行数字城市科技有限公司开发的城市仿真软件系统——Gvitech CityMaker™ 系统提供了支持通用 GIS 系统的接口，可以与 GIS 系统相连构成三维数字化的城市信息管理系统。

如果相关部门或领导想了解城市各方面的信息，为决策和管理提供依据，可以直接从三维可视化的数字城市系统中查询，它比传统方式更直观、快捷、信息量充分，内容更新也更快。另外，CityMaker™ 系统还可与多个城市设施管理系统如水电、燃气、管道、市政等相集成，提供更为丰富和强大的管理功能。

运用了 CityMaker 三维城市仿真系统结合其他仿真系统作为 2010 年上海世博会园区的虚拟现实系统平台，通过这一平台进行土地控制研究、规划设计方案比较以及空间环境效果实时体验（图 2-3-17）。

图 2-3-17　2010 年上海世博会园区虚拟现实平台
Fig. 2-3-17　2010 Shanghai EXPO VR platform

课题组对世博园区用地范围内的现状建筑进行素体块三维建模和重点建筑详细建模，并链接详尽的调研数据库。对于世博园区的主要轴线和重点场馆，课题组进行重点表现，模拟未来建成后的世博会现场气氛，决策者和设计师可以任意视点、速度，自由地在虚拟场景中漫游，进行仿真的现场决策和深度论证。

（2）核心功能

• 方案比较功能

规划设计和规划管理中经常需要处理多方案比较的问题。本系统的方案比较功能将不同的方案放在完全相同的场景中进行比较，充分保证了方案比较的公正和公平（图 2-3-18）。用户可以自由地切换当前显示哪个方案，也可以切换到双屏显示模式，同时观察两个方案。对于同一个三维场景而言，本系统支持同时建立多组方案比较。

• 高度调整功能

高度是规划和设计中需要推敲的重要内容。使用高度调整功能，能够实时改变模型的高度，便于用户观察建筑物处于不同高度时对场景的不同影

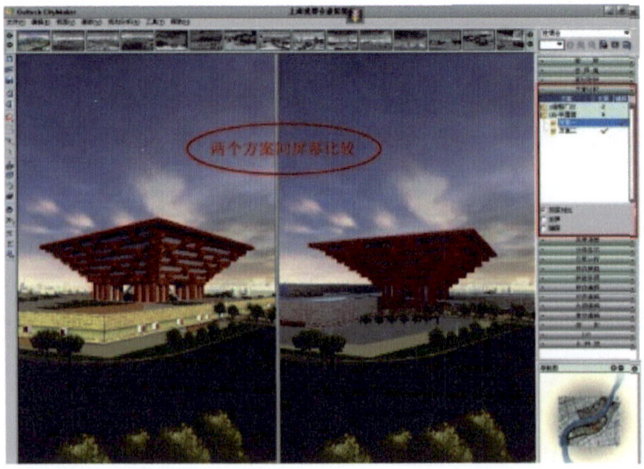

图 2-3-18　实时方案比较
Fig. 2-3-18 Real time comparison of scenarios

图 2-3-19　模型高度调整
Fig. 2-3-19 Height adjustment of model

响，以及所产生的不同的规划指标。在高度调整时，本系统提供三种高度模式，允许在三者之间自由切换。同时，本系统还允许用户编辑高度值，并能实时显示相对调整值。

• 分类显示功能

城市规划中经常把建筑和用地等分成不同的类型，例如将用地分成居住用地、商业用地、绿地等多种类型。利用分类显示功能，可以在场景中给不同类型的建筑或用地染上不同的颜色加以区分。用户可以自定义分类条件和用于渲染的颜色，也可以增加新的分类类型。利用去除贴图工具则可以控制显示的效果。图 2-3-20 为“分类显示”控制面板。

• 日照分析功能介绍

应用日照分析功能，用户可以观察到特定建筑物的阴影对其他建筑物的影响。进行日照分析时，用户设定场景所处的城市后，系统能够给出任意节气、任意时间的阴影状态，并可进行连续播放。为了控制阴影显示效果，日照分析功能同时允许用户设定阴影亮度和阴影播放速度（图 2-3-21）。

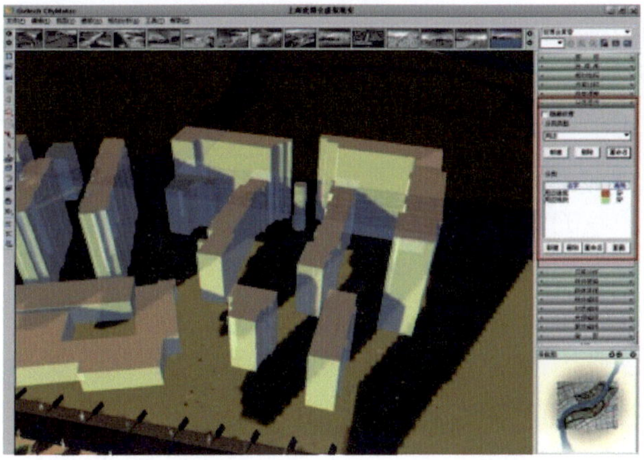

图 2-3-20　分类显示
Fig. 2-3-20  Clasified display

图 2-3-21　“日照分析”控制面板
Fig. 2-3-21  Solar analysis

（3）虚拟现实（VR）技术应用

VR 技术使城市能以数字化、信息化、可视化的方式记录下来，并且完全拟真地呈现出来。可以预见，三维数字城市仿真技术的研究成果必将为城市的决策管理、规划设计的科学化提供有力的支撑，使各类论证的结果更为有据可依、详实可靠。

• VR 技术的研究现状

VR 技术最早在 20 世纪中期由美国 VPL 探索公司提出，后来美国宇航局（NASA）利用流行的液晶显示电视和其他设备，开始研制低成本的 VR 系统，推动了该技术硬件的进步。目前，VR 技术已获得了长足的发展。国内直到 20 世纪 80 年代末才开始进行研究，目前还处于初级阶段。

我国 VR 技术研究起步较晚，与发达国家相比还有一定的差距，但现在已引起国家有关部门和科学家们的高度重视，并根据我国的国情，制定了发展 VR 技术的各项研究计划。国家自然科学基金委、国家高技术研究发展计划等都把 VR 列入了研究项目。国内一些科研院所已积极投入到了这一领域的研究工作中。

• VR 技术的发展趋势

VR 技术是高度集成的技术，涵盖计算机软硬件、传感器技术、立体显示技术等。VR 技术的研究内容大体上可分为 VR 技术本身的研究和 VR 技术应用的研究两大类。根据 VR 所倾向的特征不同，目前 VR 系统主要划分为四个层次，即桌面式、增强式、沉浸式和网络分布式。

VR 技术的实质是构建一种人能够与之进行自由交互的“世界”。在这个“世界”中，参与者可以实时地探索或移动其中的对象。沉浸式VR是最理想的追求目标，实现的主要方式是戴上特制的头盔显示器、数据手套及身体部位跟踪器，通过听觉、触觉和视觉在虚拟场景中进行体验。桌面式VR被称为“窗口仿真”，尽管有一定的局限性，但由于成本低廉而仍然得到了广泛应用。增强式VR主要用来为戴上立体眼镜的群体观察虚拟环境，性能介于以上两者之间，也成为开发的热点之一。网络分布式VR是基于网络的虚拟环境，在这个环境中，位于不同物理环境位置的多个用户或多个虚拟环境通过网络加一个VR环境，通过计算机与其他用户进行交互，并共享信息。

• VR在建筑和规划领域的应用

在建筑和规划学科领域，VR可系统用于展示城市规划、宣传城市建设、提升城市形象等方面。根据城市的当前状况和对城市的未来规划，将城市的过去、现在和将来任意时间的情况展示在规划设计者、政府决策者、投资开发者和普通市民面前。

根据城市的当前状况和对城市的规划资料完成城市的设计；交互控制软件可以帮助使用者从任意角度、距离和精细程度观察场景，可以选择并自由切换多种运动模式，如行走、驾驶、飞翔等，并可以自由控制浏览的路线。同时，在漫游过程中，还可以实现多种设计方案、多种环境效果的实时切换比较。这是传统的建筑效果图和预渲染回放的三维动画所无法达到的。

城市仿真就是将VR技术应用在城市规划、建筑设计等领域。近几年，城市仿真在国内外已经得到了越来越多的应用，其前所未有的人机交互性、真实建筑空间感、大面积三维地形仿真等特性，都是传统方式所无法比拟的。

**技术三：方案模拟桌**

（1）物理形式

模拟桌（图2-3-22）的思想来源于在最原始的设计方法中，通过控制模型来推敲方案。智能模拟的物理方法是基于实体模型设计的。当模型中一个或多个体块被改变或被旋转，可以直观地反馈视觉的可达性、阴影的覆盖范围以及其他环境适应性指标的变化。现代科技的应用进一步改善了这种基于设计模型的物理方法。一项试验性的产品被称为“智能模拟桌”（simulation desk），该产品已经应用在意大利米兰理工大学的城市模拟实验室以及其他研究机构的科研项目中。智能模拟桌的工作原理是：在一个真实的桌面上放置着实体规划方案模型，通过可移动光源、小型风机以及其他微环境模拟装置，对模型进行环境影响的测评。随着模型的改变，模拟装置产生的效果也相应变化，并且通过可视化的效果反馈给设计师，因此设计师可以根据反馈信息更准确地从环境影响的角度优化方案。

（2）数字形式

数字形式的方案模拟桌实际上是方案模拟的综合软件平台。通过计算机软件绘制虚拟的方案模型，并且在建模的同时由计算机实时地完成环境指标的模拟和分析。相对于物理方法，数字智能模拟方法用虚拟的二维或三维模型取代实体模型，用实时的分析图像取代可视化的实体模型反馈信息，减少了小型模拟设备的使用而引入了计算机辅助软件的技术。不仅如此，数字方法还可以通过执行相关的软件来计算综合的指标系统，进而反映城市物质空间背后的属性。

（3）综合形式

未来智能模拟方法的理想模式应当是物理方法与虚拟方法相结合的，即一方面设计师可以通过手工操作塑造空间模型（实体或者虚拟），另一方面通过数字方法进行环境指标的模拟以及评价结果的反馈。有两项关键技术可以支撑综合方法的智能模拟。第一项技术是物联网传感技术，本研究将此类产品称为“模拟桌1.0”。该技术可以通过传感装置建立真实模型与虚拟信息的联系，将实体的信息以数据的方式采集到电脑中。第二项技术是三维全息投影技术（Holographic 3D）。该技术可以通过真实和虚拟信息的相互转换实现人机交互。

图 2-3-22 模拟桌
Fig. 2-3-22 Simulation desk

### 2.3.3 采用建筑节点设计方案 BIM 系统多方案模拟平台

技术一：BIM 系统

当今建筑生命周期面临的最大挑战便是分割零散。历经长期发展，这一行业已形成这样一种现状：众多较小部分的项目和活动是高效的，但其整体的效率却亟待优化。

BIM 建模方式（图 2-3-23）恰恰可以在这方面提供最有益的解决方法，而且有助于形成具备整体优势的项目和活

**刘先林 院士**
中国测绘科学研究院

近几年来，地理信息行业有了许多突破性的进展，首要方面是地理信息应用需求的变化。从 2014 年下半年开始，地理信息行业开始关注室内空间、地下空间，不仅是测绘，还要详尽的分析、建模等。测绘在方式和技术方面有了许多进步。在制图采集方面，现在是通过左右前后沿道路采集照片，这样可以更快捷且更精确的建模。采集到的这些照片可通过集群计算、图形处理器（GPU）的使用，快速全自动建模。这种建模方式的速度和精度，与过去相比都是不可想象的。过去建模很耗财力、耗精力，要 8 万 ~10 万元 /km² 甚至更多，现在有了通过照片建模的技术就不需要花大人力和大财力。过去我们测绘建模，仅仅是为了观察和观测现状情况。现在有了全息三维测量技术，可以在测绘过程中把 50 多种地面物体都自动提取、分层处理、添加属性。每一种物体都有唯一的编码，记录其几何属性，实现更精细、更精确的测量和管理。由于分层分类很多，需要处理过程的智能化。激光技术的运用可以大大简化测绘工作的操作，代替过去的人工操作。由此产生详尽的全息三维分析报告，相比于传统的报告，三维分析报告包含了各个类别的统计，如道路类、植物类、生物类等，涵盖了井盖、路灯、树叶、树干、绿地、路面、斑马线、电线、电杆等各个方面，精度可以准确识别 20 cm 直径的树干，目前的技术能够达到 90% 左右的正确率。从过去 0.5 m 的测量精度，逐渐精细到现在的 0.05 m，如自行车锁车环都可以识别出来。全息三维技术获得的分析报告，可以通过管理多种分层实体的唯一编码，从而实现对智能城市的对象管理。智能城市的地理信息服务不再局限于二维，而是二维、三维联动，今后一定是全三维的，实现智能城市测绘的智能化。

动，使它们不再是各个部分的笼统拼合体。这样一来，无论是工具、人员还是项目，都可以顺利地实现跨专业的信息共享、沟通和过渡。

BIM 可以满足多种需求：

①信息的输入 / 访问 / 分析：在整个生命周期内，所有专业的所有用户都必须能够使用恰当而有效的工具，通过适当的界面有效地输入 / 细化其设想以及获取决策信息。

②信息的共享：用户必须能够与扩充后的项目小组或活动小组成员共享信息。来自其他系统的数据和以往项目的数据也属于上述共享信息的延伸范畴。

③信息实时更新：用户必须能够确认他们共享和接收的数据可以由所有小组成员及时更新和复查，而且系统可以随时保留人员操作的历史记录。

④工作环境相互关联：必须向用户提供整个工程环境下的信息和专业信息，以便以最高的效率完成任务或制定决策。

⑤安全的合作环境：所有用户必须能够确认他们的设想和工作成果能够得到安全妥善的维护，不会在数字化合作过程中受损。

BIM 有以下益处：

①建筑师可以获取经过更高级提炼的信息（基于基本图形的信息），从而以更高的效率出色地完成设计工作。

②项目经理可以自动创建和协调文档，从而减少错误。

③工程师可以在关联环境下从事设计工作，自动获得执行标准并执行无法进行的分析工作。

④承包商管理人员可以获得设计历史记录，从而减少争议。

⑤设施管理者可以获得与其他 IT 系统相集成的现成操作模型，以创建“交互型设施图”，从而使所有设施数据实现可视化。

⑥每个人都可以及时获取所需信息，从而及时地了解决策信息，减少等待、回溯所耗时间。

⑦业主可以更加了解整个过程，缩短提出问题到采取改进措施之间的周转时间，并以更快、更好且更为经济的方式完成项目和活动。

图 2–3–23　BIM 模型示意图
Fig. 2–3–23　BIm model illustrations

### 技术二：世博会人流模拟平台

（1）建模原理

离散选择模型（discrete choice model）的本质是探求人的选择行为规律的数学模型。

在现实生活中，选择行为很多，每种选择行为都有不同的规律。出行时，人们会考虑时间花费、金钱花费、舒适程度等因素。在购房时，人们会考虑房价、交通方便程度、周围环境、房型等众多因素。在购买商品时，会从价格、质量、售后服务等角度考虑。对于这些发生在身边耳熟能详的选择行为，我们都能凭着经验判断哪些是影响人们选择行为的因素，但是如果具体去讨论人们如何在这些因素间权衡时，就显得不肯定了。这主要是因为还缺乏对选择行为进行定量的研究。

离散选择模型是进行定量选择行为研究的有力工具。构建离散模型的要素是选择集和影响选择行为的要素。选择集较容易理解，就是针对具体要研究的行为，供个人选择的各个选项的集合，根据不同的研究场合有所不同。影响选择行为的要素就是人们作出某个选择可能考虑的各种因素。在模拟平台中，它主要来自两个方面：一个方面主要来自类似研究的文献参考，本研究之初就有很多因素直接来源于消费者行为的类似研究；另一个方面是来自对所要研究的选择行为

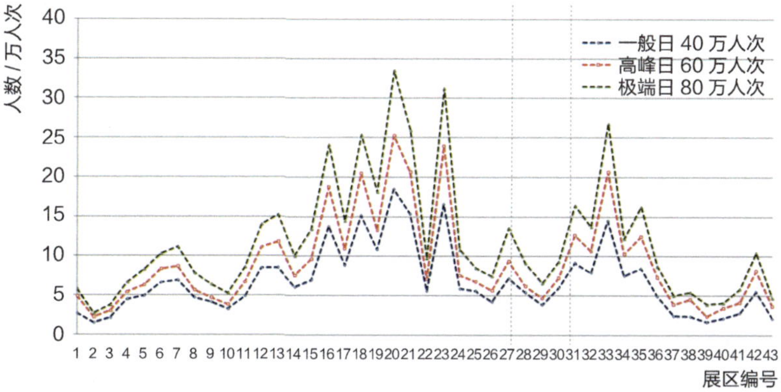


图 2-3-24　各展区总体的参观人次
Fig. 2-3-24　Overall visitors number for each exhibition

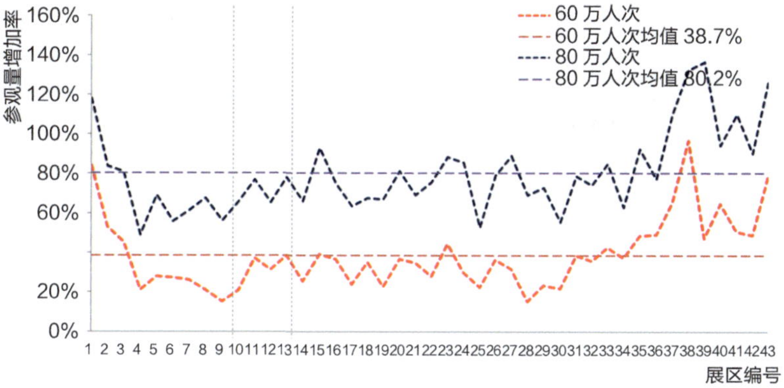


图 2-3-25　高峰日相对一般日参观人次增长情况
Fig. 2-3-25　Growth of number of daily visitors from peak to average

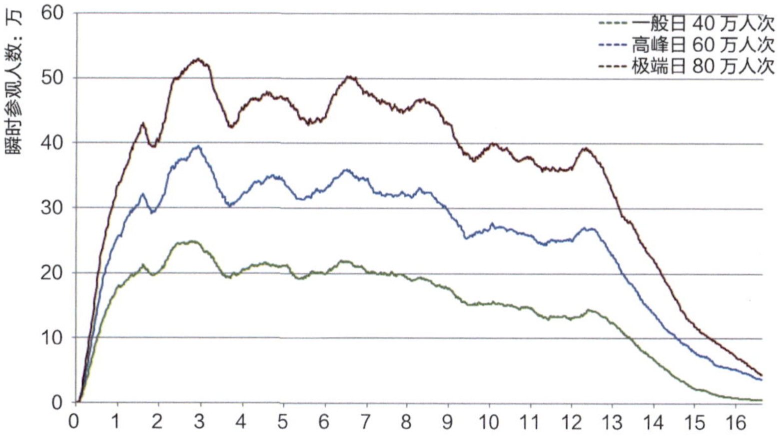


图 2-3-26　高峰日相对一般日参观人次增长情况
Fig. 2-3-26　Growth of number of daily visitors from peak to average

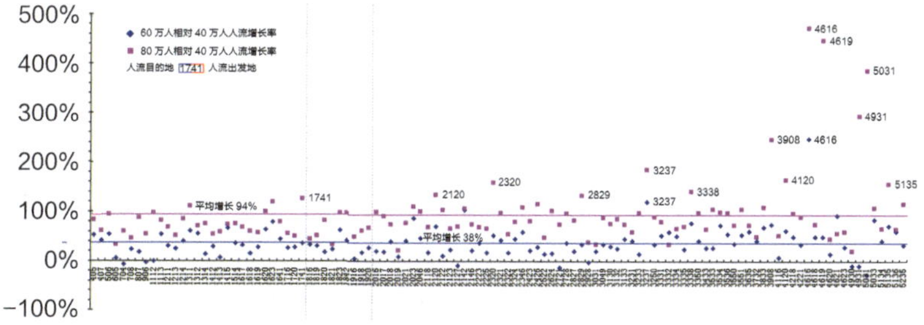

图 2-3-27　三日人流比较
Fig. 2-3-27　Comparison of people flows in three days

的基本分析和理解，通过基本统计分析就可以得出一些个人选择与哪些因素有关的结论。这样的因素可以直接纳入模型；设身处地地思考选择行为，寻找哪些因素可能是行为主体在选择时所要考虑的且是可行的。最后这些要素都需要拿到模型中去检验，根据它们在模型中的有效性再取舍这些要素。参观者的参观线路可以理解成一连串的从一个展区到下一个展区的连续选择过程，从而可以利用离散选择模型为这种选择行为建立数学模型。

为了在选择模型中表达参观过程中的前后连续多次选择，本研究将两个方面的因素纳入到模型当中：一是描述其空间位置的因素，在模型中主要通过与其展区的距离和展区间的相邻关系来体现，每一步选择的当前位置都是前一次选择的结果，体现其空间位置特征；二是模型中有一个能够标示已经参观展区的变量。这两个变量就足以描述参观路径这个连续多次的选择过程，而非前后不相关的选择。

（2）模拟结果

• 参观人次分布

对各个展区的参观人次统计可以总体上把握展区的参观情况，比较一般日与高峰日参观人次的差异（图 2-3-24~图 2-3-27）。在样本分析中，参观人次最多的主题馆和中国馆，一日参观人次分别为 29 万和 30 万。在时空模拟中，参观人次的高点仍然集中在这两个展区，但是参观人次则下降很多，一般日仅达到 16 万 ~18 万人次。这是因为在时空模拟中考虑了参观的时间、集中参观带来的排队等因素的影响。浦东、浦西几个主要展区的参观人次较多，日参观人次一般可以达到 15 万左右。

对比一般日、高峰日和极端高峰日的参观人次情况（图 2-3-28~ 图 2-3-30），展区的参观人次随着日参观人数的增加而增加；高峰日（60 万人次）展区的参观人次较一般日（40 万人次）平均增加 38.7%，较总人数的增加幅度（50%）要低；极端高峰日（80 万人次）的参观人次较一般日（40 万人次）平均增加 80.2%，较总人数的增加幅度（100%）也要低。各个展区的增加幅度也并不一样，随着日参观人数的增加，广场的参观人次增加是比较突出的，一般参观增长率会高出展馆平均参观人次增长率约一倍，高峰日需对此有充分的估计，加以防范。

从参观人次的空间分布来看，与样本参观人次的分布基本特征一致，人次在热点展区的集中现象有所减弱，参观人次仍然相对集中在浦东展区的中部和浦西展区的北部，样本分析中在浦东展区沿江展区的人次集中在模拟中并不明显。在具体的展馆参观人次上，参观人次最多的主题馆和中国馆在高峰日、极端高峰日的参

图 2-3-28　一般日人流分布
Fig. 2-3-28  Average day flow distribution

观人次可以分别达到25万、34万和24万、32万人次。

从参观人次的时间分布上来看，由于进入展区的时间集中在早上到中午这段时间，园区内参观的高峰在10—11点就出现了。参观人次自此一直维持在一个较高的水平上，直至下午4点以后，整个园区的在场参观人数才开始减少。整个展区瞬时（1 min）在场参观人数最多的是浦西的33号展区，在一般日可以达到4万人次，在高峰日和极端高峰日可以达到5万人次左右，时间在早上10点以后；而日参观人次最多的主题馆和中国馆，其瞬时在场人数要低于前者，一般日达到3.5万人次，高峰日达到4万人次，极端高峰日4.5万人次，时间也是在早上10点以后。与之前不同的是，这两个展区的参观人数始终徘徊在高位，即3万~3.5万人。

• 参观人流模拟

参观人流是参观者在园区内参观游行过程的综合反映。模拟的结果（图2-3-31）与样本人流相比较，除了浦东展区中部和浦西入口处的大量人流外，浦东展区南部的人流与样本人流有较大的不同。这与在时空模拟中考虑了参观时间和展区前的排队有很大的关系。样本的最大人流发生在主题馆和中国馆之间，为14万人次/天（不包括仅从此经过的人流）。模拟一般日的最大人流发生在浦东展区主入口与

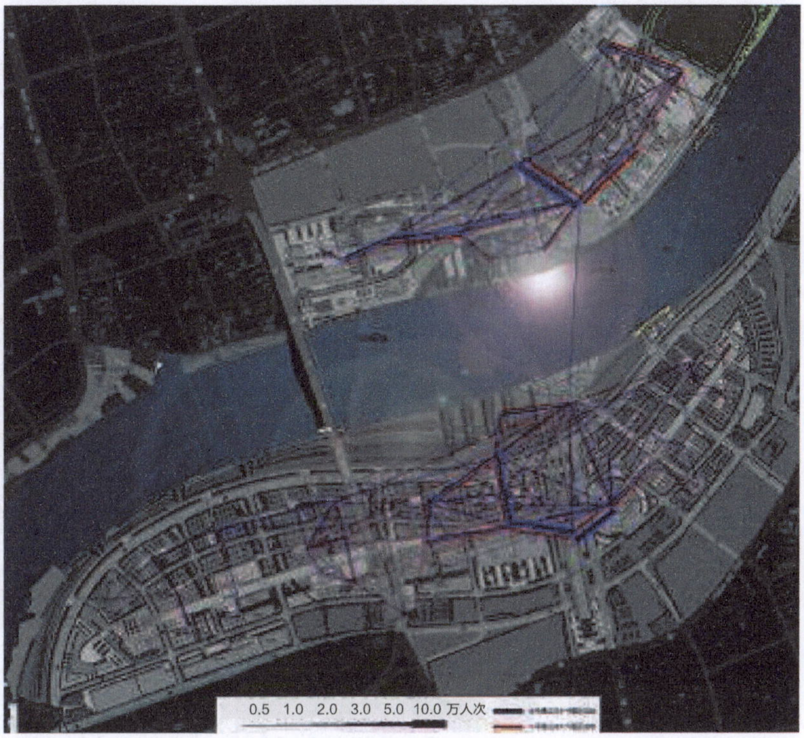


图2-3-29　高峰日人流分布
Fig. 2-3-29 Peak day flow distribution

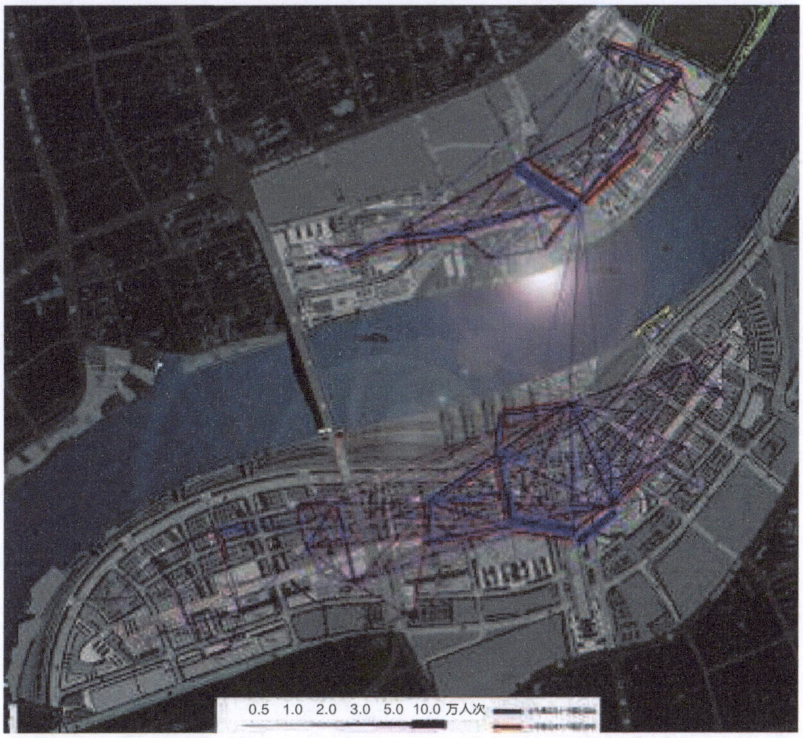


图2-3-30　极端高峰日人流分布
Fig. 2-3-30 Extreme peak day flow distribution

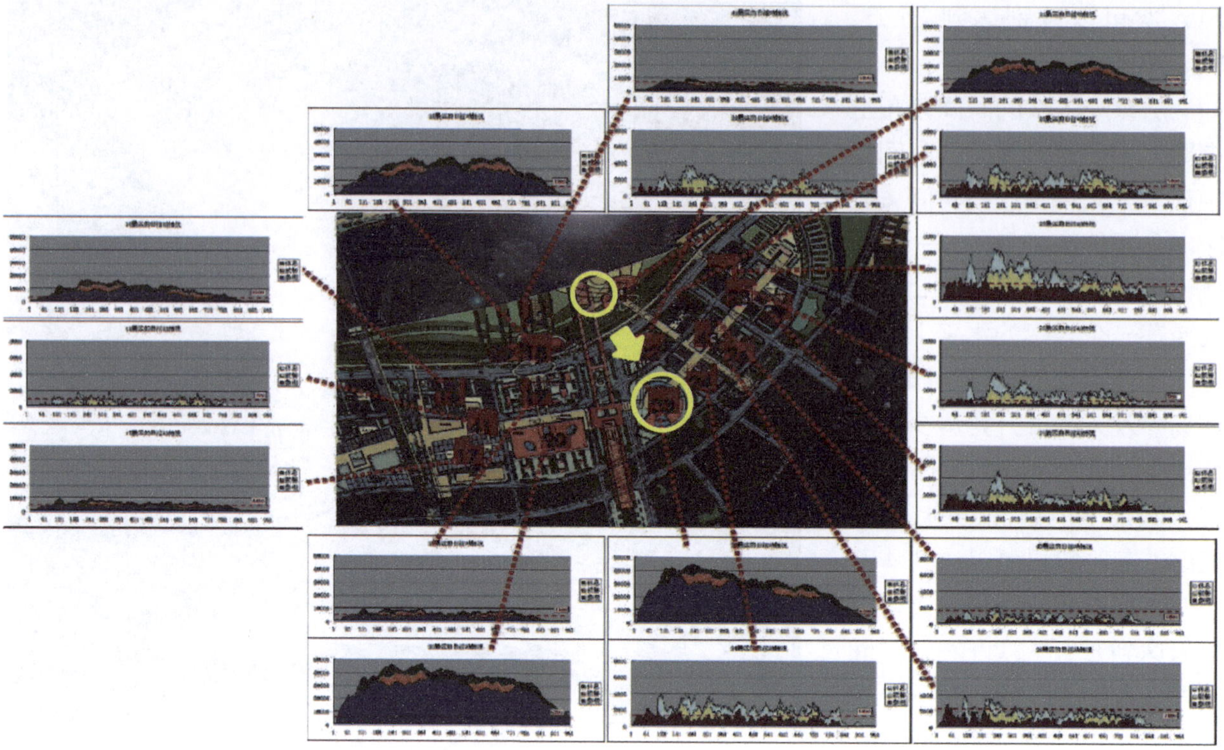

图 2-3-31 人流模拟与布局优化
Fig. 2-3-31 Circulation simulation and optimized plan

中国馆之间，为 8.1 万人次 / 天，园区内人流最大的是主题馆与餐饮娱乐中心之间，为 6 万人次 / 天；高峰日的最大人流同样发生在浦东展区主入口与中国馆之间，为 12 万人次 / 天，园区内人流最大的是主题馆与餐饮娱乐中心之间，为 7.1 万人次 / 天；极端高峰日的最大人流同样发生在浦东展区主入口与中国馆之间，为 15.4 万人次 / 天，园区内人流最大的是主题馆与餐饮娱乐中心之间，为 8.8 万人次 / 天。

从人流随着日参观量增加的变化情况来看，一般日人流量在 1 万人次以上的展区随着日参观量的增长，其人流量也增加，但增加幅度不及参观人数的增幅，高峰日的平均幅度为 38%，极端高峰日为 94%。展区间人流增长情况有一定的差异，从主要展馆到主要出口的人流增加幅度较大。

从人流随时间变化来看，早上 10 点以前，参观者进场过程明显，靠近入口的一些主要展馆成为参观目标。浦西展区的参观线路较为明晰。浦东展区随着参观人数的增加，出现了大量跳跃式的参观路径，这可能与主要展馆参观人数迅速饱和有关。早上 10 点至下午 5 点参观人流的分布特征与日参观人流的分布特征基本一致，人流在浦东展区主要围绕各主要展馆，人流在浦西北侧主要围绕城市最佳实践区到南边的企业馆线性展开。下午 5 点以后，出口人流缓慢增加。

具体展区间的人流，最大的人流量都发生在入场的一个小时内。从入口到靠近入口的主要展馆是人流的主要方向。结束参观出园区则没有这样的人流高峰。排除入口人流，园区内其他时间的人流一般半小时都在 1 万人次以内，最高半小时的展区内人流发生在 33 号展区和 34 号展区之间，一般日可以达到 0.8 万人次，高峰日、极端高峰日可以达到 1.2 万人次，发生时间是在早上 10 点半左右。

（3）智能模拟方法的概念

智能模拟是智慧城市规划设计的关键技术，是指基于快速的方案评价、反馈以及高效的人机交互实现循序渐进的优化方案的技术（图 2-3-32）。在智能模拟的过程中，方案形态的变化引起相关的指标和参数也相应地发生变化，其变化的过程同步通过计算机进行计算和显示。

智能模拟的基本模型如图 2-3-33 所示，其本质是人与计算机的智能交互。在智能化反馈的过程中，用户对方案进行干预，计算机对用户的干预行为可以做出智能反应，对调整后的设计方案进行快速评价和判断，并将分析结果反馈给用户，从而完成一个基本循环。从方案步骤 N 到下一个方案步骤 N+1 之间，可能会完成大量的基本循环，如果评价结果得到改善，用户可以继续调整方案，反之用户可以选择回到之前的方案步骤重新进行尝试。这个基本模型反映设计过程中的一个反馈环节。在设计过程中通过反复的智能化反馈，不断对方案进行评价和干预，从而确保每一个方案步骤比上一个步骤进步。因此随着迭代次数的增加，方案将逐步提升、接近规划目标。方案干预的结果以模型的形式表达。

有两点需要补充说明：

第一，从智能模拟的工具角度，目前我们仍然需要一系列工具来模拟或是计算所需的各方面指标，但是随着技术的改进，未来真正适用于智能模拟的工具应当是一个经过整合的软件，可以同时模拟出全部所需的指标。另外，随着计算机运算速度的提升，在方案调整的过程中将会即时地完成运算，实现信息的实时反馈。

第二，从人的主观创造性角度，智能模拟的循环演进过程高度依赖人的主观偏好来做出形态调整以及趋势判断，计算机技术不会取代设计师的工

图 2-3-32　模拟与实际对比
Fig. 2-3-32 Comparison between simulation result and reality

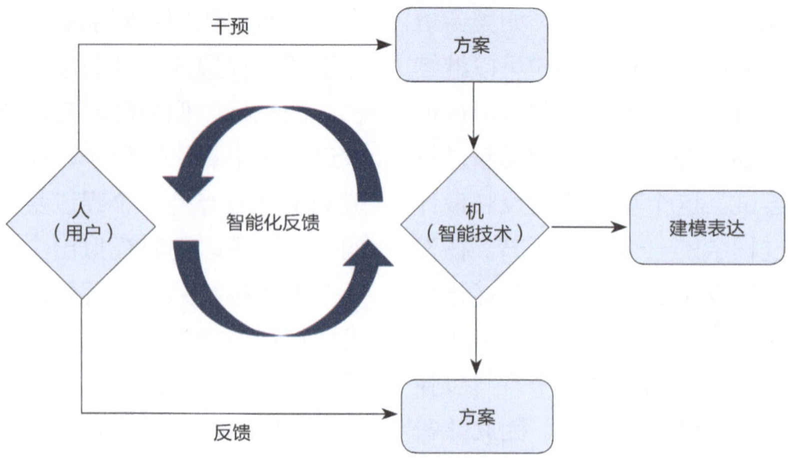


图 2-3-33　智能模拟方法的流程图
Fig. 2-3-33  Flowchart of intelligent simulation methods

作，也不会成为方案生成的主体，而是作为辅助的工具配合设计师逐步优化方案，最终实现高效的人机交互。

（4）智能模拟的主要特征

• 过程性

智能模拟技术的本质突破是城市评价的过程发生在整个规划设计的过程中，而不是像其他设计方法那样发生在设计方案之前（参数化设计）或者设计方案之后（多方案评价比选）。由于过程性的特征，智能模拟实质上是通过经验方法和技术工具的整合探索一个平衡的解决方案。

• 互动性

人机交互是方案推演的关键技术，通过更有效和更高频率的互动，每一步方案推演可以时刻保持在控制范围之内，逐步形成最终方案。

• 即时性

即时运算是智能模拟效率的保障。基于即时的评价反馈来实现人机交互要求技术的发展，有助于提升计算速度，进而提升人机交互的效率。

• 循环性

智能模拟是一个螺旋上升的推演过程。计算机持续不断地对每一步方案调整进行模拟，同时规划设计师基于模拟结果做出快速判断并相应地调

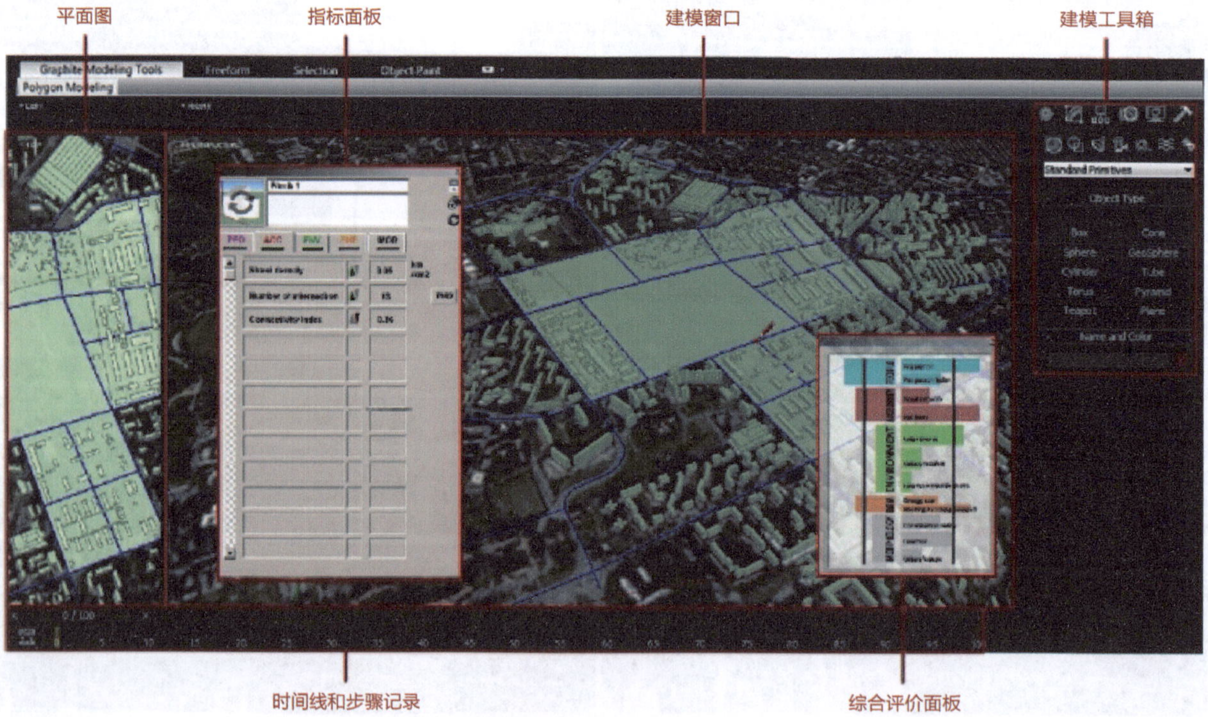


图 2-3-34　智能模拟方法的界面
Fig. 2-3-34  The interface of intelligent simulation methods

整方案。评价结果优劣，决定了是否需要方案调整及调整方向，而方案调整又启动新的评价进程，从而实现系统的循环推演。

• 智能模拟的技术界面

智能化技术工具平台应当包含以下三个基本功能模块：建模和反馈、动态评价、进程控制。各模块应有效集成在人机交互界面中，便于可视化的操作，见图 2-3-34、图 2-3-36。在这个人机交互系统中，输入端技术是通过建模技术来实现，用户可以像操作其他建模工具一样在建模窗口中操作模型；输出端技术是通过后台运行的城市分析和模拟工具来实现，输出信息通过指标面板、综合评价面板以及模型自身的可视化表达来实现反馈。

（5）智能模拟推演过程

智能模拟推演过程演示了通过智能模拟方法进行多维度城市设计方案推演的一个简单案例，地块无特征性。

尽管图 2-3-35 只列出了一部分核心指标，已经可以体现出规划设计的复杂性，即使对于单体建筑的一个微小调整，也会对城市评价的各个方面产生较大的影响。普遍存在的状况是，在城市评价的五个维度中，一些维度的指标随着方案的调整得到了改善，但是另一些维度却退步了。

例如在这个简单案例的演示中，随着建筑高度逐渐增加，一方面容积率从 1.13 提升到 1.20，更加趋近于目标值（设定目标值为 1.20），因此城市形态的指标得到提升；另一方面，由于居住面积的增加，人均指标也得到了改善。但是当我们检验街区的通风表现时却可以看到，建筑高度的增加对街区内部的空气流动起到负面影响。不仅如此，总的建筑能耗需求也有所提升，因此需要更多的供热和制冷设施。

在实践中，设计师往往很难从总体上判断方案调整是进步的还是退步的。这是因为在整个过程中，各个维度之间都存在一定的此消彼长的平衡关系，这也反映了规划设计的复杂性。

对于规划设计师来说，在方案设计的过程中无法实时检验所有的细节指标，只能关注一些核心指标，并且通过综合评价面板的变化从整体上把握方案的推演过程，从而管理复杂的城市规划设计过程。

规划设计的复杂性还体现在方案推演的过程中。为了实现预期的规划目标，完整的设计过程包含多个步骤，每个步骤针对不同方面的问题提出相应的解决策略。例如，调整道路网络、统筹设施的服务范围、地块划分与土地使用规划、控制建设指标以及检验环境表现等。

实际上，除了这些步骤，还有更多的问题需要在规划设计中考虑，比如视线的可达性、天际线、城市尺度、建筑能耗等。对于特定的项目来说，某些问题可能更加突出，因此相应的设计步骤较为重要，而另外一些问题可以根据设计师的意愿进行选择。

规划设计的复杂性一方面体现在可能出现的问题很多，因此需要不同的步骤来应对；另一方面体现在这些步骤不是按照一个线性的顺序依次完成，而是弹性的。在一些类型的项目中（如城市更新），土地使用的调整可能优先于路网结构，但是在另外一些项目中（如新城规划），可能是完全相反的情况。不仅如此，在理想状况下，在每一个设计步骤中，围绕设计目标解决相应城市问题不会造成其他方面的新问题。但是在实际应用中，很难避免这种情况出现，在处理某一个问题的同时往往会发现其他方面的问题。例如当设计师规划布局土地使用时，有时候需要通过调整路网来协调地块的大小和功能，但是一旦路网发生改变，与道路系统相关的指标也发生改变，因此需要对道路系统进行重新评价检验。

步骤 1

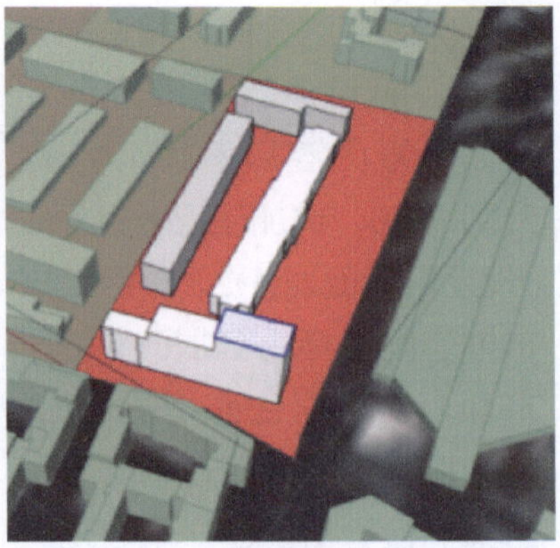

步骤 2

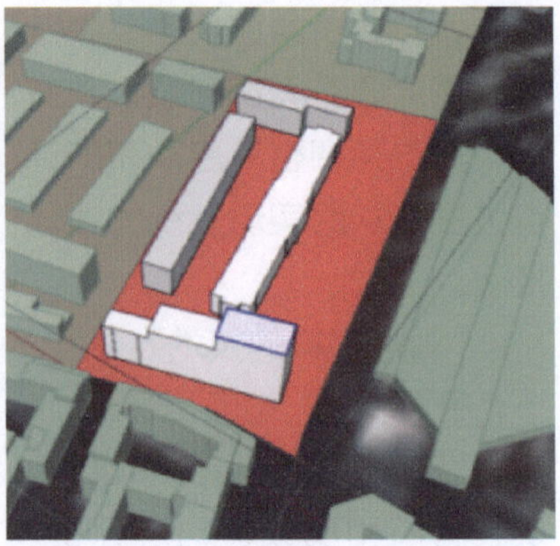

步骤 3

| | 步骤 1 | 步骤 2 | 步骤 3 |
|---|---|---|---|
| 城市形态 | | | |
| 建筑高度 /m | 20.0 | 24.0 ↑ | 30.0 ↑ |
| 容积率 /FAR | 1.13 | 1.16 ↑ | 1.20 ↑ |
| 建筑面积 /m² | 23 590.4 | 24 371.0 ↑ | 25 151.6 ↑ |
| 办公建筑面积 /m² | 17 315.0 | 17 315.0 | 17 315.0 |
| 居住建筑面积 /m² | 6 275.4 | 7 056.0 ↑ | 7 836.6 ↑ |
| 用地面积 /m² | 20 926.7 | 20 926.7 | 20 926.7 |
| 建筑覆盖率 | 25.2% | 25.2% | 25.2% |
| 人 | | | |
| 人口数 | 209 | 235 ↑ | 261 ↑ |
| 人口密度（人 /km²） | 100 | 112 ↑ | 125 ↑ |
| 居住户数（户） | 65 | 73 ↑ | 82 ↑ |
| 人均建筑用地面积 /m² | 30 | 30 | 30 |
| 环 境 | | | |
| 风速 |  |  |  |
| 建筑风截面 | 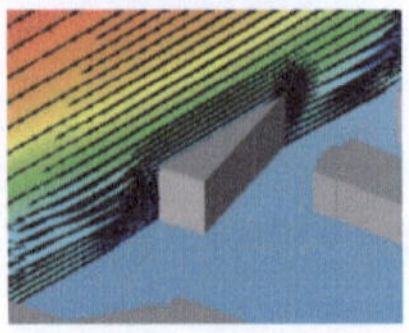 |  | 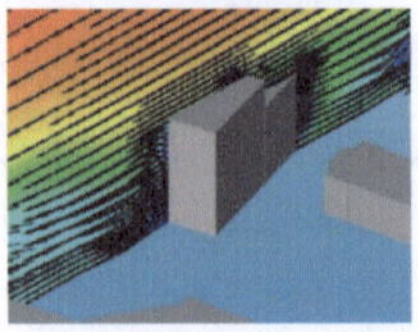 |

图 2-3-35　方案推演的指标反馈及其复杂性 -1
Fig. 2-3-35  Indicator monitoring-1

单位：kW · h/(m$^2$a)

<table>
<tr><th colspan="4">能 源</th></tr>
<tr><td>供热需求</td><td>59.3</td><td>58.2 ↓</td><td>59.6 ↑</td></tr>
<tr><td>制冷需求</td><td>1.6</td><td>2.4 ↑</td><td>2.6 ↑</td></tr>
<tr><td>热传导能耗</td><td>44.4</td><td>42.2 ↓</td><td>42.0 ↓</td></tr>
<tr><td>通风能耗</td><td>61.6</td><td>61.6</td><td>63.6 ↑</td></tr>
<tr><td>太阳能获取</td><td>27.6</td><td>27.4 ↓</td><td>28.3 ↑</td></tr>
<tr><td>内部能源获取</td><td>20.7</td><td>20.6 ↓</td><td>20.6</td></tr>
<tr><td>年建筑能耗平衡<br>上：供热 / 制冷<br>下：能耗 / 能源获取</td>
<td>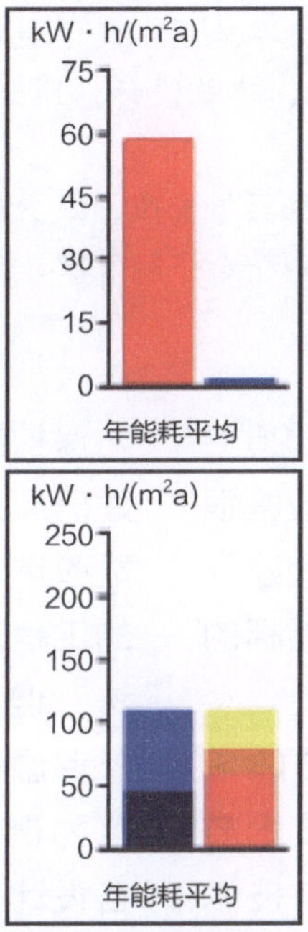
</td>
<td>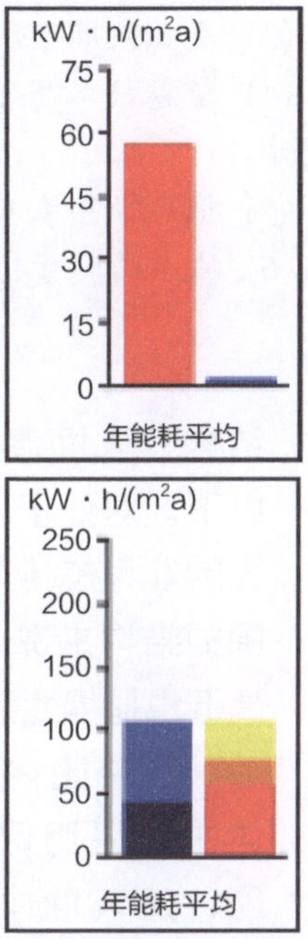
</td>
<td>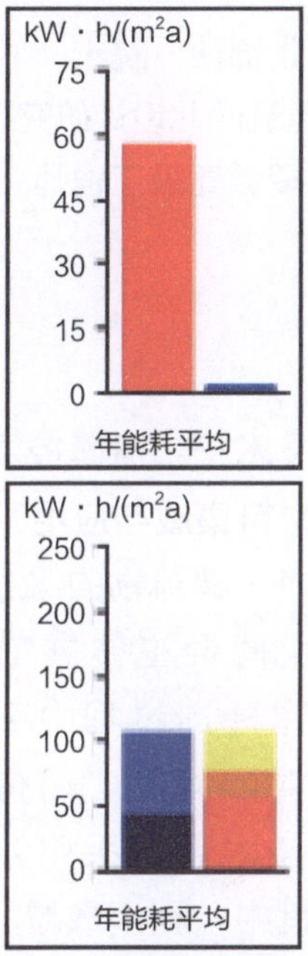
</td></tr>
<tr><th colspan="4">综合评价</th></tr>
<tr><td>五个评价维度的综合评价面板</td>
<td>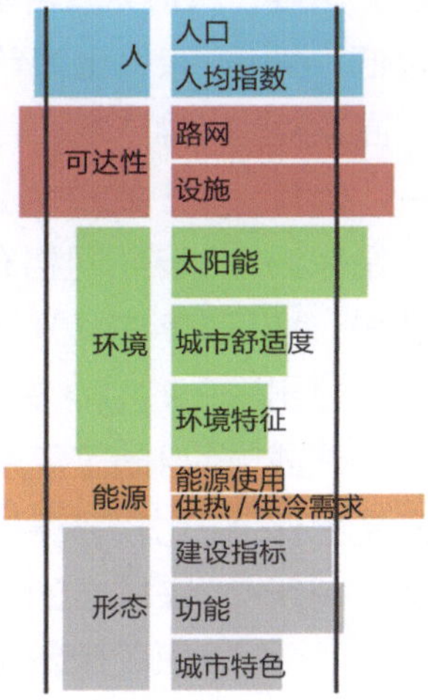
</td>
<td>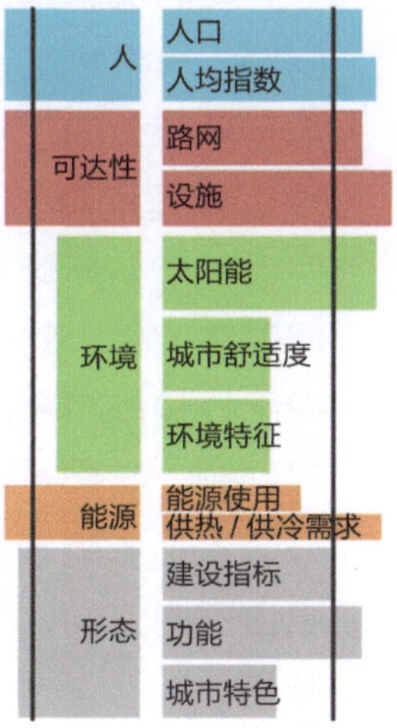
</td>
<td>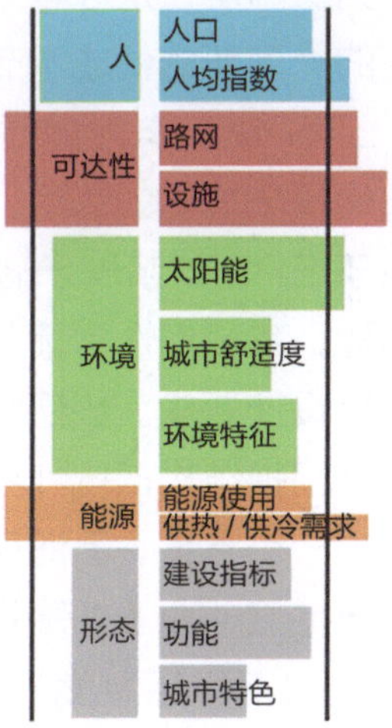
</td></tr>
</table>

图 2-3-36　方案推演的指标反馈及其复杂性 -2
Fig. 2-3-36 Indicator monitoring-2

## 2.3.4 绿色施工，使用“新材料、新设备、新工艺、新技术”

张锦秋 院士
中国建筑西北设计研究院
教授级高级工程师

“建设的智能化”具体工作可分为以下六个层面展开：

(1) 掌握城市大数据库、建立大数据平台。有了大数据平台，才可以用信息手段来解决城市建设问题。

(2) 建立城市山水格局战略空间发展平台，积极推进大中城市的信息平台的建立。例如，厦门的山水格局战略研究。厦门的地形地貌复杂，通过建立地理模型分析各种发展条件的限制，这种方法对城市规划建设的智能化很有借鉴。

(3) 建立城市市政管网的全数字地图，便于决策管理。

(4) 智慧技术用于规划设计、建筑设计，比如BIM系统、CIM系统的提升。

(5) 推广绿色施工，使用新机器等手段，减少材料浪费等。

(6) 城市的运营需要精细化和精密化的管理，如消防等。

### 技术一：世博控温降温功能性材料集成与应用

（1）建筑物的保温与隔热

世博会主体展馆的保温隔热是建造过程中不可避免要面对的问题。现有的保温隔热技术普遍采用外墙外保温。其中，利用散粒的聚苯乙烯（EPS）泡沫颗粒与水泥做成轻骨料砂浆代替EPS保温板作为保温层，是近年来发展起来的一项新的低成本节能技术。EPS砂浆作为保温层能有效地提高墙体的热阻，但同时由于EPS砂浆属于轻质维护结构，其热惰性指标不能充分满足设计要求。热惰性指标是表征围护结构抵抗外界温度波动的一个参量。上海属于冬冷夏热地区，夏季外围护结构严重受到不稳定温度波作用。例如实测屋顶的外表面最高温度可达62℃，西墙外表面温度可达51℃以上，夜间维护结构外表面温度可降至25℃以下。对处于这种温度波幅很大的非稳态传热条件下的建筑围护结构来说，热惰性指标的高低也显得尤为重要。

目前国内外建筑节能墙体主要采用保温隔热技术节能，建筑墙体保温隔热技术大体分为两种形式：内保温和外保温。

墙内保温做法存在的主要问题：一是热工效率较低，外墙有些部位如丁字墙、圈梁处难以处理而形成“热桥”，使保温性能有所降低；二是保温层做在室内，对二次装修、增设吊挂设施带来麻烦，一旦出现问题，维修时对室内居住或办公人员影响较大；三是内保温占室内空间，使用面积有所减少。

外保温恰恰在这些方面具有较多的优势：薄弱环节少，热工效率高，不占室内空间；对保护结构有利，既适用于新建房屋，更适合既有建筑的节能改造。尽管目前外保温做法的工程造价要略高于内保温做法，但若以性能价格比衡量，外保温优于内保温。以北京地区为例，通过大量工程实践，各设计、施工单位和开发商已逐渐形成共识，近两年新建的住宅工程采用外保温的已超过60%。目前，外保温已成为北京、上海等地区墙体保温的主导技术，但是目前国内采用的主要外保温体系（EPS/XPS玻纤网格布聚合物砂浆体系）存在易开裂、渗水、剥落、耐火性能差、透气性差等问题，且施工复杂，出现裂缝是一种比较普遍的现象。因此，在未来城市的建设过程中，必须考虑采用新颖的、绿色生态外保温体系。

（2）道路的降温与控温

例如上海世博会园区，其

道路系统也是多样的，有用于车辆通行的主干道、次干道和人行道，还有园区内的小路等，各种道路功能不一。在道路材料选择时，如果只是采用混凝土，会吸收较多的太阳辐射，表面温度也会升高，应当涂抹反射率高的外表面材料或者渗透性很强的材料。同时，考虑到各种道路的总面积很大，如果我们可以把一些人行道路纳入控温降温系统，则世博会园区的总体控温降温体系会得到很大的保证。

目前，对道路系统的控温降温主要还是采用在道路两侧建设绿化带。在世博园这种类似公园性质的园区中，可以直接种植草坪做人行道路。但是，由于人流量大，草坪不易养护，因此只能是在一些次要的、人流量少的地方布置草坪式道路。而采用混凝土或者沥青路基做的道路，主要还是通过洒水来实现控温降温。这里有一个很大的问题，就是如果水洒到地面，但是无法马上渗透到地下或者有其他方式带走热量，那么水吸收了热量后就会蒸发，这时表面上地面温度降低了，但是实际上在路面上行走的人却感觉到热气逼人，这并没有达到控温降温效果。基于此，我们就必须考虑使用一种新型的绿色材料——可以渗透水的路基材料将热量带走。

（3）遮阳系统的控温与降温

世博会占地广，除去一部分场馆外，大部分是户外空间，结合德国汉诺威和日本爱知世博会的情况，有很大一部分观众需在场馆外等待，户外控温降温体系的必备系统就是遮阳系统。对上海世博会园区来说，在人流最多的地方布置连续的户外遮阳系统，把太阳的辐射强度降到最小，平均辐射温度有可能下降 10~20℃，这将大大改善人体的舒适度。因此，设计造型美观、色彩鲜艳、造价低廉的户外遮阳系统，将是十分有效、十分重要的控温措施。

遮阳系统是一个新型的，并且正在蓬勃发展的行业，目前国内相对于国外先进的国家，还是有些差距，但是结合上海的现状，应该说遮阳系统的设计和施工还是紧跟时代的。遮阳材料也是品种繁多，如何合理地选择遮阳系统的形式、支撑体系、面料、色彩等是关系到能否控温降温的关键因素。

（4）绿化的控温与降温

世博会园区需要做大量的绿化，绿化可以美化环境，同时有利于保护生态、调节气候、净化空气、遮荫覆盖、降低室温和城市热岛效应、节水节能、环保。除了园区地面需要绿化外，园区场馆的屋顶也可以进行绿化。

实践充分证明，屋顶绿化是节约土地、开拓城市空间、“包装”建筑物和都市的有效办法，是建筑与绿化艺术的合璧，是人类与大自然的有机结合。特别需要指出的是，城市屋顶绿化在保护城市环境上起的作用是不可忽视的。以绿化成本为例，在中心城区，绿化 1 万 $m^2$ 土地，加上征地和拆迁补偿费用在内，约需 3 000 万元，而建造 1 万 $m^2$ 屋顶绿化的投入只有约 200 万元，约为前者的 1/15。据测定，一个城市如果把屋顶都利用起来进行绿化，那么这个城市中的碳排放较之没有绿化时要低 85%，而且养护 1 $m^2$ 的绿地一年只需要 6 元。

随着经济的发展，人们对环境质量的要求日益提高，人口愈来愈多，城市化速度越来越快，土地面积日趋减少，有计划且有步骤地发展屋顶绿化，将融建筑、生态、环境、经济、社会效益为一体，这已成为发展趋势。

鉴于当前城市地面绿地面积的拓展空间较小，发展楼顶花园、空中花园是节约土地、开拓城市空间、提高绿地率最有效的方式。屋顶绿化的技术问题关键在于两个方面：一是种植土壤（基质），二是防水层和排水层的材料选用。

**技术二：水体降温技术集成与应用**

（1）技术原理和技术路线

利用水体进行场地降温的基本原理是“蒸发冷却”。以下是选择水作为控温降温媒介的重要原因。物理学研究表明：

①通过水的蒸发潜热在所有物质中最高，对环境中热量

的传递和输送起着非常重要的作用。

②水（冰）的融化潜热在所有液体（氨除外）中最大，由于吸收或放出潜热，故在凝固点有恒温作用，可以调节气候。

③水的热容在所有液体和固体（氨除外）中最高，能防止大气温度变化过大。

④使水分蒸发，必须供给热量（能量），称为汽化热。每蒸发 1 gal（3.785 L）水能够消耗 8 700 BTU 热量（或 8 540 kJ 的热量）。这些热量来自水本身或与水接触的物体。提供蒸发热给水分子后，这些提供者将失热，其温度会降低。

蒸发冷却在国内外的研究中已经广泛应用于工业环境温度控制、农业温室、禽畜养殖、军事等领域。根据国内外环境控制技术的研究，蒸发冷却技术有以下三个条件：第一，空气中的大气温度与水汽温度差距要大，此时空气吸收水汽后，温度可以降得更低。第二，风量、水量要适当。第三，空气与水滴要能够充分混合，空气与水滴接触的表面积要愈大愈好，时间要愈久愈好。

上述的第一个条件由大气气候决定。第二个条件则取决于蒸发冷却系统的设计是否合理，能否满足以下要求：第一，有足够的风量与风压。第二，有足够的水量。第三，风（空气流量）与水滴有足够的接触时间，使水滴蒸发。

根据研究，空气温度每增加 11℃，空气疏松性增加因子为 2。例如空气温度为 22℃，且相对湿度为 50%，若将空气加热至 33℃，空气疏松性的增加因子为 2，结果其相对湿度减少一半（25%）。也就是说，一天中较高温度的时段，也就是大气中相对湿度较低的时段。由于相对湿度愈低，蒸发冷却效果愈好，因此每天较高温时段的蒸发冷却效果最好。

世博园区内降温水体形式主要包括喷雾、喷水、水幕、流水与水池。

• 喷雾

利用特殊喷头将水雾化成细小微粒，使之飘浮于空气中，营造出云翻雾涌、轻纱拂面、如梦如幻的景观效果，同时可增加空气负离子，创造雨后天晴般的清新空气，起到降温、控湿、除尘、消除异味等多种作用。喷雾降温此前已经大量应用于人工养殖、工业环境温度控制等，可以最大限度地实现水与空气的混合并实现有效的气化，属于蒸发降温的首选。

• 喷水

主要包括嬉戏喷水、景观喷水等。嬉戏喷水以游客娱乐为目的，该类水体与人密切接触。景观喷水主要是喷泉，分布在各个水流及水池当中，景观效应明显。喷水降温在古代西方园林中已经有成熟的应用。

• 水幕

利用特殊的建筑墙体，形成流动的水幕与瀑布，为展馆外等候的人们带来一丝凉意。

• 流水与水池

动态的溪水和水渠与静态的景观水池合理布局，这动与静的巧妙结合在世博园中营造出一片自然的天地。

（2）相关技术应用

• 人工湿地水质净化技术

它利用微生物、植物、填料之间一系列物理、化学，以及生物过程达到水质净化的目的，具有能耗低、效率高，耐冲击负荷能力强，运行维护简便，脱氮、除磷功能兼备，生态景观效益明显等特点（图 2-3-37）。

• 人工浮床水质净化技术

它是运用无土栽培技术原理，以高分子材料为载体和基质，采用现代农艺和生态工程措施综合集成的水面无土种植植物技术。其对受污水体的治理与修复作用主要包括植物对氮、磷等营养物质的直接吸收利用和对有机污染物的促降作用，兼可美化水域景观。

• 曝气复氧技术

水体的自然复氧途径主要有：①大气中的氧通过气液界面的交换作用进入水中；②水生植物的光合作用产氧。

一般情况下，由于小型景观水体自身水域面积的限制，水体流动性较差，一旦水体被污染，单靠天然复氧作用，水体的自净过程非常缓慢，故需要采用人工充氧曝气技术以弥

图 2-3-37　人工湿地系统
Fig. 2-3-37 Artificial wetland system

图 2-3-38　曝气复氧技术
Fig. 2-3-38 Aeration technology

补水体天然复氧的不足。出于对景观效应的考虑，景观园区内的水体人工充氧曝气技术常采用瀑布、跌水、喷水三种形式，既增强了水体的流动性，又提供了水体与空气更多接触交换的机会，促进了氧气由空气向水体的传递（图 2-3-38）。

• 消毒技术

1）紫外线消毒：利用紫外线化学效应的性质破坏生物体内 DNA 结构键而实现杀菌的目的。紫外线杀菌有高效、广谱、运行安全可靠、占地面积小、初期投资小、能够实现连续大水量消毒等优点。

2）臭氧消毒：臭氧是一种强氧化剂，比氯具有更高的活性和氧化能力。臭氧消毒具有杀菌速度快、效果好；水中的残留物少，产生的附加化学污染物少；现场制备，能耗简单等优点。

• 游泳池池水循环净化工艺

目前常用的游泳池池水循环净化工艺为：预过滤 + 压力过滤器 + 氯消毒。

预过滤工序以去除水体中人体毛发为主要目的，以防止后续过滤装置及循环水泵的堵塞，影响正常运行。压力过滤器采用石英砂或无烟煤为滤料，设置有进水、出水、冲洗、泄水和放气等配管，同时设有检修孔、观察孔、取样管和差压计等，以便装置的日常维护与检测。消毒方法宜采用氯消毒，消毒剂采用液氯或次氯酸钠，在有条件和需要的情况下可采用臭氧、紫外线或其他消毒方法。

（3）规划布局和设计要求

根据水体降温的基本特点及研究，针对世博场地综合考虑景观、降温效果等多种因素采取不同的水体降温形式，在布局上采用“点、线、面”三级体系。

“点”状区域主要指各场馆等候区及世博园的各大出入口。此处人流密度较大，等待人群普遍心情焦躁，且往往难以进行绿化等措施，所以该处成为降温的重点。

“线”状区域主要包括连接各场馆之间的步行通道及园区内的各条道路。由于步行通道或道路两侧多为各场馆建筑，虽然高大建筑物及道路两侧的树木可以在这类区域形成良好遮荫，太阳直接照射的机会较少，但走道内通风条件较差，容易让人感觉闷热。

“面”状区域主要包括主要集会场所、各类庭院式广场、楔形休闲与生态绿地等。由于这类场地面积较大，往往缺乏足够的遮阳设施，太阳辐射强度较大。

- “点”状区域水体布置

1）世博园区及各场馆入口排队等候区，水体形式为喷雾、水幕与景观喷水结合。

2）室外娱乐、休闲区，水体形式为潜水池，嬉戏喷水集中布置。

- “线”状区域水体布置

1）各场馆建筑之间的步行通道，水体形式为水渠与小型景观喷水结合。

2）园区内步行道路两侧，水体形式为小型景观喷水和嬉戏喷水小品。

- “面”状区域水体布置

1）主要集会广场，水体形式为潜水池与喷泉结合。

2）各单元之间的庭院式广场，水体形式为小型景观水池与水幕结合。

3）楔形休闲绿地与生态绿地，水体形式为流水、景观湖与喷雾结合。

根据世博园区内水陆风的方向，园区主要入口、各场馆等待区的规划，以及主要通道、园区绿化的布置、控温降温水体的建议规划布局见图 2-3-39 至图 2-3-42。

图 2-3-39 “点”状区域水体布置形式
Fig. 2-3-39 Form of dot water

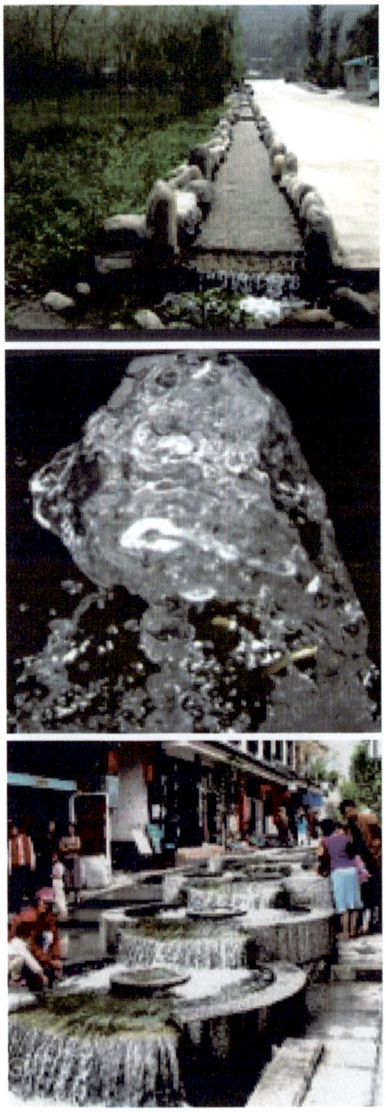

图 2-3-40 “线”状区域水体布置形式
Fig. 2-3-40 Form of linear water

图 2-3-41 “面”状区域水体布置形式
Fig. 2-3-41 Form of planar water

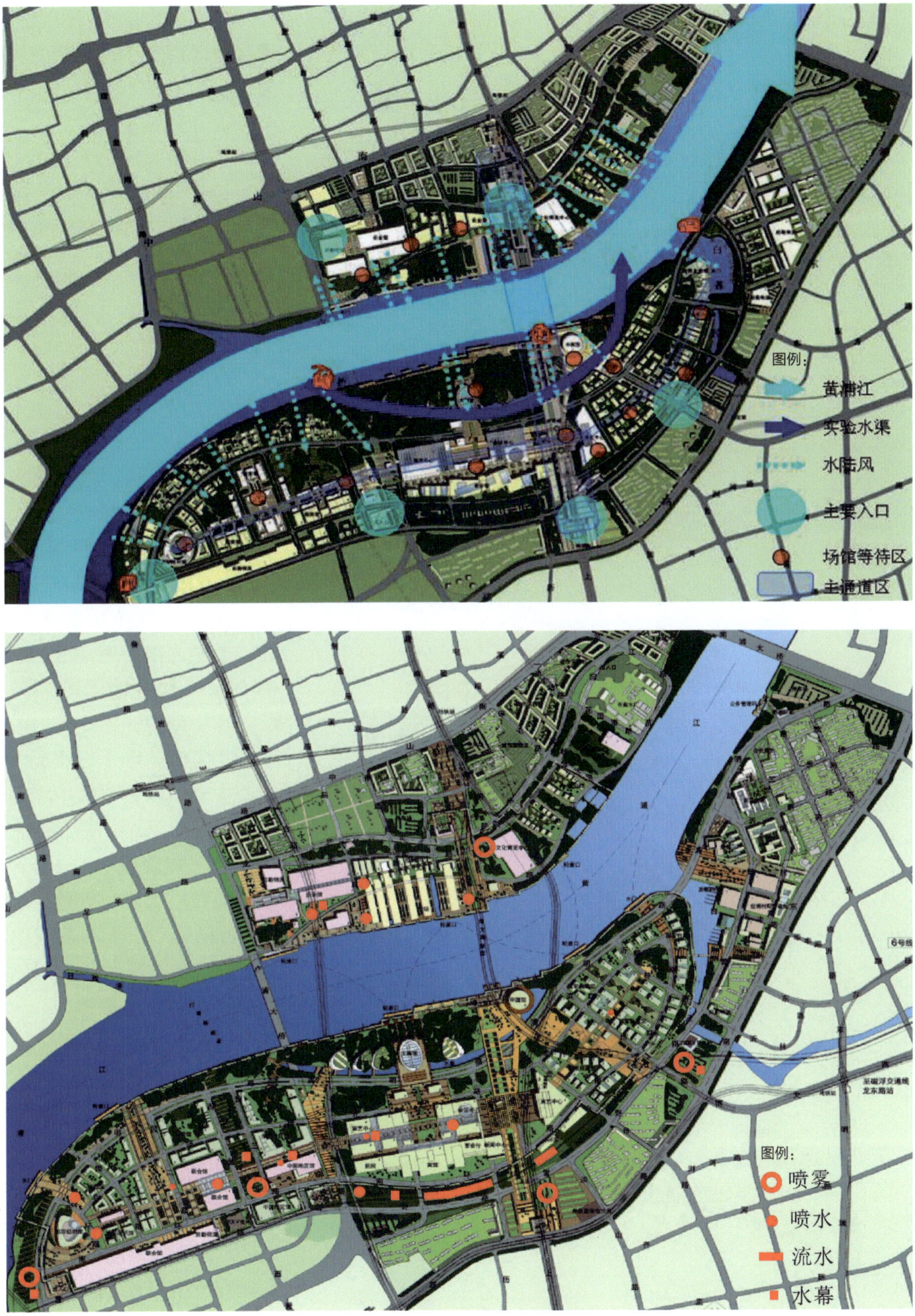


图 2-3-42　基于水流、风流以及园区功能布局的控温降温水体规划图
Fig. 2-3-42 Temperature-controlled and cooling planning based on water flow, wind flow and functional layouts

## 技术三：世博园区空间绿化降温

表 2-3-2　气温和材料表面附近温度的关系——遮荫
Table 2-3-2 Relationship between air temperature and surface material-shade

| 表面类型 | 太阳直射温度 | 乔木遮荫后温度 |
|---|---|---|
| 裸土表面 | 38~43℃ | 约降低 4℃ |
| 混凝土路面 | 43~48℃ | 约降低 5℃ |
| 沥青路面 | 48~53℃ | 约降低 6℃ |
| 草地 | 32~35℃ | 约降低 3℃ |
| 水泥墙面 | 48~53℃ | 约降低 5℃ |

表 2-3-3　气温和材料表面附近温度的关系——微风
Table 2-3-3 Relationship between air temperature and surface material-breeze

| 表面类型 | 静风环境温度 | 微风环境温度 |
|---|---|---|
| 裸土表面 | 38~43℃ | 约降低 1℃ |
| 混凝土路面 | 43~48℃ | 约降低 2℃ |
| 沥青路面 | 48~53℃ | 约降低 2℃ |
| 草地 | 32~35℃ | 约降低 1℃ |
| 水泥墙面 | 48~53℃ | 约降低 2℃ |

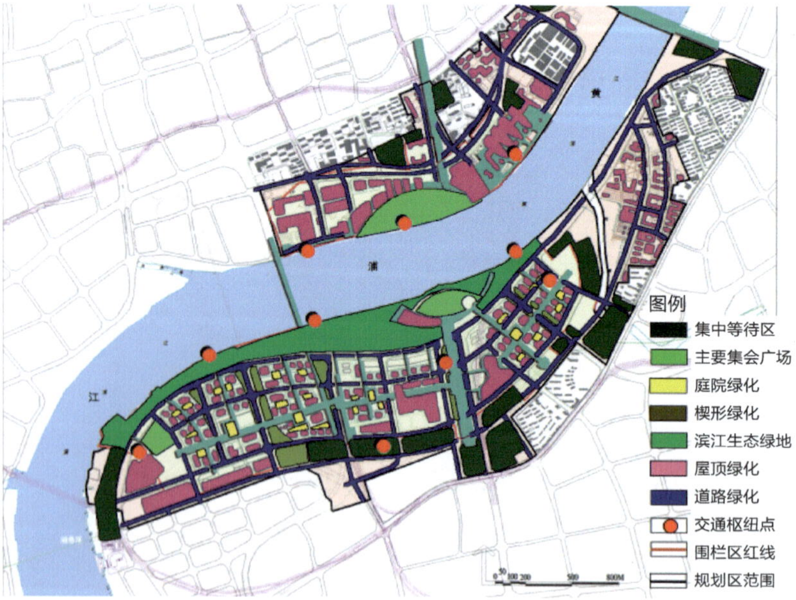


图 2-3-43　降温“面”状区域分类
Fig. 2-3-43 Classification of cooling planar area

（1）技术原理：围绕温度、湿度、风速三个控温降温关键因素，以空间绿化（图 2-3-43）为手段实现降温。

（2）空间绿化降温方法

• 遮荫：绿化遮挡太阳光直射，降低受遮蔽空间的温度。结合园区规划，合理增加乔木和空中绿化。

在夏季 14 点左右，气温达 35℃时实地测试情况，遮荫降温的效果十分明显（表 2-3-2）。

• 蒸腾吸热：利用植物表面的蒸腾作用，吸收热量，降低室外温度。结合园区规划，合理增加绿量。

根据植物蒸腾吸热的原理，上海通过拆房建绿，削减中心城区部分地区的热岛效应。延中绿地一期（7.4 $hm^2$）于 2000 年 7 月 1 日建成。据上海中心气象台对延中绿地建设前后对比测试，临近地区的月平均气温降低了 0.6℃。延中一期每小时吸收的热量达到 6 925 kW。如果以 2 匹功率的空调机制冷量为 5 kW 计算，相当于 1 385 台空调机。

• 绿廊引风：利用绿化引风廊道，促进空气流动，促进人体表面的热交换。结合园区规划，合理设置绿化引风廊道。

在夏季 14 点左右，气温达 35℃时实地测试情况，微风情况下，材料表面附近温度变化不明显，但人的凉爽感受却较明显（表 2-3-31）。

**技术四：世博园区遮阳系统**

（1）技术原理：平均辐射温度（tmrt）的控制

选择空气温度（Ta）、空气流速（Va）、相对湿度、平均辐射温度（tmrt）四个物理参数作为影响热环境的最主要因素。在这四个因素中，空气温度和湿度相对恒定，可控性相对较弱；平均辐射温度和空气流速则有较大的浮动性，受到较多物质要素的影响，可控性也较强，是需要重点考虑的要素。

根据研究，平均辐射温度与人四周各物体的表面温度有关。如果物体表面特别是地面材料的反射率比较大，吸收的太阳热就少，物体的温度就会相应较低，平均辐射温度也就比较低，人的感觉就比较舒适。而当一个人体暴露在某个高温辐射源之下时，人体就会受到某一束较强的辐射线（例如夏天的太阳辐射线），与人体相关的平均辐射温度会大大升高。如果人体位于混凝土地面之上，夏季太阳照射下的平均辐射温度有可能达到 50℃以上，在此温度下穿着衣服行走较长一段路是难以忍受的，因此必须采取措施。

对世博园区来说，在人流最多的地方设置连续的遮阳棚，把太阳的辐射强度降到最小，平均辐射温度有可能下降 10~20℃。如果再辅以生态降温制冷技术，温度将进一步降低，这将大大改善人体的舒适度。因此，造型美观、色彩鲜艳、造价低廉的遮阳棚，将是最有效、最重要的降温措施。基于遮荫降温原理，我们设计了名为“全球彩虹”（Global Rainbow）的世博园区遮阳系统，通过流动的造型，融入色彩语言，为参观者创造舒适的室外遮蔽区，同时为各分区提供明确的空间组织流线引导（图 2-3-44）。

（2）遮阳材料比选和实用性分析

- 传统绒布面料

特点：采用巨力电动开合轨和柔软的绒布相结合，构造成环形天幕系统，可以营造出很好的层次感。

- 高强度玻璃纤维

特点：有效防 93%的紫外线，抗断裂能力和抗拉能力更强，防火性能好，利于大面积使用，便于施工与维护。

- 澳大利亚全遮光与遮阳透景面料

特点：双层遮阳系统通过智能中央控制，可以按照需要进行转换，达到保持适量光线或全暗的双重效果。

- 美国遮阳透景面料

特点：通过面料的织物表面涂层与面料的编织方式，可以更好地反射有害光线。它主要由遮阳材料、机械传动机构、控制系统三部分集合而成。

- FCS 梯形天棚帘

特点：体现强烈的立体

图 2-3-44　世博园区“全球彩虹”的遮阳系统材质与色彩
Fig. 2-3-44　Materials and color of global rainbow shading system in Expo

图 2-3-45　遮阳系统分布图
Fig. 2-3-45  Distribution map of shading system

感，加强了装饰效果。

• 金属板

特点：通常为铝材，因为铝的反光性能好，且易于构造，易于模块化生产。

• 膜材

在遮阳系统设计中需要同时考虑材料规模化生产，可拆卸、模块式、组装化，新材料技术利用，轻型结构材料等要求，所以建议以膜材作为主要设计材料。

（3）规划布局和要求

• 总体布局原则

世博园区遮阳系统需结合人流与活动布置。

世博园区遮阳系统需结合园区出入口。

世博园区遮阳系统需结合园区步行流线。

世博园区遮阳系统需结合核心展区和主要活动区。

世博园区遮阳系统需结合园区高架步道系统。

• 处理空间三大关系

世博园区遮阳系统与高架平台、园区入口的关系：需在平台之上，且与入口密切相连。

世博园区遮阳系统与保留工业建筑的关系：工业建筑的大跨度结构为遮阳系统穿过建筑提供可能。

世博园区遮阳系统与主要建筑、展区的关系：在大洲展区的展馆之间穿过，避免穿过建筑；或从屋顶越过，成为屋顶平台景观的一部分；有可能穿越的主要建筑：博览馆。

• 结合主题演绎的空间需要

世博园区遮阳系统需结合人与自然和谐的滨江轴线。

世博园区遮阳系统需结合人与人和谐的 global avenue：通过各展区的空中步道轴线。

世博园区遮阳系统需结合

历史与未来的和谐的浦西历史建筑和城市实践区的轴线。

世博园区遮阳系统需结合南北向的时间轴线。

世博园区遮阳避雨系统形成“三横一纵”的总体布局结构（图 2-3-45）。同时实现了较大程度的公共步行系统的遮阳，遮去南北向的世博大道和东西向的 global avenue 总面积的 39%。

**江欢成　院士**

上海江欢成建筑设计有限公司总工程师

从建筑设计方面考虑，我认为，建筑在新型城镇化下应该向什么方向发展，我这几年来的结论是：选择“上天”发展。地下开发目前已经被大家认可，我不反对，但是我自己觉得城镇化，城乡发展要利用资源，资源就是土地资源，无非就是一个“上天”，一个“入地”，还有一个农村扩展。这三条途径比较起来，“上天”是比较合算的。大家可能觉得建筑“上天”的瓶颈是结构，结构其实不是瓶颈，在一个合适的高度、宽度比例之下，结构很容易做到。

瓶颈其实存在于三个方面：一个是效率，即资源利用率，土地资源和使用电梯的效率；一个是安全；一个是舒适。

于是我提出了一个新的城市建设构想，叫“天空城市”。我们目前的城市设计是一个平面的设计，比如南京路、福州路、北京路、江西路等并排排开。能不能把平面的空间立起来，每条路都竖立起来，并在不同的层面架设人造平台，人可以自由活动，居住、办公、医院、学校及其各类设施都在里面集成，可以就近上班。

这个天空城市理念中包含了两个核心思想：垂直设施市政化和高层建筑多层化。垂直设施市政化可以提高建筑的使用效率，高层建筑多层化可以提供适当的防护隔断，可以保障高层建筑的安全，同时提供适宜的生活环境。

**郑颖人　院士**

中国人民解放军后勤工程学院教授

关于智能化建设，全数字地图和大数据平台的建设特别重要，这是基础。

对于城市智能化发展，以下三个方面特别重要：

(1) 城市规划层面，首先要摸清城市自身发展的规律。

(2) 城市建设层面，我的理解是在空间建设的基础上，加入时间维度的布局和精细化的治理方法。

(3) 城市施工层面，施工运行的前提就是全生命周期环境，从建设到运营，再到维护等。

特别值得注意的是城市建设中的生态环境问题。比如延安下了一场大雨，就导致了 30 多人的死亡，这样的城市建设是极为不可取的。

一个地方，过去是一座山，现在城镇化进程下这座山没有了，那房子应该怎么建。这不是建设方案好不好的问题，而是安不安全的问题。现在我国在西南、西北环境中特别重视建设安全问题。地质环境作为城市建设必须要考虑的因素，不仅仅是避免地震带来的影响，其他的地质灾害也应引起重视，比如因地面松散而引发的泥石流灾害等。城市建设和山水格局的关系，必须通过智能模拟客观、真实地反映出来。过去都是地方领导说了算，现在是智能建设和模拟说了算。

# 第三章　城镇建设大数据诊断及其案例城市：上海

CHAPTER 3

INTELLIGENT STRATEGIES OF SHANGHAI

## 3.1 问题一：城市人口压力加剧

Increasing Population Pressure



### 3.1.1 上海城市人口问题分析

依据第六次全国人口普查（以下简称“六普”），截至2010年，上海全市常住人口达到2 301.92万人，10年年均增长50万~70万人，2014年底全市常住人口达到2 425万。

根据相关专家分析预测：2020年前，上海人口增速仍比较迅猛，短期内流动人口的增幅比较大，每年总人口增加50万~70万人。2020年之后，特别是2025年开始，人口增速将放缓，预计在2030年之前达到人口顶峰，即到2030年上海市总人口在3 000万~3 200人。根据土地空间承载力计算，上海总人口应控制在3 500万左右，增长空间有限。

**1. 人口结构不合理，老龄化程度高**

截至2011年12月31日，上海全市户籍人口1 419.36万人。其中，60岁及以上的老年人口347.76万人，占户籍人口的24.5%。80岁及以上的高龄老年人口62.92万人，占60岁及以上老年人口的18.1%，占户籍人口的4.4%，老龄化现象远高于全国平均水平（表3-1-1、图3-1-1）。

老龄人口比例增长速度也很快，2010年末至2011年末：60岁及以上的人口增加了16.74万人，增长了5.1%；占总人口比重从23.4%增至24.5%。劳动力红利即将消失。

表3-1-1　上海市老年人口性别构成

Table 3-1-1 The structure of elderly population in Shanghai

| 分年龄段 | 合计 / 人 | 男 | | 女 | |
|---|---|---|---|---|---|
| | | 人数 / 人 | 占同年龄组人口比例 /% | 人数 / 人 | 占同年龄组人口比例 /% |
| 60+ | 347.76 | 165.16 | 47.5 | 182.6 | 52.5 |
| 65+ | 235.22 | 107.98 | 45.9 | 127.24 | 54.1 |
| 70+ | 167.36 | 73.52 | 43.9 | 93.84 | 56.1 |
| 75+ | 117.58 | 49.33 | 42.0 | 68.25 | 58.0 |
| 80+ | 62.92 | 24.77 | 39.4 | 38.16 | 60.6 |
| 85+ | 26.14 | 9.4 | 36.0 | 16.74 | 64.0 |
| 90+ | 7.34 | 2.35 | 32.1 | 4.98 | 67.9 |
| 95+ | 1.27 | 0.36 | 28.6 | 0.9 | 71.4 |
| 100+ | 1 156（人） | 249（人） | 21.5 | 907 | 78.5 |

注：60+指60岁及以上，65+、70+、80+、90+、100+以此类推。

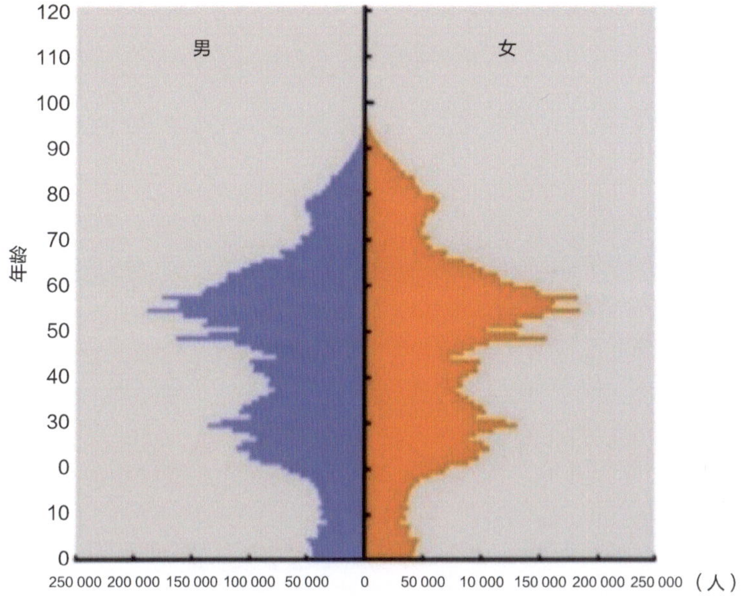


图 3–1–1 上海市人口结构
Fig. 3–1–1 Shanghai population structure

## 2. 人口分布不均衡

六普数据显示，上海城市人口总体密度已达到了 3 596.75 人 /km$^2$，然而全市人口分布极不均衡。市中心城区密度较高，中心城的超高密度发展带来了交通拥堵、热岛效应、能耗剧增、设施拥挤、环境污染等各类问题。

课题组分别对上海的常住人口密度分布进行四个方向的剖面分析，可以发现：

（1）上海人口的密度峰值主要集中在人民广场、老西门、豫园和淮海中路等市中心区域。其中老西门街道以 4.43 万人 /km$^2$ 成为上海最高强度高密度人口集聚区。以这一区为中心点，在距其 5 km 半径范围外人口密度迅速降至 2 万人 /km$^2$ 以下；到 20 km 半径范围外，平均人口密度低于 5 000 人 /km$^2$，“中心高度集中，外围迅速下降”的人口分布特点十分显著（图 3–1–2）。

（2）从人口蔓延方向上看，市中心往东南方向的人口密度削减速度最为明显，特别是在

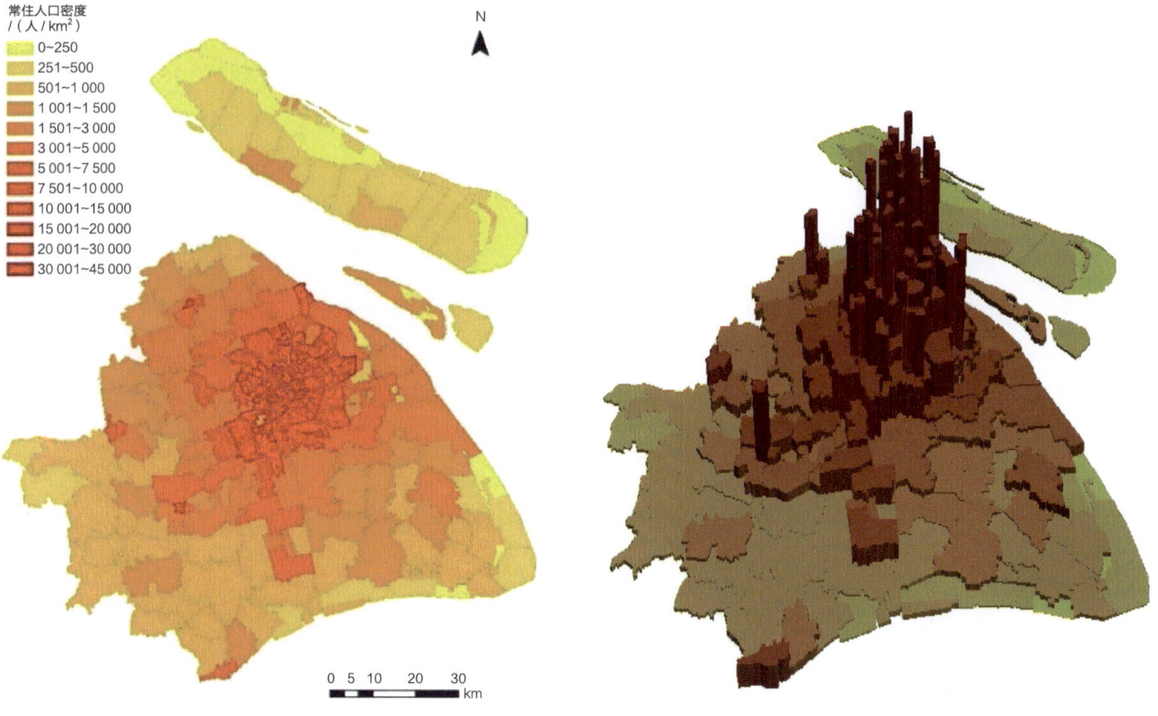


图 3–1–2 上海市人口密度分布
Fig. 3–1–2 The distribution of Shanghai population density

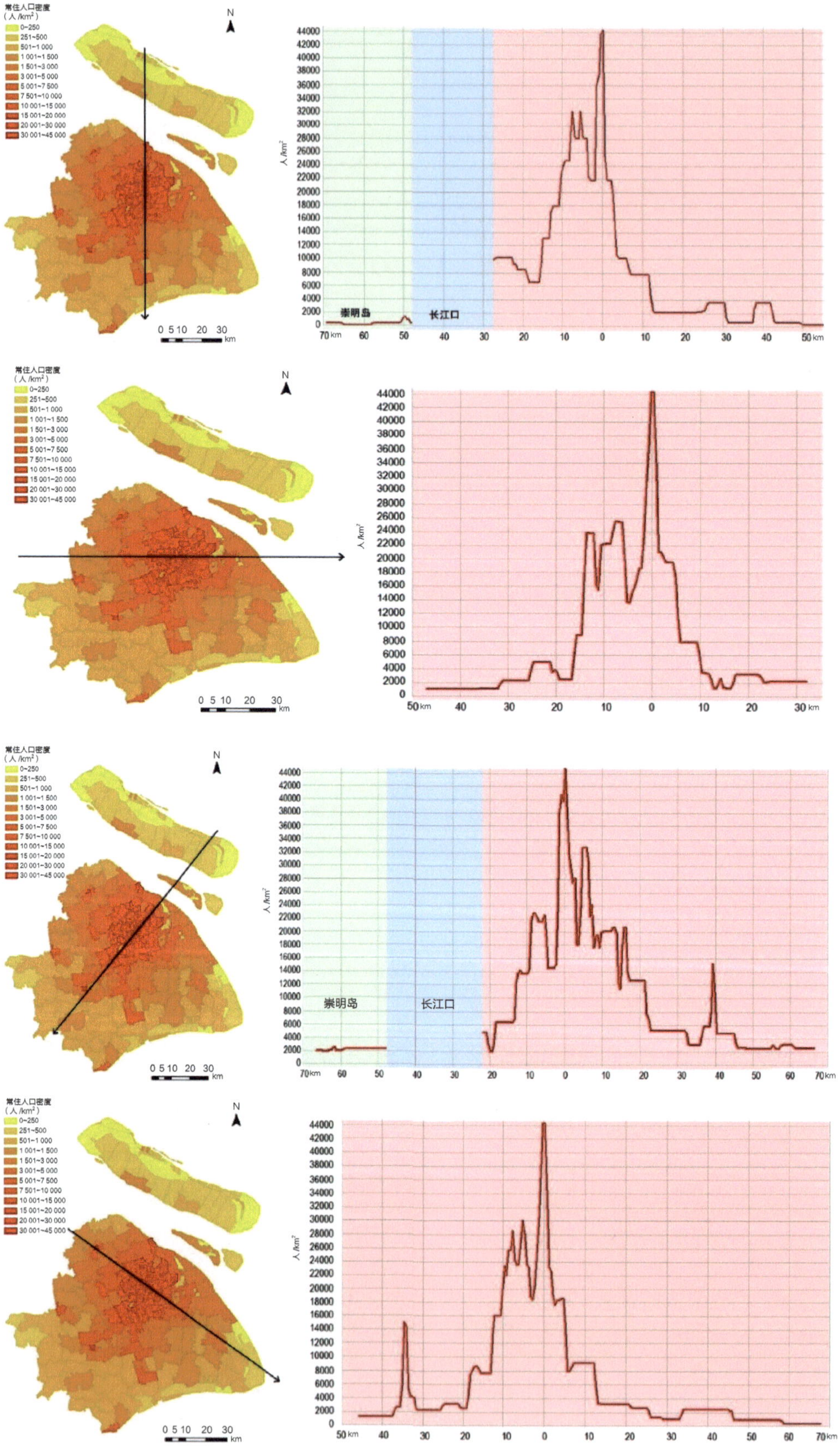


图 3-1-3　上海市人口密度分布剖面图
Fig. 3-1-3 The cross-section of Shanghai population density distribution

距离市中心 7 km 左右的花木、北蔡和三林等区域出现明显的分水岭，人口密度从接近 2 万人 /$km^2$ 跌至 1 万人 /$km^2$ 以下。而在东北—西南方向轴线上呈现了一定规模的高密度人口集聚分布，该轴线与黄浦江的流向较为一致。在其余方向上，人口密度下降最快的折点主要发生在距离中心点 10~20 km 距离范围内（图 3–1–3）。

（3）从劳动力分布来看，

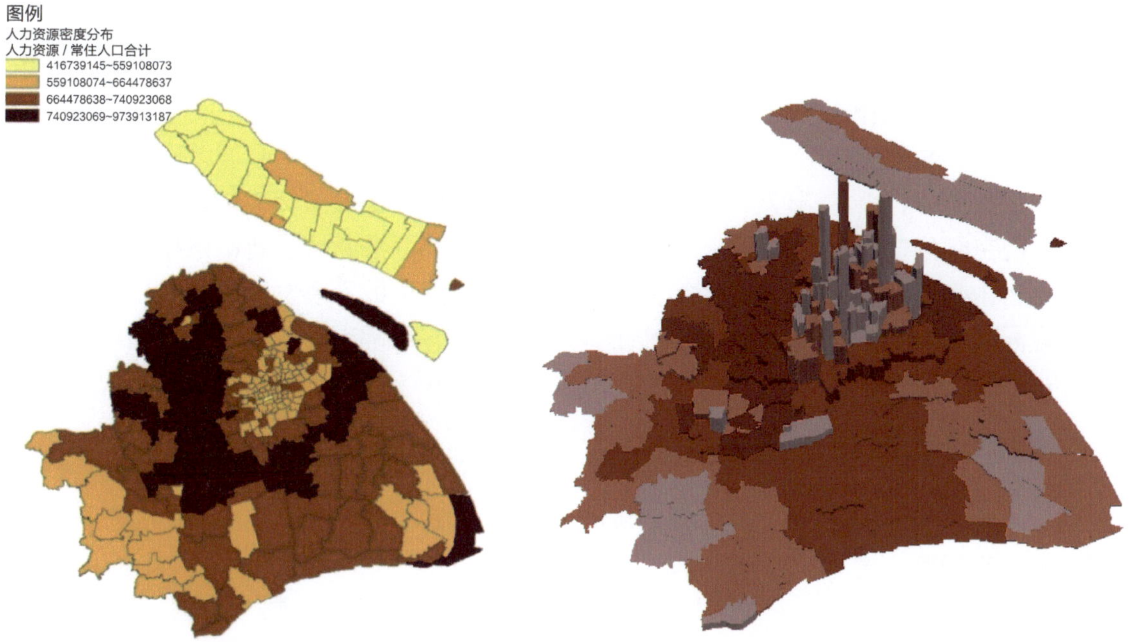


图 3–1–4　人力资源密度分布图
Fig. 3–1–4  The distribution of Shanghai human resources

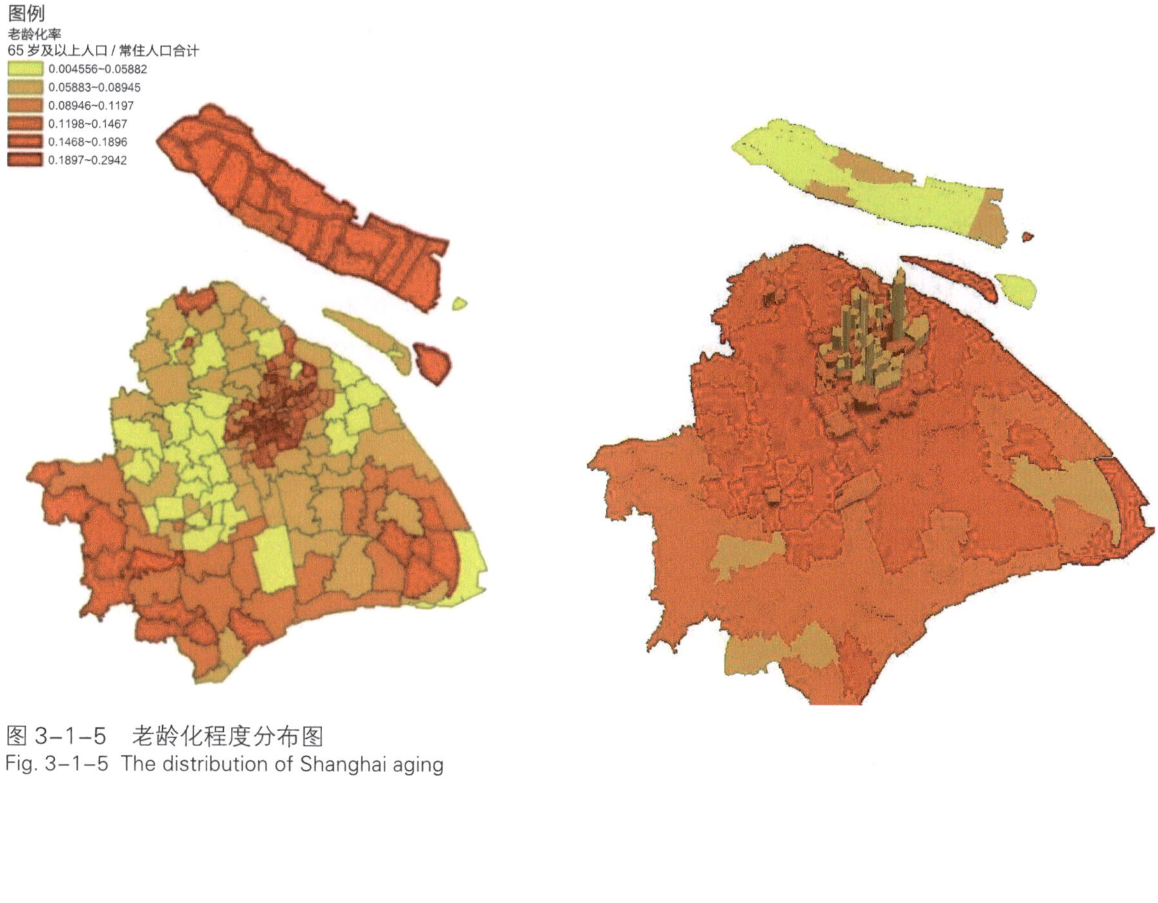


图 3–1–5　老龄化程度分布图
Fig. 3–1–5  The distribution of Shanghai aging

劳动力资源居住地密集分布在中心城区外围近郊区域，而中心城区密度明显较低。密集区域的主要劳动力可能以每日通勤往返中心城区与近郊区域。劳动力资源密度较大的区域反而专业型人才密度分布较低，而专业型人才分布较密的中心城区域劳动力分布密度较低（图 3-1-4）。

（4）老龄人口空间分布同样存在不均衡性，中心城区老龄化率较低，较高的区域主要集中在西南方向的远郊与崇明岛（图 3-1-5）。

### 3.1.2 人口对策

**1. 合理调控人口规模，优化人口布局和结构**

根据《上海市城市总体规划（2015—2040）纲要概要》（以下简称《概要》）所述，上海将严格控制人口规模目标，“力争至 2020 年常住人口控制在 2 500 万人左右，并作为 2040 年常住人口规模的动态调控目标”。为实现这一目标，《概要》提出了以下三点人口调控策略：

（1）以用地供给强化人口调控目标。在总量锁定前提下，结合不同区域的人口目标，按照人均建设用地 100 $m^2$ 左右的标准，加强分区和分类指导，调控土地供应规模、结构和时序及开发强度，实现人口规模调控。

（2）以产业结构调整优化人口结构。积极推动产业高端化、服务化，加快建设人才高地，加大对高层次人才引进力度，以就业政策引导人口导入与导出，优化人口结构，提高人口素质。

（3）以适宜的人口密度调节人口分布。以适宜的人口密度为导向，·完善土地、岗位、住房供应等政策，疏解中心城过密人口，将新城和重点新市镇作为新增人口的主要空间载体，提升新城、新市镇的人口密度、岗位密度和城市空间绩效，促进跨区域的人口自由流动，优化人口空间分布。

**2. 进一步提高城市紧凑度**

严守建设用地总量“天花板”，实施最严格的耕地保护制度和最严格的节约集约用地制度。提高城市空间、基础设施和公共设施的使用效率，释放更多土地资源。推进集中建设区外建设用地减量化，逐年降低新增建设用地规模，推动存量土地二次开发与高绩效使用的规划和政策，逐步实现全市建设用地总量零增长。

坚持优化建设用地内部结构，利用全市产业结构升级调整的契机，推动低效用地项目改造提升，逐步压缩工业、仓储等生产性用地比例，提高土地产出效益，保障高端服务业和战略性新兴产业用地需求。适当提高公共基础设施和生态用地比例，尤其要确保郊区、城郊接合部等地区对公共基础设施和服务设施的用地需求，逐步形成符合上海打造宜居城市所要求的用地结构体系（表 3-1-2）。[1]

在中心城区已形成较高紧凑集聚度的条件下，要更加注意新城、新市镇和中心村空间的紧凑发展，通过划定生态间隔带、控制城镇发展规模、明确城镇公共中心，形成大中小城市和小城镇合理分工、协同发展的“多中心组团式”网络化城乡空间格局。

城郊地区要加强用地紧凑度控制，城镇人均建设用地不超过 115 $m^2$/ 人，以人均 95 $m^2$ 为控制目标。建议置换出不低于目前工业用地的 38%（保证工业用地比例不高于 25%）用于城市建设、环境建设等其他发展。郊区建设用地特别是产业用地空间应在集中建设区内解决，集中建设区要加强合理的产业和生活设施配置，缓解中心城区过度集聚的人口压力。

创新土地使用制度，以紧凑型开发模式为导向，出台地方性法规，适度突破国家及地方对建设用地尤其是工业仓储用地建筑容积率上限规定，对容积率进行总体性控制，以容

[1] 沈开艳．上海经济发展报告 城市功能和产业空间转型 2013 [M]. 北京：社会科学文献出版社，2013.

表 3-1-2 各郊区城镇规划区用地结构建议表
Table 3-1-2 Land use suggestion table of Shanghai suburban town planning area

| 类别名称 | 占城市建设用地的比例 /% |
| --- | --- |
| 居住用地 | 30.0~40.0 |
| 公共管理与公共服务用地 | 5.0~8.0 |
| 工业用地 | 15.0~25.0 |
| 交通设施用地 | 10.0~30.0 |
| 集中绿地 | 10.0~15.0 |

积率奖励方式适度允许不同地块的容积率相互调剂。

**3. 鼓励土地混合使用和地下空间综合利用开发**

积极探索土地混合用途开发，通过公共交通引导鼓励城市综合体开发建设，将居住、商业及公共服务设施混合使用。

重视地下空间的开发利用和管理，以公共活动中心、轨道交通换乘枢纽等区域作为地下空间开发利用的重点地区，提高周边通道连通性和覆盖范围，推动地上和地下协调发展，形成较为完整的地下空间系统。分层、分类、分期开发利用地下空间资源，形成功能适宜、布局合理的竖向结构。近、中期重点开发浅、中层地下空间的交通、市政公用和商业等功能，远期系统性发展深层地下空间的地下物流、水资源调蓄、能源输送等功能。

**4. 推动分层次、多渠道、成系统的住房体系建设**

进一步优化房地产市场供给与保障住房结构比例，提供更多中小套型住房和适合老龄化社会的住区。探索发展更多类型的保障房方式，如先租后售保障房、限价房、农村集体建设用地租赁房等。在通过大规模建设满足城市基本住房需求的情况下，保障形式从以供给端建设新房为主，逐步过渡到以为需求端的住房困难家庭提供住房补贴为主，充分盘活和利用既有住房的存量资源。不断完善大型居住社区配套建设，加快推进旧区改造步伐，优化居住空间规划布局，加强青年人才公寓建设。

### 3.1.3 上海未来人口分布构想

对上海人口分布现状特征的研究可见，上海人口空间分布及其变动模式基本符合大都市人口分布变动的一般规律，即中心区密度最高，向外随距离半径逐级递减。但是，与东

王景全 院士
解放军理工大学教授

城市的产生，比如交通方便、贸易汇集、文化底蕴、水资源等，总归有一些历史条件。城市建设过程是需要基于科学理性的论证，而不是基于领导意志。如西沙永兴岛只能容纳 1 700 人，但是同等规模的马累岛可容纳 17 000 人，淡水供给究竟是不是制约因素，需要科学论证。

城市的建设要多一些科学理性决策，少一些主观盲目拍脑袋。如果智能建设到最后，依旧是领导想怎么干就怎么干，那么在某些城市提智能化的做法也是装饰性的。我对我国城市建设的担心就是恨不得一天半天把罗马城建起来。需要避免缺乏长远规划，如我遇到的一个例子，一幢中华人民共和国成立后建造的 2 层楼房，先拆了盖 4 层，过几年拆了盖 6 层，再过几年拆了盖 7 层。需要避免类似这种因缺乏长远规划的重复建设，避免对经济、社会、环境产生负面影响。

我国的城市规划和建设需要依据自身规律，不能一味求快。过去，我国有一条原则很有道理："小灾进城，大灾下乡。"城市、乡村相辅相成，乡村是可以自给自足的。现在的情况有所改变：我国的城市建设第一条就是不能急，必须按规律办事。

京、巴黎等国际大都市相比，上海的人口空间分布又表现出中心区过度集中、区际人口分布差异悬殊的特征。

图 3-1-6 显示了上海、东京、巴黎三个城市距离市中心不同半径圈层内的人口密度分布情况。从图中可以看到，上海和巴黎在市中心 5 km 范围内人口高度集中，但此范围内上海的人口密度是巴黎的 2 倍，在距离市中心 5~10 km 范围内，两个城市的人口密度迅速递减，但上海的衰减速度更快，人口密度降至最高密度带的 2/5，表明了上海市中心人口的高度聚集性。另外，东京的人口分布则相对均衡，其人口密度峰值存在于距离市中心 10 km 的圈层带，市中心人口密度相对较低，其郊区和远郊地区人口仍能保持一定的密度，在距离市中心 30 km 和 50 km 的圈层内，东京仍保持了 5 000 人 /km$^2$ 和 1 400 人 /km$^2$ 左右的密度，而上海对应区域的人口密度仅为 1 200 人 /km$^2$ 和 800 人 /km$^2$。与东京相比，上海的郊区和远郊区仍相对稀疏，存在疏散中心人口的空间。

根据研究，到 2030 年，上海的人口总量将达到 3 200 万人左右。而上海市第六次土地规划工作会议提出，2020 年以后上海将实现规划建设用地总规模“零增长”。这意味着未来新增人口安置以及现状中心区人口压力疏解等任务将主要依托提高现有空间的利用效率和跨区域的人口调控实现。

然而，人口的空间分布不仅仅涉及空间问题，城市功能布局在其中起到重要作用。人口、空间和功能在城市演化过程中相互影响、相互制约。城市功能布局决定了基本的生产、服务和生活空间，人们据此决定其就业和生活的主要场所，形成了基本的城市人口空间结构。已有研究表明，就业单位所在区位对居住选址有重要影响，距离就业地更近的居住区会受到优先选择。上海市第二次经济普查数据表明，第三产业从业人员占上海总就业人口的 54%，其中生产性服务业为 17%，而上海中心城区是第三产业就业主要分布空间，此外传统区县中心和部分新城地区也有较高程度的第三产业就业比重。然而上海中心城区过高的房价和居住密度使得部分人口被挤出，只能选择紧邻市区的外围区域居住，这种就业—居住模式容易造成人口无序外延的城市拓展。

通过对第五次和第六次全国人口普查数据和同时期上海用地变化的比较发现，上海中心城区外围是增量人口的主要集中区域，这些聚集区域超过了同区位的就业聚集区域，超出部分主要是近年来用地扩张的区域，即这些扩张区域主要为居住功能，长远来看，缺少就业功能来吸引和分流中心区人口。另外，从人口分布总量来看，在距离市中心 10~50 km 的区域内，分布着超过 75% 的常住人口，环绕着中心城区这

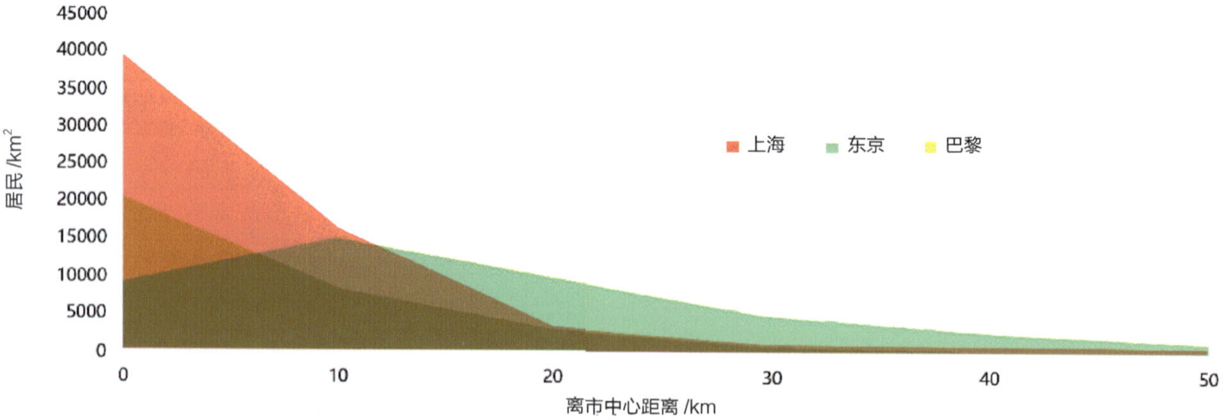


图 3-1-6 上海、东京、巴黎距市中心不同距离处居住人口密度对比图
Fig. 3-1-6 Population density of different location from city centre in Shanghai, Tokyo and Paris

一就业集聚核，人口和功能的空间错位是上海单中心城市结构的结果。

基于以上讨论，未来上海人口的空间分布不仅仅要考虑人口总量和空间的问题，更要重视城市功能布局的合理化以提升城市空间质量、引导人口均衡分布。

从功能布局来看，上海二产就业地点较为分散，在外环周边有一条相对聚集的二产就业环带，影响较小；而三产则表现出中心城区高度极化的分布特征。因此首先需要将第三产业，特别是生产性服务业就业从中心城区向外疏散，使之吸引人口向中心城以外的区域流动，解决职住错位的核心问题。

从空间结构来看，城市发展存在单中心和多中心的模式。在单中心模式下，中心城区按照容纳能力最大可能接纳人口，其余进入郊区新城和远郊区；多中心模式下，郊区新城的人口引导性增强，新城人口总量达到甚至超过中心城区量级，与中心城区在功能和规模上的差距减小。

从人口结构来看，现阶段上海迁入人口偏好空间主要分布在外环线两侧及部分新城。如前所述，这些地区同时也是就业导向的居住选址的集聚区，统计数据也进一步证实劳动年龄人口比重高的街道和镇主要分布在中心城的周边地区。由此可见，虽然人口仍然高度集聚在市中心，但是劳动力人口的空间分布圈层表现出了外扩趋势。考虑到这一群体的育龄人口比重，未来上海新生人口也将很高比例发生在此，人口密度增长潜力较大。

综合以上对上海功能、空间和人口的分析，结合人口分布现状，上海未来要达到较为理想的人口空间分布，应该首先考虑城市功能的合理化和均衡化，并在此基础上，均衡单中心和多中心的城市空间结构以及现状的人口分布特征和发展趋势。上海人口空间分布可能经历几个阶段（图 3-1-7）的演变：

（1）近期阶段，市中心人口向外疏解，顺应现阶段迁入人口年龄和空间集聚特征，新城人口有一定上升。

（2）中期阶段，新城人口大量聚集，就业和配套设施完善，远郊地区受到带动，也出现一定程度人口增长。

（3）远期稳定阶段，人口密度峰值转移到中心城区边界附近，市中心人口密度有效降低，新城发展达到一定规模，作为局部区域的中心，其就业、公共设施等辐射周边区域。

从最终人口分布总量来看，中心城区拥有 30%~40% 的人口，郊区新城拥有 40%~50% 人口，其他地区占 10%~20%。

从最终人口密度来看，中心城区平均人口密度在 2 万人 /km$^2$ 以下，其中内环以内不高于 1.5 万人 /km$^2$，外环内人口密度在 1.2 万 ~1.5 万人 /km$^2$，远郊地区人口密度保持在 1 000~1 500 人 /km$^2$。

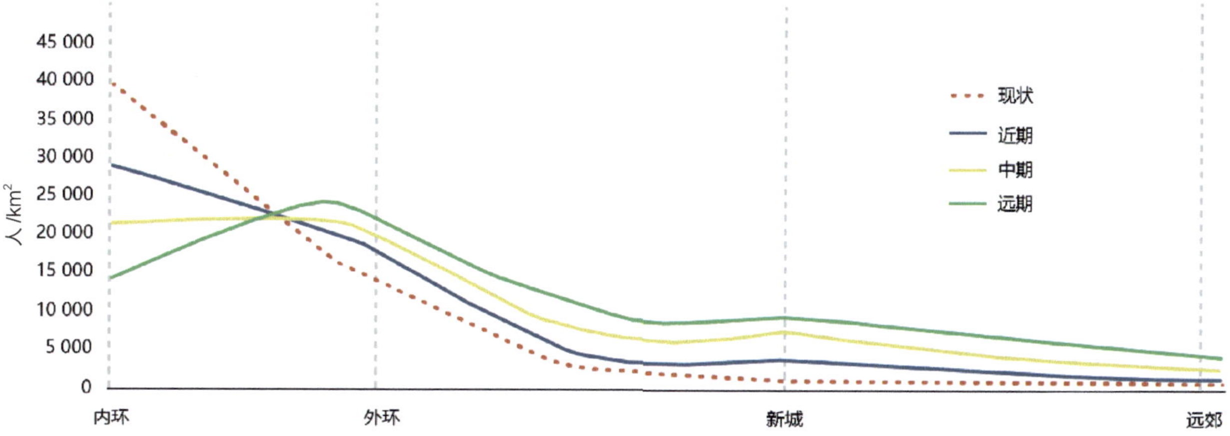


图 3-1-7　上海未来人口空间分布构想示意图
Fig. 3-1-7  Spatial distribution of population in Shanghai in the future

# 3.2 问题二：城市中心功能过度集聚

City Over-Centralization

## 3.2.1 上海城市空间发展现状和问题评估

自 2001 年以来，世博会筹办、郊区新城建设、以重工业为主导的制造业快速发展成为推动上海城市建设和空间拓展的主要动因，年均新增建设用地规模超过 100 $km^2$，上海正式进入了城市空间快速扩张的发展阶段。

然而，在这个过程中，上海城市发展面临创新转型的宏观要求，也面临着土地资源紧约束、人口规模持续增长、环境建设压力不断加大等瓶颈，诸多矛盾都将反映在城市空间发展中，其中包括：

1）中心城内部功能绩效和宜居品质存在不足。商办建设规模偏大，但绩效普遍不高。公共空间品质与国际大都市存在差距，中心城区在小尺度公共空间、人性化街道界面、公共交通可达性方面需要提升。[1]

2）中心城周边地区低效无序蔓延。土地的城镇化远快于人口的城镇化，环境品质和公共服务配套水平较低。

3）新城发展集聚效应尚未显现，对区域的辐射带动作用不强。

城市空间形态的研究是城市规划学科的一个重要组成部分。随着其他学科的多元参与，尤其是计算机科学与技术的突飞猛进，该领域的研究不断取得新的进展和应用。

本节基于手机信令数据和微博数据分别对上海城市空间结构和形态进行分析，利用可视化与量化处理的手段，解释了技术所承载和传达的人的属性，城市空间形态所体现的社会经济属性，以及城市规划、物质空间、人与社会之间相互影响与协调的规律和哲理。

葛修润　院士

中国科学院武汉岩土力学研究所研究员

如果把全国城市的规划人口加在一起，远远大于目前全国人口的总和，这就说明城市在建设过程中的定位有着很大问题。每个城市都希望其人口越多越好，规划建设没有顶层设计不行，脱离了区域而孤立规划某一个城市同样不行。城市建设的定位问题十分关键，否则没有目标就无法判断城市建设的哪个方案最好。

另一个关键问题是城市发展问题，必须和资源协调起来，体现在智能化中。建议先抛出总体战略，再逐一说明具体的战略途径。

[1] 张玉鑫 . 上海城市空间发展评估与思考 [J]. 上海城市规划，2013(3): 11—17.

### 3.2.2 基于手机信令数据的上海公共中心体系研究

传统技术、基于少量样本调查或者基于人口普查等统计数据是无法基于个体的行为活动对城市空间结构进行研究，大智移云时代为此类研究提供了技术可能。

例如手机数据，其记录了每一个用户的日常行为和对城市空间的使用方式，综合所有用户活动行为的时空规律，就能用于研究城市的空间结构。

与传统技术相比，一方面，手机定位数据覆盖了每一个手机持有者，不再依赖于小样本抽样，能更好地反映总体时空规律。另一方面，手机定位数据是动态数据，实时反映手机持有者的空间位置，为描述就业、游憩、居住等活动的时空动态提供了可能。

**1. 数据概况和时空分布分析方法**

1）手机数据概况

手机数据使用了上海市的中国移动 2G 用户数据，包括手机信令数据和基站数据两个部分。

手机信令数据是运营商记录下来的手机用户在移动通信网络中活动时的位置信息，属于非自愿提供数据。当手机发生开机、关机、主叫、被叫、收发短信、切换基站或移动交换中心、周期性位置更新时，手机识别号、信令更新时间、当时所处的基站小区编号均保存在手机信令数据中。此处的信令数据使用剔除了用户属性之后的加密手机识别号，不涉及手机用户的个人信息。

基站数据包括基站编号和地理坐标。由于基站根据用户使用强度布置，基站之间的距离变化幅度较大，总体呈现自城市中心到外围逐渐增加的趋势。

上述手机信令数据的记录时间是从 2014 年 3 月 15 日—28 日，连续记录 14 天。在这 14 天内，上海市域内每一日手机信令数据中记录到了约 1 700 万个不同手机识别号，代表了约 1 700 万个中国移动 2G 手机用户。一日之内记录到的信令记录数可达 6 亿条左右。

2）手机用户时空分布分析方法

基于上述手机数据，采用了两种空间分布地图表达手机用户的空间分布，即单一时间点密度分布和多日平均用户密度分布（图 3-2-1）。

**2. 公共中心体系识别**

1）规划公共中心体系

根据《上海市中心城分区规划（2004—2020）》，上海中心城的市级公共中心包括 1 个主中心、4 个副中心。主中心位于外滩、人民广场、南京

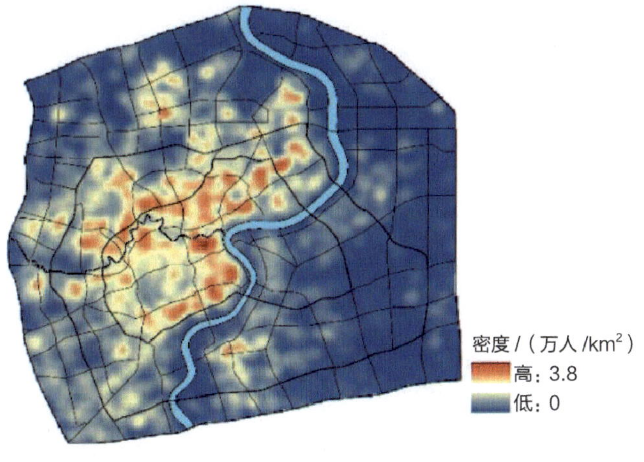


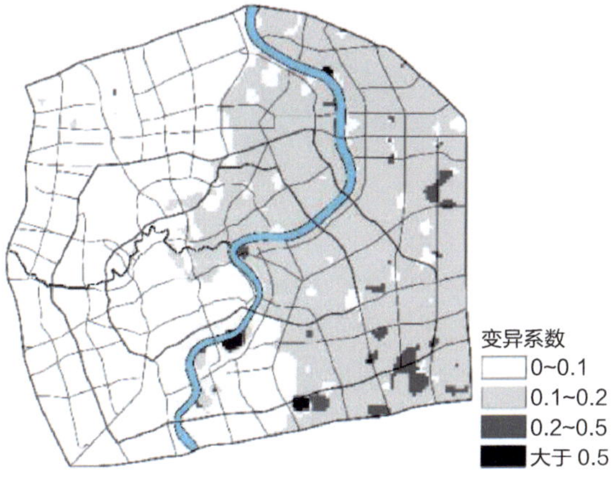


图 3-2-1　单一时间点密度和多日平均用户密度分布及其变异系数检验
Fig. 3-2-1　Two types of mobile phone users density distribution and the coefficient of variation test

路、淮海路、四川北路及不夜城一带，设徐家汇、五角场、花木、真如四个副中心。“一主、四副”市级中心承担商务、商业、行政、文化等功能。此外，中心城内规划设置26个地区级中心，以商业功能为主。

下面通过特定时间点的多日平均用户密度计算，检验公共中心体系是否实现了上述规划设想。

2）公共中心识别方法

公共中心是城市商业服务业、商务办公高度集聚地区，具有高密度的消费者和就业者，是人流活动高度密集的地区，也应是手机用户密度的高值区。因此可采用识别特定时间点手机用户密度的高值区来识别公共中心。密度值越高，表明人流集聚程度越高，公共中心的等级也越高。公共中心主要功能包括商业和商务办公，选取工作日10点的多日平均密度识别商务办公活动集聚状况，选取休息日15点的多日平均密度识别商业活动集聚状况（图3-2-2、图3-2-3）。

使用自然间断法对工作日10点、休息日15点的多日平均密度进行分类，将数值最高的三个级别作为高值区。按密度值高到低，将高值区划为一级密度、二级密度、三级密度三个级别。在空间聚类中Z值大于1.96的高值聚类区内，多日平均密度值达到三级密度以上，便识别该区域为公共中心。

个别高值区的人流集聚不是由商业、商务等活动引发的，如大型医院、学校等也进入了高值区，因此对照现状土地使用性质，将非公共中心用地性质的高值区排除。

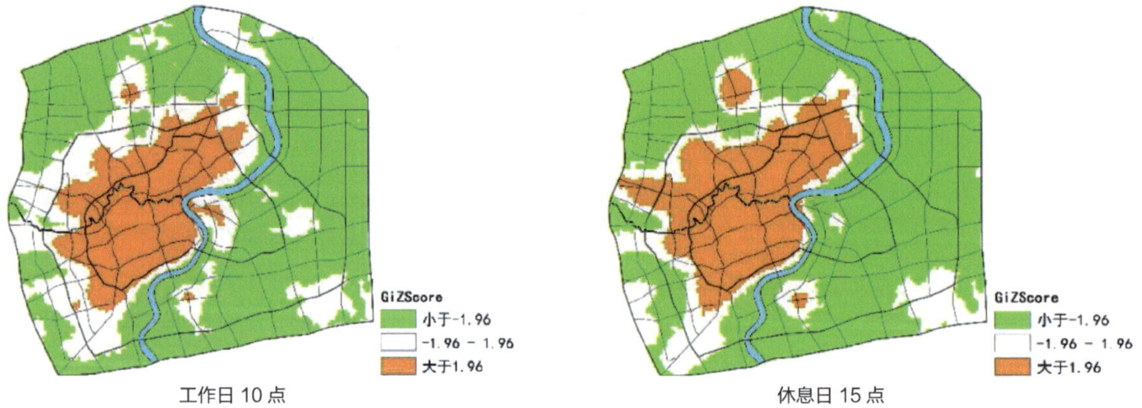


图3-2-2　手机用户多日平均密度空间聚类
Fig. 3-2-2 Spatial clustering of average density for mobile phone users

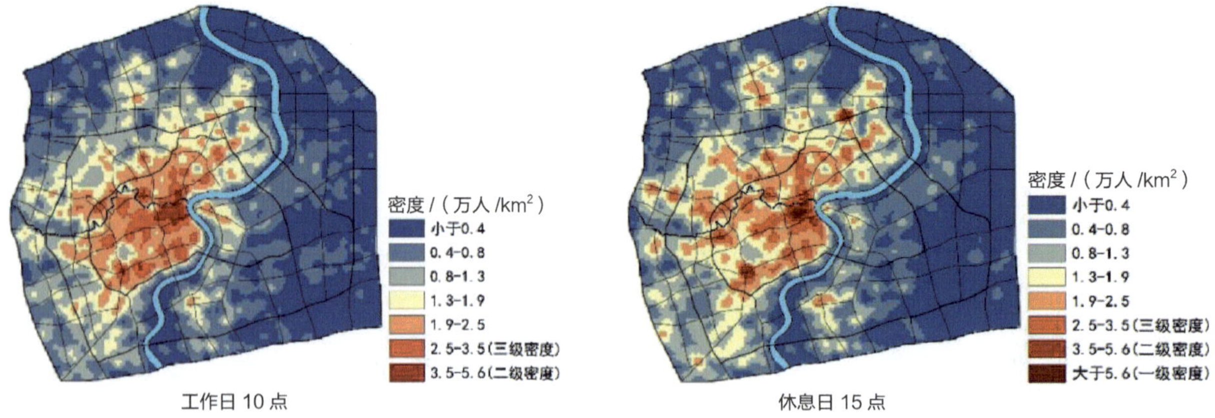


图3-2-3　手机用户多日平均密度分布
Fig. 3-2-3 Average density distribution for mobile phone users

3）公共中心识别结果的分析

用户密度值越高，公共中心的等级越高。工作日 10 点多日平均密度值高，往往是商务办公活动所导致；休息日 15 点多日平均密度值高，往往是商业消费活动所导致，由此用于识别公共中心的等级和职能（图 3-2-4）。依据分区规划中确定公共中心范围，分别计算多日平均用户密度最大值和平均值，验证其等级和职能是否按规划设想实现。此外，在规划确定公共中心之外，还识别出若干新增公共中心。识别新增公共中心的标准为，至少有 4 个相邻栅格（面积 16 hm$^2$）的密度值达到三级密度以上且该区域用地性质属于公共中心用途。

在市级主中心中，无论是工作日还是休息日，用户密度最高区域都大致形成两条轴线：南京路—世纪大道的东西轴线、外滩—四川北路的南北轴线。这两条轴线不仅等级突出，而且功能趋于商业商务综合功能。在休息日，南北轴线向南延伸到了豫园，向北延伸到了虹口足球场，说明豫园和

工作日 10 点

休息日 10 点

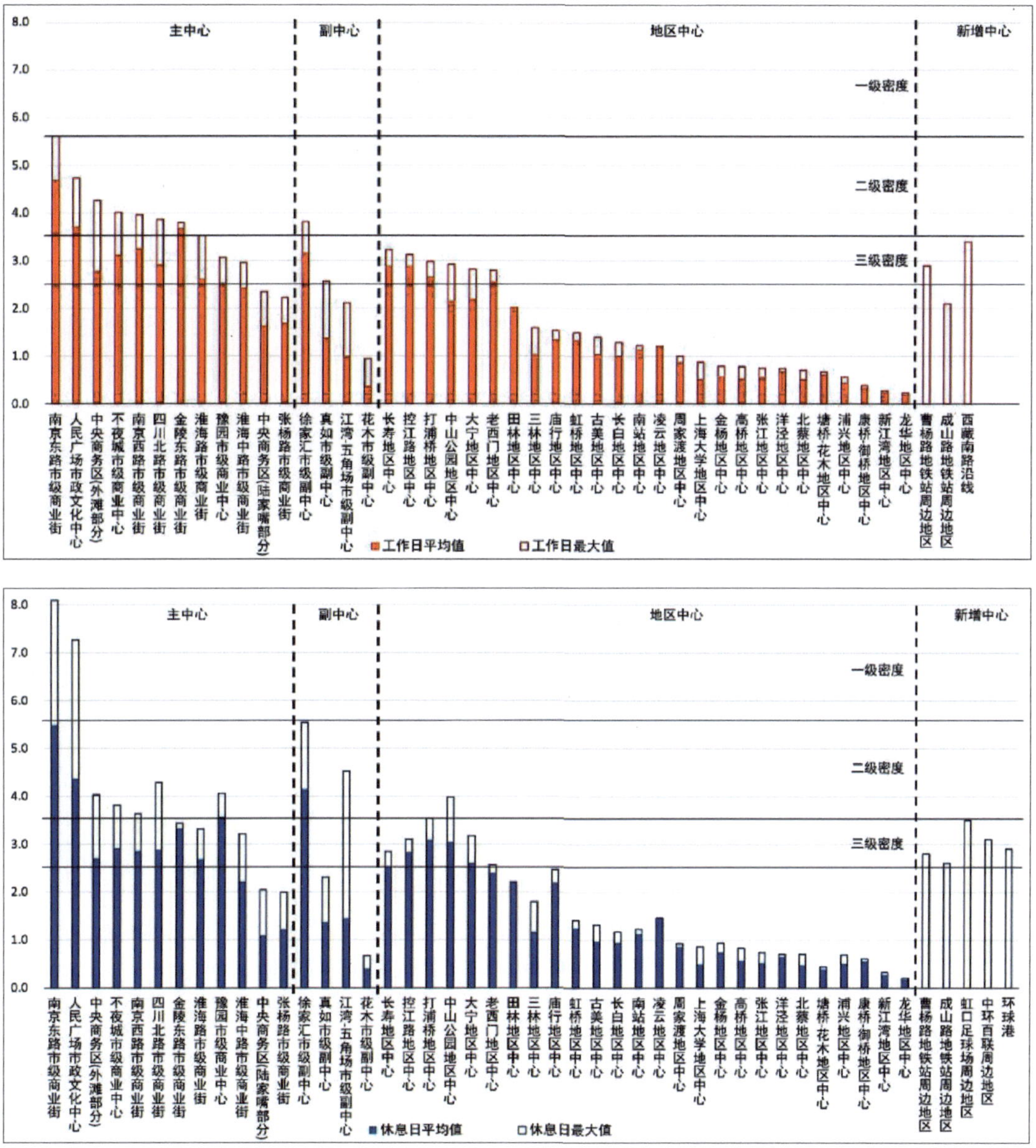


图 3-2-4　上海中心城公共中心的手机用户密度

Fig. 3-2-4 Mobile phone users density in Shanghai city center

四川北路北段是典型的商业中心。虽然目前一般认为四川北路的商业发展并不乐观，但是从人流集聚程度来看，四川北路仍然属于市级中心，与其平行相邻的河南北路也是人流集聚度最高区域之一。淮海中路商业街的人流集聚高值区未呈现轴线分布，而是在陕西南路地铁站周边形成块状高值区。浦东的陆家嘴、张杨路在工作日、休息日的人流集聚程度相差较大，属于典型商务功能的公共中心（图 3–2–5）。

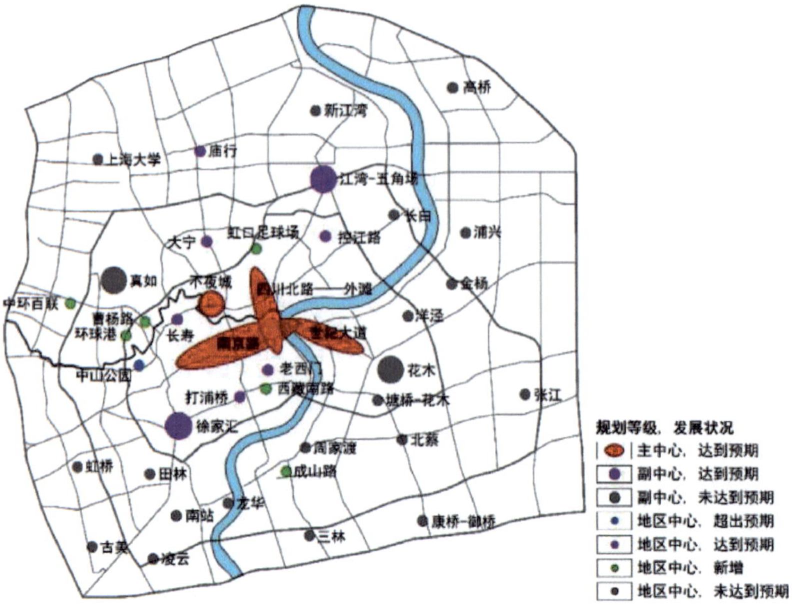


图 3–2–5　上海中心城公共中心识别
Fig. 3–2–5 Shanghai city center public center identification

总体上，上海中心城的规划公共中心体系尚未完全形成，总体上仍呈现单中心趋势，副中心、地区中心仍在建设形成中。

### 3. 功能分区识别

直接使用多日平均密度值不能区分居住区、工业区等人流集聚密度相对较为均匀的地区。因此采用昼夜密度比值和夜间人口密度反映昼夜人流变化，用以识别就业功能区、游憩功能区、居住功能区。

分别计算工作日 10 点和 23 点、休息日 15 点和 23 点的多日平均用户密度的比值。工作日 10 点和 23 点的密度比值较高，说明该区域就业岗位多于居住人口；其比值越大，就业功能越占主导。休息日 15 点和 23 点的密度比值较高，说明该区域休息日游憩或购物消费人数多于该区域居住人口，其比值越大，游憩功能越占主导。

采用类似公共中心的识别方法，夜间 23 点多日平均用户密度的高值区是居住人口密度较大区域。在此基础上，如果工作日 10 点和 23 点的密度比值较低，说明该区域居住人口多于就业岗位；其比值越小，居住功能越占主导。

上述三类功能区的识别标准见表 3–2–1、图 3–2–6。

表 3–2–1　功能区识别标准
Table 3–2–1 Function area identification standard

| 工作日 23 点的多日平均密度 | 工作日 10 点和 23 点的多日平均密度比值 | 休息日 15 点和 23 点的多日平均密度比值 | 功能区识别 |
|---|---|---|---|
| 高 | 高 | —— | 就业居住混合功能区 |
| 低 | 高 | —— | 就业功能区 |
| 高 | 低 | —— | 高密度居住功能区 |
| 低 | 低 | —— | 低密度居住功能区 |
| 高 | —— | 高 | 游憩居住混合功能区 |
| 低 | —— | 高 | 游憩功能区 |

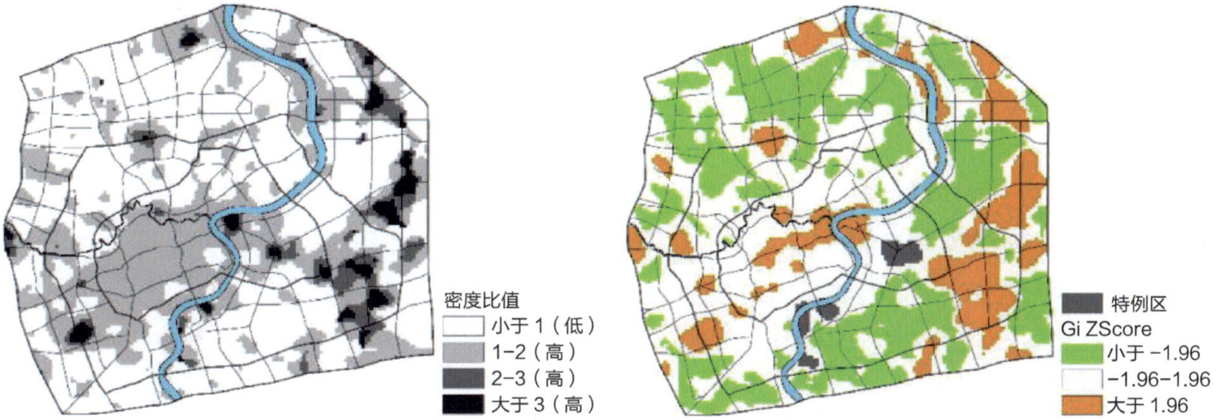


工作日 10 点和 23 点的多日平均密度比值

工作日 10 点和 23 点的多日平均密度比值空间聚类

图 3-2-6　上海中心城的功能识别
Fig. 3-2-6  Shanghai City Center Function Areas Identification

#### 4. 讨论和结语

手机数据的优势是不依赖小样本抽样，但是依然可能存在误差。此处使用的手机信令数据是中国移动 2G 用户数据。研究中假定在中心城内各个位置上，中国移动 2G 用户占所有手机用户的比例没有显著差异。实际上，缺少了 4G、3G 用户的数据仍可能会对某些特定地区人流集聚程度的计算产生影响。如果有某一区域的 4G、3G 用户比例明显高于其余区域，仅用 2G 用户的密度值与其他区域进行比较，就可能导致该区域的实际人流集聚程度被低估。

依靠基站定位和核密度分析获取密度值，这一方法难以区分相邻不同类型设施带来的人流集聚。例如，不夜城地区密度处于高值区二级密度，很大程度上是紧邻的上海火车站进出人流影响所致。这会对不夜城地区的公共中心识别结果造成一定影响。

手机数据是一种典型的大数据。在规划领域如何利用大数据是一个热门议题。本研究运用手机信令数据形成了一种以手机用户时空分布识别城市空间结构的方法，包括基于手机信令数据获取用户时空分布、基于手机用户时空分布识别城市空间结构。以上海中心城为例，识别了城市公共中心等级和职能，识别了城市就业功能区、游憩功能区、居住功能区及其混合程度。

### 3.2.3　微博热点与城市空间形态相互关系研究

本节以微博发布的实际地理位置和所在城市空间的各项属性为研究对象，旨在将两者

**郑守仁**　院士
解放军信息工程大学测绘学院教授

我国的旧城经常会出现煤气爆炸等重大城市安全事故，所以摸清城市资源特点，建立城市大数据库，从解决危及人民生命、财产安全的方面着手，这样的智能建设战略会更有价值。

各自的特征和规律进行探究和比较后，验证两者之间存在对应关系，分析两者之间关系的类型和强弱程度，并从微博发布行为的主体——微博族群的角度给予解释，进而总结上海乃至中国创新城市的创新群体分布规律。

1. 微博分布的时间研究

1）研究方法

首先编写代码程序抓取位置微博的初始数据，作为之后所有分析工作的基础资料，接着整理并提取初始数据中的用户身份信息和时间信息，最终通过分析获知用户发布微博的时间规律特征。

2）用户基本信息统计

统计用户个人信息后发现：女性用户比男性用户发布的位置微博数量明显偏多。其中，女性约占六成，男性约占四成。另外，本地用户发布的微博占主要地位，但外地用户发布的微博也占据了总数量的1/3以上（图3-2-7）。

3）微博发布的时间特征

对采集的原始数据进行整理后发现，在研究时段内，上海市中心城范围内共有140 096条新浪位置微博发布，平均每天46 698.67条，每两小时3 891.56条（图3-2-8、表3-2-2）。

就平日（12月26日和12月30日）来看，每天有两

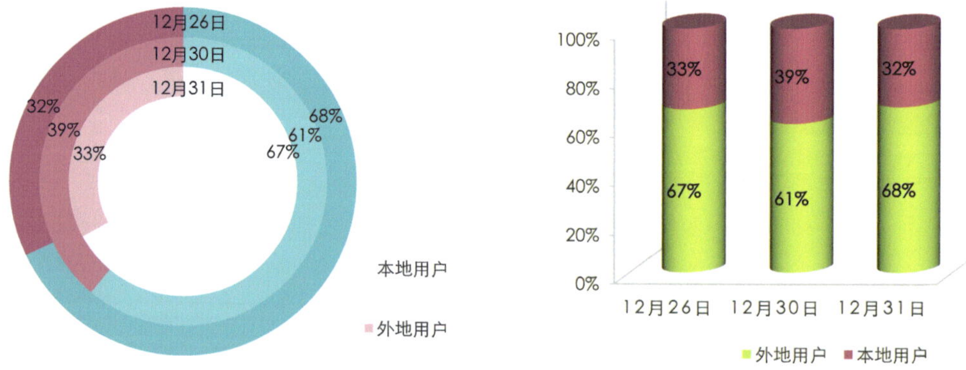


图3-2-7　新浪位置微博用户特征
Fig. 3-2-7 Sina location Weibo users characteristics

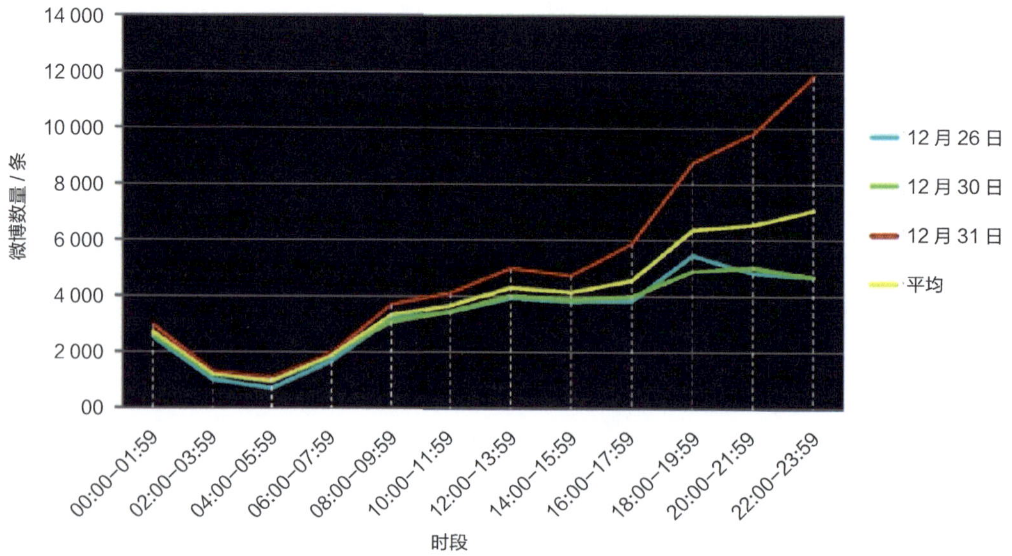


图3-2-8　新浪位置微博发送量时间分布特征
Fig. 3-2-8 Sina location Weibo time distribution characteristics

个高峰——12:00 到 14:00 为午间小高峰，18:00 到 20:00 为晚间主要高峰，以及一个低谷——4:00 到 6:00。

就特殊日（节假日，如 12 月 31 日为元旦前一天）来看，午间小高峰和低谷与平日一致，夜间高峰由于受跨年夜人们迎接新年倒计时活动的影响，比平日延迟至凌晨时分，而且微博数量也翻倍增长。

表 3-2-2 新浪位置微博发送量统计
Table 3-2-2 Sina location Weibo statistics

| 时间段 | 12 月 26 日 | 12 月 30 日 | 12 月 31 日 | 平均 | 合计 |
|---|---|---|---|---|---|
| 00:00—01:59 | 2 534 | 2 629 | 2 975 | 2 712.67 | 8 138 |
| 02:00—03:59 | 1 011 | 1 276 | 1 301 | 1 196 | 3 588 |
| 04:00—05:59 | 705 | 1 093 | 1 074 | 957.33 | 2 872 |
| 06:00—07:59 | 1 664 | 1 933 | 1 953 | 1 850 | 5 550 |
| 08:00—09:59 | 3 196 | 3 070 | 3 695 | 3 320.33 | 9 961 |
| 10:00—11:59 | 3 426 | 3 453 | 4 103 | 3 660.67 | 10 982 |
| 12:00—13:59 | 3 924 | 4 008 | 4 989 | 4 307 | 12 921 |
| 14:00—15:59 | 3 806 | 3 877 | 4 737 | 4 140 | 12 420 |
| 16:00—17:59 | 3 824 | 3 985 | 5 878 | 4 562.33 | 13 687 |
| 18:00—19:59 | 5 464 | 4 889 | 8 767 | 6 373.33 | 19 120 |
| 20:00—21:59 | 4 828 | 5 033 | 9 810 | 6 557 | 19 671 |
| 22:00—23:59 | 4 662 | 4 680 | 11 844 | 7 062 | 21 186 |
| 平均 | 3 253.67 | 3 327.17 | 5 093.83 | 3 891.56 | 11 674 |
| 合计 | 39 044 | 39 926 | 61 126 | 46 698.67 | 140 096 |

### 2. 微博分布与城市空间形态关系的宏观研究

这里以上海市中心城为例，从宏观层面上分析全市外环线范围内的微博分布总体规律，具体过程包括微博空间分布模式分析、微博热度分析、微博热点细分等。

1）微博空间分布模式分析

这里采用空间统计中的平均最近邻指标，考量微博在上海中心城区宏观尺度的空间分布模式。

执行 ArcGIS 的平均最近邻工具，对 12 月 26 日、30 日和 31 日三日的微博发布点全集进行计算，得到如图 3-2-9 所示的 HTML 报表。

从报表来看，微博分布的最近邻指数（平均最近邻比率）为 0.353 174，小于 1，说明其表现的模式为聚类；p 值（概率）小于 0.01，即置信度为 99%，可认为该模式是由随机过程创建的可能性非常小（低于 1% 的概率）；Z 得分为 −463.160 097，远小于临界值 −2.58，再次证明所观测到的空间模式非常罕见，不可能是随机过程产生的结果。

综上所述，位置微博的分布具有统计显著性的空间结构。

2）微博热度分析

微博的空间分布模式体现出聚集型空间结构，说明某些潜在的空间过程在发挥作用。为确定在哪个距离处促进空间聚类的过程最明显，需对其聚

平均最近邻报表

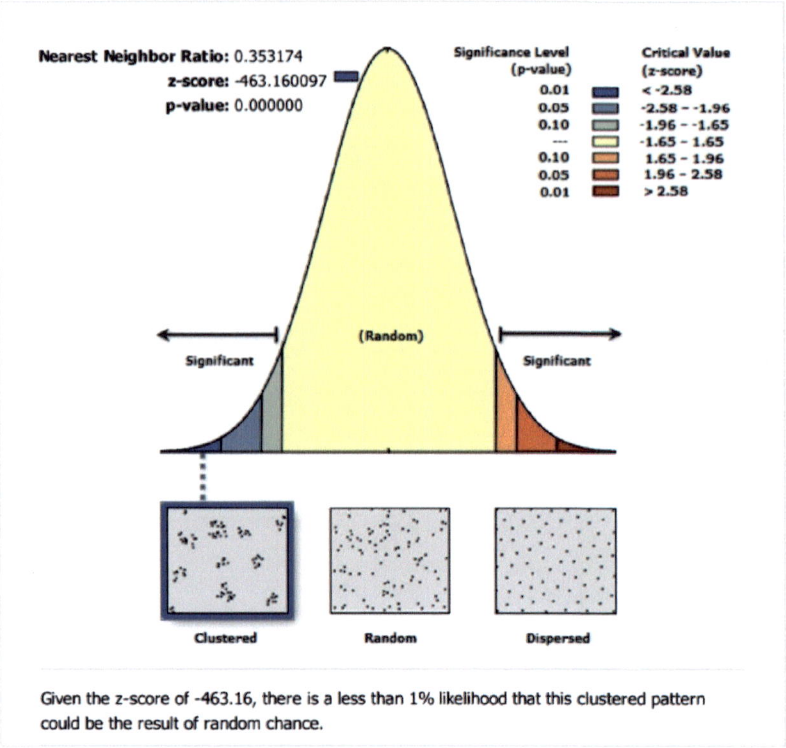


平均最近邻报表

| | |
|---|---|
| **Observed Mean Distance:** | 0.000177 Degrees |
| **Expected Mean Distance:** | 0.000501 Degrees |
| **Nearest Neighbor Ratio:** | 0.353174 |
| **z-score:** | -463.160097 |
| **p-value:** | 0.000000 |

数据集信息

| | |
|---|---|
| **Input Feature Class:** | 微博点3日_all |
| **Distance Method:** | EUCLIDEAN |
| **Study Area:** | 0.140453 |
| **Selection Set:** | False |

图 3-2-9　新浪位置微博（三日汇总）平均最近邻的 HTML 报表
Fig. 3-2-9　Sina location Weibo (three-day sum) average nearest HTML report

集状态做更加深入的研究。

在完成微博坐标数据可视化的基础上，通过计算将原始散点转化为单位面积内的微博数量，即微博密度，并以冷暖渐变颜色填充，形成新浪位置微博热度图（图 3-2-10），便可清楚地看出微博的聚集簇团的规模和所在。

从中看出，微博热度较高的红色区域在上海市内环线以内较为集中，且规模较大、范围较广，在市中心的人民广场、南京路、淮海路、徐家汇、外滩、陆家嘴和世纪大道等地连结成片，在内环线以外呈现为独立散布的点状形式。

每天的热度分布情况均有所变化，尤其是 12 月 31 日受迎接新年夜的影响，微博热度相比前两日和平均状况骤增，但其热点所在位置基本一致。

3）微博热点细分

在微博热度分析成果的基础上，对代表热点的各个红橙色区域进行仔细判读并与真实地图对照后发现，所有微博热点可根据其主要的用地属性和功能，分为商业、高校、住区、医院和产业园区 5 个类别，共 60 个热点地区。

经统计，商业类微博热点共 30 个，数量最多，占全部微博热点的一半；其次为高校类热点和住区类热点，分别有 15 个和 9 个；医院热点和产业园区热点最少，分别仅有 2 个和 4 个（图 3-2-11）。

就其分布情况（图 3-2-12）而言，商业类微博热点在内环线以内的市中心地带聚集较多，而高校类微博热点多位于中心城外围地区，住区、医院和产业园区类微博热点位于中间地段和外围地区。

将商业类微博热点地区列表与上海市商业网点布局规划对比后发现，两者高度吻合相关，城市规划设计的商业空间正是微博群体聚集活跃的主要区域。

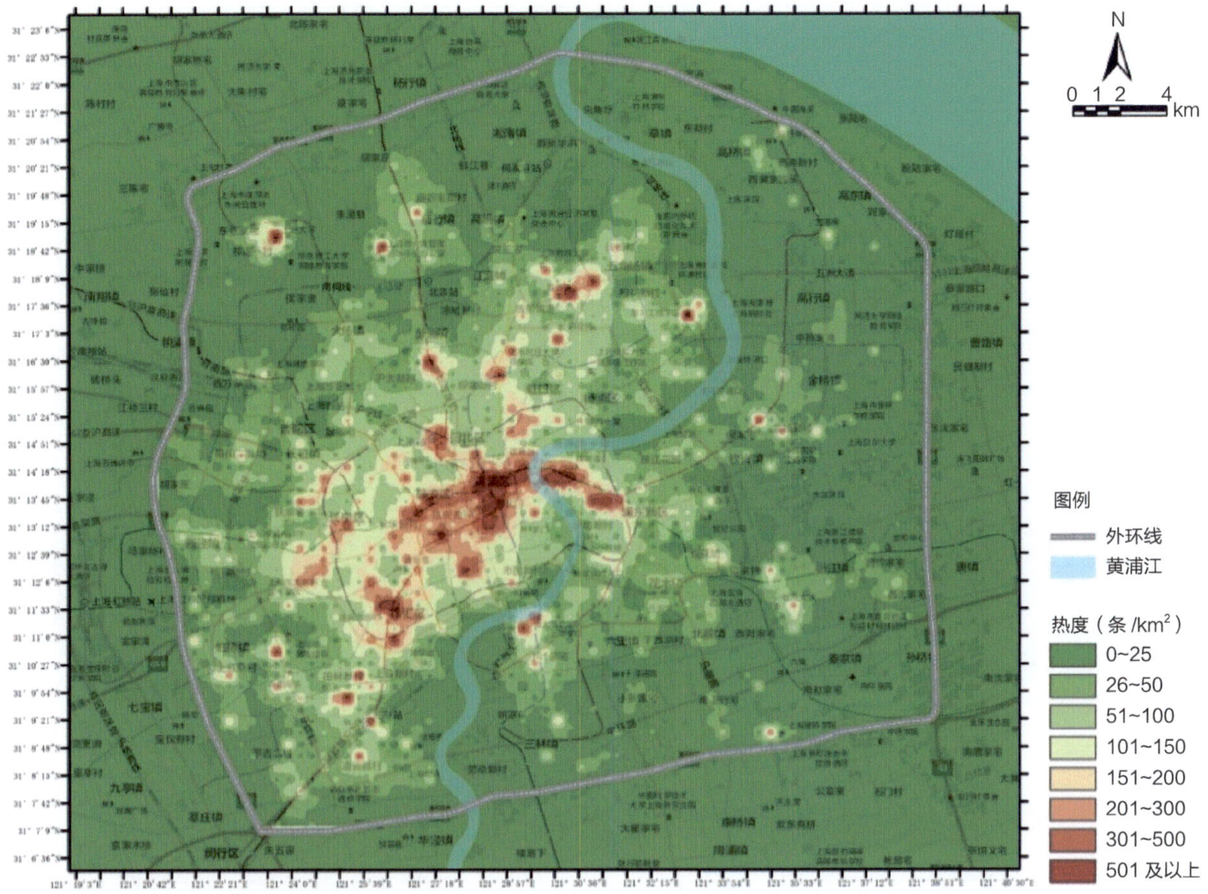


图 3-2-10　新浪位置微博热度图（26 日、30 日、31 日汇总平均）
Fig. 3-2-10 Sina location Weibo hotspots

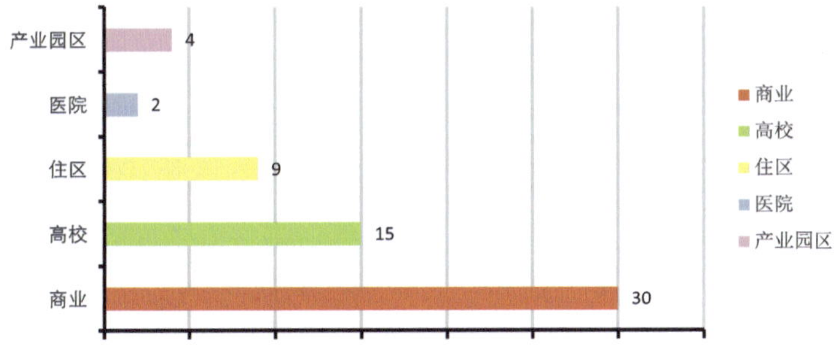


图 3-2-11　上海中心城各类微博热点数量统计（26 日、30 日、31 日汇总）
Fig. 3-2-11 Shanghai city center Weibo hotspots statistics

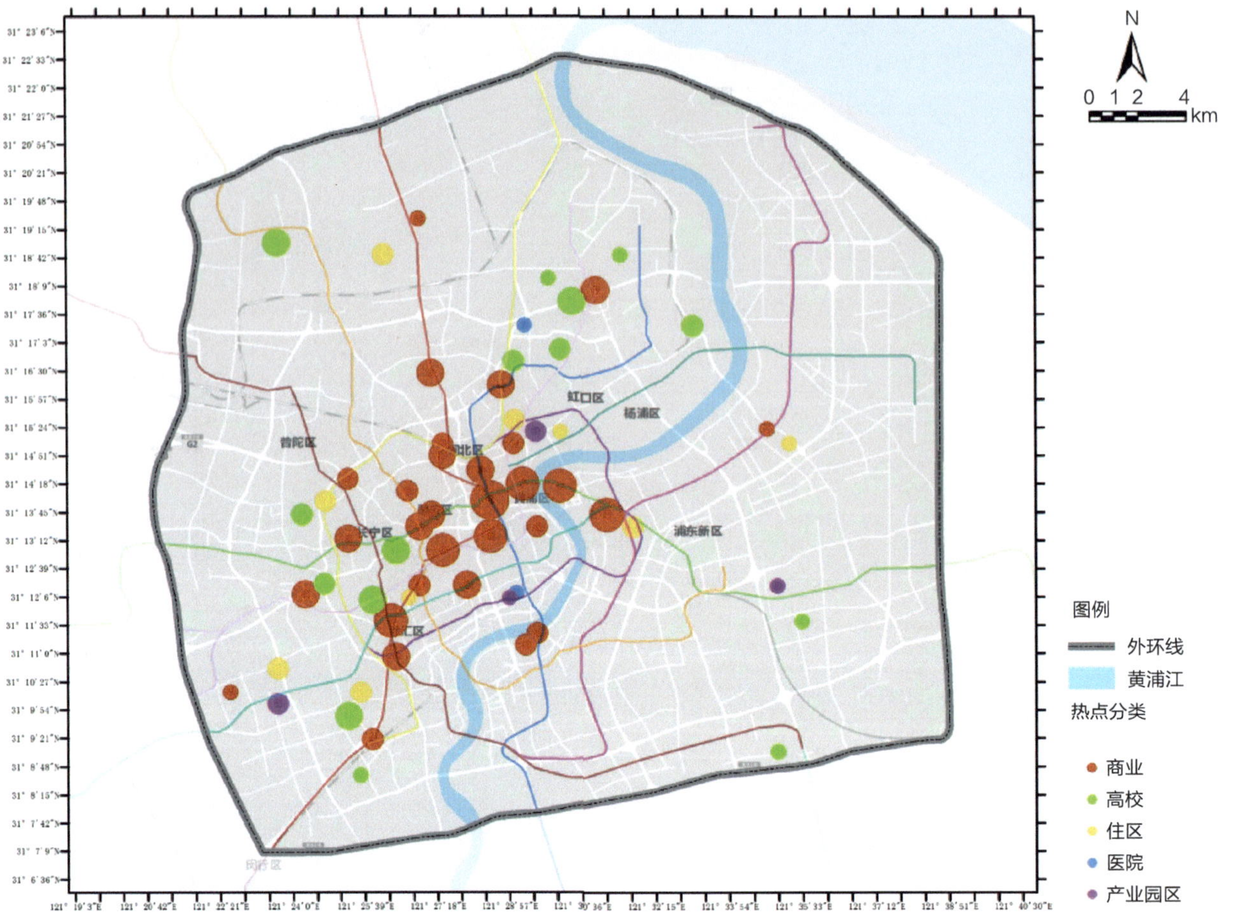


图 3-2-12　上海中心城各类微博热点分布图（26 日、30 日、31 日汇总）
Fig. 3-2-12 Shanghai city center Weibo hotspots distribution

### 3. 微博分布与城市空间形态关系的时空交叉研究

1）三维热地形时空序列模型的构建

将捕捉到的新浪微博位置数据分时段显示（每 2 h），按照时间先后顺序排布，形成时空序列。接着仿照微博热度分析方法，将各时段微博散点图转换为微博热度图，并进一步添加热度等值线。最后，将二维平面的微博热度图依据热度值进行高度拉伸，形成三维热地形时空序列模型（图 3-2-13~ 图 3-2-15）。

2）微博时空交叉分布演变规律

（1）平日演变规律

图 3-2-13 和图 3-2-14 记录了 12 月 26 日和 12 月 30 日两个工作日的微博热点时空动态演变过程。将图中出现的所有热点进行罗列，分为商业文娱、高等院校、交通枢纽、产业园区、居住社区五个类别，按照时间顺序以色块标记其在该 2 h 时段内活跃与否，汇总后得到微博热点平日持续时长统计表。可以看出：

在普通工作日期间，微博热点的持续活跃程度以商业文娱类热点最强，高等院校和交通枢纽类热点次之，产业园区和居住社区类热点较弱。

商业文娱类热点中，人民广场、陆家嘴、南京西路和上海体育馆 4 处全天 24 h 都保持微博高发的活跃状态，其余热点均存在 22 点至次日上午 8 点的沉寂期。

高等院校类热点的沉寂期较商业文娱类热点短，为凌晨 2 点至次日清晨 6 点。另外，其活跃度波动性较大，如 12 月 26 日 18 点至 19 点期间，上海师范大学出现了异常高的微博发布量，有可能是受到当日校园事件带动影响所致。

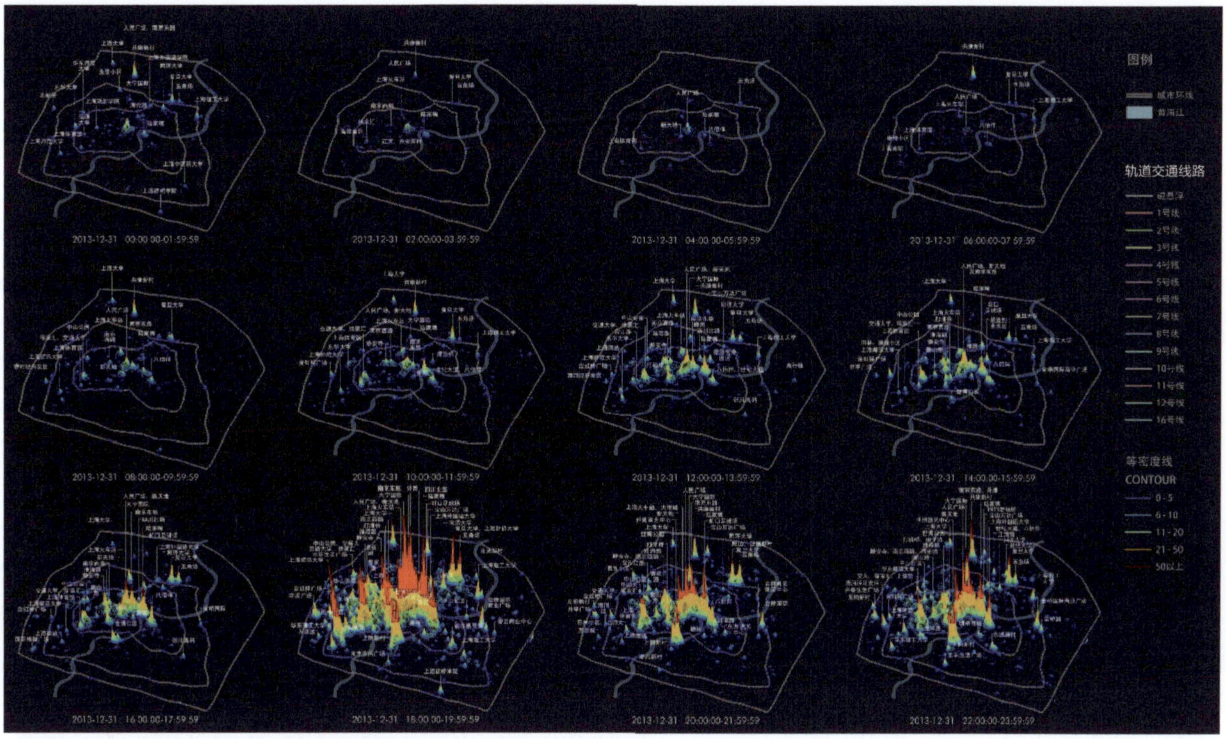


图 3-2-13　微博三维热地形时空序列模型（12 月 26 日）

Fig. 3-2-13 3D Weibo space-time series hot spot model (Dec. 26)

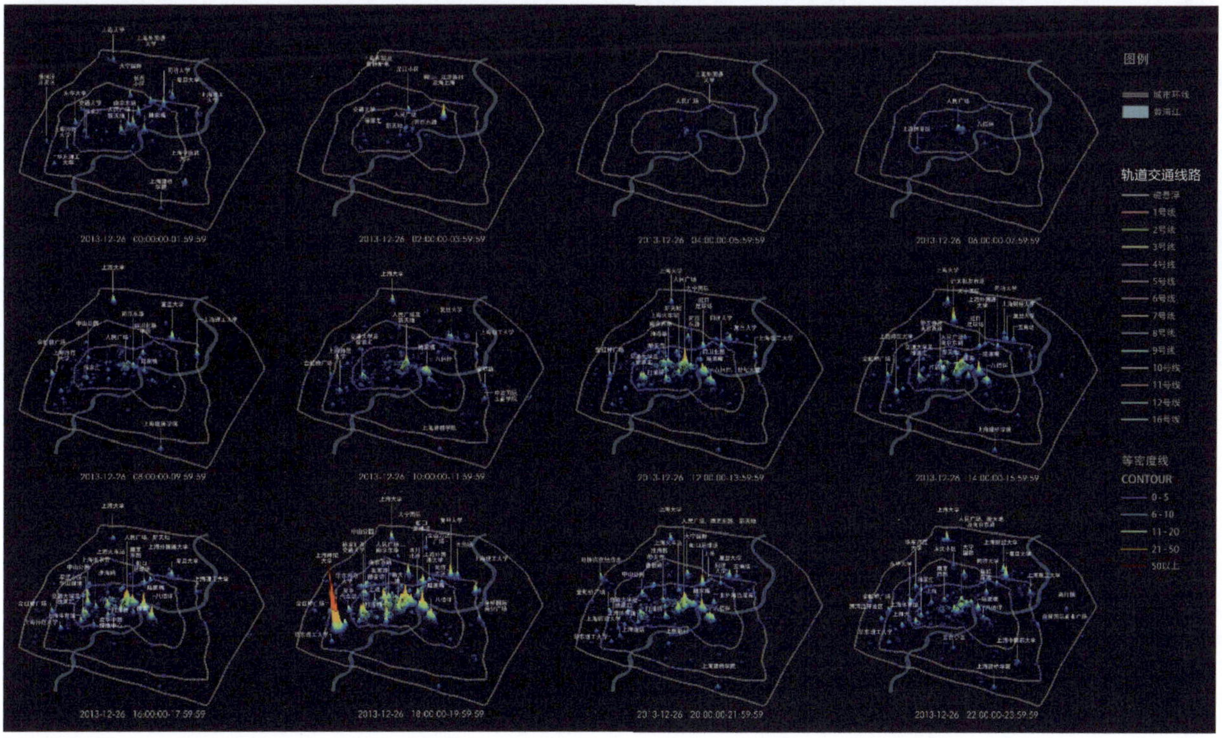


图 3-2-14　微博三维热地形时空序列模型（12 月 30 日）

Fig. 3-2-14 3D Weibo space-time series hot spot model (Dec. 30)

交通枢纽类热点的沉寂期与高校类似；而产业园区和居住社区热点仅在下午 4 点至凌晨 4 点期间，即傍晚和夜间，呈现出活跃性。

综上所述，微博热点平日时空演变规律为：位于市中心的人民广场、陆家嘴、南京西路等城市大型商业综合片区为全天候微博热区，从早上 6 点开始，分布在内环、中环附近甚至外环以外地区的高校逐渐活跃。其他商业片区从 8 点开始变热，形成从中心到外围、多点扩散的演变趋势，中午 12 点时各点热度达到较高规模，以中心热点领先，一直持续至晚上 20 点至 22 点，期间于 18 点至 19 点达到最热顶峰，22 点之后开始全体回落，中心点热度下降较快，周边高校的热度下降较慢，于 0 点以后才明显衰减，形成 22 点至 0 点的短暂高校热圈，2 点以后仅中心点和个别居住社区具有较低微博热度。

（2）特殊日演变规律

图 3-2-15 记录了 12 月 31 日的微博热点时空动态演变过程（当天为 2013 年最后一天，全市各地举办了跨年夜活动以迎接新年到来）。

从图表中可以看出：与普通工作日相比，特殊日（节假日）的微博热点数量显著增多，热点活跃的延续时间延长，尤其是商业文娱类和居住社区类热点，但总体时空演变规律基本一致。

具体而言，商业文娱类热点中，人民广场的活跃时长为全天 24 h，五角场、陆家嘴、上海体育馆、世纪大道和八佰伴的活跃时长达 20 h 以上，徐家汇、新天地、南京西路、南京东路和外滩的活跃时长达 18 h；大多数位于市中心（内环以内）的商业文娱类热点从早上 8 点开始活跃，位于城市副中心及周边地区的商业文娱类热点从中午 12 点或 14 点才开始活跃；其活跃状态从 16 点到 17 点期间开始加强，于 18 点到 19 点期间达到顶峰，并一直维持较高的热度直至 23 点到 0 点（普通工作日只到 22 点）。

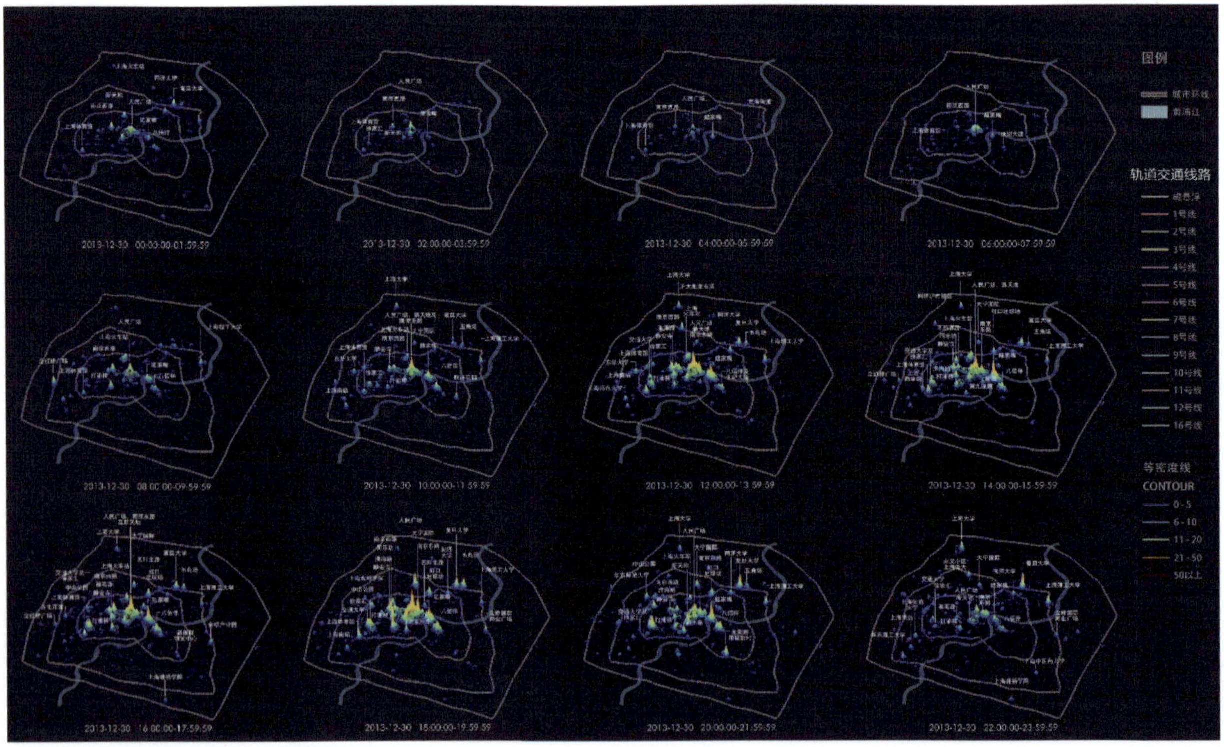


图 3-2-15　微博三维热地形时空序列模型（12 月 31 日）
Fig. 3-2-15  3D Weibo space-time series hot spot model (Dec. 31)

高等院校类热点的沉寂期时长较平日有所缩短，尤其是复旦大学，仅凌晨2点到3点间沉寂，其余时间均保持活跃，而上海交通大学和上海大学的活跃时长也达到18 h；大部分高等院校从10点到12点开始活跃，18点到19点、0点到1点为高峰期。

交通枢纽类热点（上海火车站和上海南站）的活跃期从6点持续到22点。产业园区类热点的活跃期为8点到24点。居住社区类热点的活跃期为18点至次日凌晨2点，与常规的休息睡眠时段相吻合，但共康新村显得较为异常，凌晨4点到5点、14点到20点之间沉寂，其他时间均高度活跃，与大多数热点的规律刚好相反。

4. 研究结论

在网络社会快速崛起和信息技术迅猛发展的时代背景下，本文从时间和空间、宏观和微观的不同尺度层级、定性和定量的不同视角方法，初步探讨了以新浪微博为代表的新兴社交传媒工具与城市物质空间之间的相互关系。本研究是对于虚拟与现实互动关联方式的一次有趣实验，也是对于信息技术与城市规划学科跨领域嫁接的一次探索性尝试。

### 3.2.4 采用德国的小城镇均衡发展模式

《概要》明确指出，上海的城乡空间格局应当考虑市域人口分布、空间格局和公共资源配置，通过划定生态间隔带、控制城镇发展规模、明确城镇公共中心，形成大中小城市和小城镇合理分工、协同发展的“多中心、组团式”网络化城乡空间格局。与此同时，建立“主城区一新城一新市镇一村庄”的城乡体系，差别化制定发展策略，缩小城乡差距，推动城乡统筹和一体化发展。

德国在其城镇建设和发展的道路上，既遵循了市场竞争的原则，也考虑了社会公共利益的需求，做到了统筹规划、协调发展，形成了具有代表性的均衡城镇化发展模式。[1]本节总结了德国小城镇均衡化发展的特点及其优势，探讨了该模式对上海空间布局的启示。

（1）德国小城镇发展主要特征

德国位于欧洲中部，国土面积35.7万$km^2$，2014年年底总人口达8 110万人，是欧洲人口密度较高的国家之一。德国的城镇布局相对合理，形成大中小城市并行发展的总体格局。其城镇化的主要特征如下：

1）城市规模小且数量多

目前，德国共有2 065座城市，其中，82个10万人口以上的行政区生活着2 530万人，占德国总人口的30%；其余人口则多数分布在2 000~10 000人的小型城镇里。在德国，列为全国主要城市的有36个，其中人口在百万以上的大都会仅有柏林、汉堡、慕尼黑和科隆，没有超大规模的城市。德国的11个大都市圈聚集着全国70%的人口，包括莱茵—鲁尔区、柏林—勃兰登堡、法兰克福—莱茵—美茵区、斯图加特、慕尼黑、汉堡，以及莱茵—内卡河区等。如杜塞尔多夫（德国第九大城市，位于莱茵河畔），市区人口仅约57万人，在以其为中心的方圆500 km范围内却是拥有1 150万人口的莱茵—鲁尔经济区[2]。

2）产业支撑能力强

德国城市化建设遵循“小的即是美的”原则，其产业政策的重点均以中小城市和小城镇为主，这些小城镇尽管规模不一样，但呈现出主导产业突出、特色鲜明的特点。大量的中小企业落户在德国小城镇，成为当地经济和就业的坚实支柱。一些人口只有数万人甚至几千人的小城镇，存在着几家

[1] 李英东，赵哲．大都市区的演进趋势与经济增长 [J]. 理论学刊，2016(3):60–67.

[2] 王鹏．德国城镇化建设的经验 [J]. 行政管理改革，2013(4):41–44.

在各自领域拥有着70%~90%市场份额的企业，且发展相当稳定，创造了大量就业岗位。大量中小企业的均匀分布，使得德国各地区的发展较为均衡，不同地区的贫富差距也很有限。

3）公共服务设施分布均衡

德国主要的行政机构、医院、大学和文化设施等公共资源分布在不同的地区，而非集中在某一两个大城市。同时，不管是城镇还是乡村，每个住宅区的设施规划齐全，没有质的差异。市场分布均衡，除综合性超级市场外，小城镇都设立就地交易市场，附近农场主可携带产品上市，直接交易，保证产品时鲜。老年人住宅区配置有相对集中的商店、文化和医疗设施，既照顾老年人特殊生理状况，又防止产生同年轻人的隔绝感。为振兴中小城镇，德国政府创造了各种物质和文化条件，缩小城乡和地区差异，满足当地居民合理的工作与生活需要。

小城镇发展不仅需要大量的建设资金，更需要大批优秀人才。人才的集聚，是城镇发展建设成败的重要因素。德国小城镇都具有规模不同、档次不等、数量较多的图书馆、歌剧院、体育馆等文化设施，同时建设大中小学校，以及各类职业、培训学校成为地方政府最主要的职责之一。因此，较为完善的文教机构也成为德国人口素质提升的一个基础性保障，培养出的高素质人才为德国城镇社会经济发展提供了有力支持。

4）自然人文景观保护完善

德国的中小城镇建设时，一般不进行大规模的场地平整，而是依山就坡、顺势而建，避免了对自然山水的破坏，丰富了城镇的景观，做到了人与自然的和谐统一。几乎所有的小城镇中，森林和花园总面积都占到1/3以上，环境优美，适宜人居，形成了“村庄城镇化，城镇村庄化”的风格。

德国小城镇还注重历史文脉传承，在城镇建设实施过程中，各地把对历史文化和对老街小巷的保护、修复作为重要内容。德国小城镇普遍具有古城风貌、风景如画的特点，很多城市以其传统的城镇肌理、宜人的空间格局、精美的城市建筑、丰厚的历史文化而闻名于世。它们既是城镇、建筑艺术的天堂，也是社会历史的缩影。

（2）德国小城镇发展特殊成因

1）历史渊源与法律约束

德国的城镇化是在一个四分五裂的国家内起步的。在19世纪初，德国尚存百余个封建领地，相当长时间内还保留着36个各自为政的小邦国。由于这些邦国都有各自的政治、经济中心城市，从而使德国的城镇化可以比较均匀地在全国铺开，布局较为合理。这是德国以中小城市为主体的均衡城镇化模式孕育的历史基础。

1960年，联邦德国颁布《联邦建设法》，以确保所有地区均衡发展和共同富裕，并大力发展中小城镇，限制发展超大城市，再次为构筑以中小城市为主体的均衡城镇化模式奠定了法制化基础。

2）城市规划的均衡理念

德国对土地利用和城市发展规划十分重视，各级政府都设有专管规划的组织机构。从联邦政府到乡镇政府，从大中城市到小村镇，土地利用规划、城市发展规划和小区建设规划，都已相对完备，形成体系。德国推行的地区发展规划，一直力图使地区城乡平衡发展，使城镇建设同经济、社会未来发展的要求相吻合。如科隆市在1975年制定、目前仍在推行的发展规划，就包括了城镇布局的均衡化——使城镇网更加均匀，包括中心城镇、基层小城镇，吸引人口分散和向边缘地区移动，并且辅以住房、交通、文化设施等相应配合。在这一理念主导下，小城镇星罗棋布而功能齐全，城市交通拥堵问题得以缓解。[1]

3）独特的工业化发展路径

[1] 石忆邵．德国均衡城镇化模式与中国小城镇发展的体制瓶颈[J]. 经济地理，2015(11):54–60, 70.

一般来说，发达的重工业是形成规模经济和集聚效应的基础条件之一。德国是一个制造业天国，制造业是德国经济的重要支柱。2011 年，德国的制造业（包括建筑业）产值占 GDP 的 26.8%。德国的工业以重工业为主，汽车、机械制造、化工、电气等占全部工业总产值的 40% 以上。食品、纺织与服装、钢铁加工、采矿、精密仪器、光学，以及航空与航天工业也很发达。德国虽然拥有比较发达的重工业，却没有形成规模庞大的城市，其主要原因有：①德国中小企业多，工业结构布局均衡。德国大约 2/3 的工业企业是雇员不足 100 人的小企业，但其专业化程度和技术水平均较高。②德国具有“注重追求产品质量和技术创新，而非单纯追逐产业的增长速度和经济规模”的领先的生产经营理念。长期以来，德国一直是世界上领先的创新型国家，形成了完善的官、产、学、研一体化的创新体系。③德国工业革命首先出现于煤炭、水力等能源资源丰富的小城镇而非大城市。④“先发展劳动密集型的轻工业，后发展资本密集型和技术密集型的重工业”的工业化战略和路径选择，有效增强了工业化快速发展时期农业剩余劳动力的非农就业能力和就近城镇化的机会。⑤德国工业化快速发展时期，人口流动呈现以个人的自发性流动为主、以近距离流动为主、以小城镇间的流动为主的特点，大规模的群体性流动或同乡团体性远距离流动较少。上述各种因素的综合作用，有效遏制了城市规模的盲目扩张和过度膨胀。

4）城镇化住房建设与管理多元化

住房是城镇化的一个核心问题。德国城镇化过程中，在城市管理、住宅建筑、城市布局等方面形成了“政府主导、多方参与、全面规划、综合治理”的多元化格局，住房问题的系统安排对小城镇的“去中心化”发展起到了重要的支撑作用。

1875 年，普鲁士制定了城市管理法规，规定对城市的扩建、管理，建筑住宅都必须进行统一规划。在建房之前，有关部门还要负责对移民进行调查，考核他们的住房情况，以便纳入住房系统。另外，针对农村移民的住房问题，德国还提供了大量福利性质的住房，并由市政当局管理。

此外，由于政府、企业以及建筑协会等方面的共同参与，德国劳动者的住房问题得到了缓解。这对城镇发展的去中心化起到了关键的推动作用。德国各州法律明文规定，各个城市代表机构对城市房产都享有一定的份额。因此，国家、城市和各大企业及个人从不同的方式参与城市住宅建设，各方有权商议购买土地和建房的价格，以便达到多方共赢。由于住所离工厂近，有利于工人上下班，节省往返时间，减少交通压力，不少企业家在建立工厂的同时便已开始给工人建造住房，相当数量的新工业城镇和农村建起了大量

**邹德慈　院士**
中国城市规划设计研究院学术顾问

我国信息化的建设速度和发达程度在世界上都是领先的，我国已经有 300 多个城市打着建设智能城市的旗号建设信息化网络。然而，依然缺乏智能城市的国家顶层设计和规划，大量重复建设已经显现，城市的智能化建设必须避免这一点。

住宅。[1]

（3）对上海城镇化发展的启示

1）明确空间发展策略，推进城镇组团式发展

德国的“多中心”城市圈发展模式，通过统筹城乡，将小城镇有机地组合进城市圈，注重城市圈内各个组成部分功能明确、分布合理、互补共生、均衡发展，其实质就是一种城镇组团式发展形态。德国城镇化之路表明，这种模式既可获取城镇化拉动发展之利，又能摒弃“大城市病”的诸多弊端。上海在《概要》中就明确了以新城和重点新市镇为核心的城镇组团式发展模式。按照居民交通出行的活动规律，有效配置公共服务资源，打造就业、生活、服务均衡发展的嘉定、青浦、松江、南桥、南汇、金山、城桥等城镇圈，统筹周边的新市镇和乡村地区的公共服务设施配置，促进城镇圈内产城融合、职住平衡、资源互补、服务共享。

2）强化产业培育，注重城镇可持续发展

德国的经验表明，小城镇的可持续发展必须有产业支撑。著名经济学家缪尔达尔的城市发展积累因果理论认为，当城市发展到一定水平时，决定城市增长的能力取决于城市能否形成一种繁荣的主导产业，因为这一产业将会派生出新的产业，而新的产业又能形成一种繁荣的主导产业及其派生出的新产业。这种累积和循环的产业发展过程将推动城市不断向前发展。上海郊区小城镇的产业培育，要在明确城镇功能定位的基础上做好产业发展规划，完善配套设施，改善发展环境，探索健全多元化投入机制，出台扶持创业的优惠政策，构建进城人口的职业培训体系，把新型城镇化与调整产业结构、培育新兴产业、发展生态服务业、促进就业创业结合起来，走产业生态化之路，推进城镇建设和产业培育的融合发展、同步发展、协调发展。

3）加强基础配套建设，优化投资环境

要通过完善基础设施建设，加强服务，吸引投资。强化交通网络支撑，结合新城和重点新市镇的公共中心布局区域性交通枢纽，提升轨道交通对城镇圈的服务覆盖。加强新城、重点新市镇对于周边城镇和乡村地区的公交网络便捷服务，实现城镇圈内公共交通出行 30 min。共享公共服务设施，选择交通区位良好地区设置高能级公共服务设施，配置与城镇功能相匹配的公共服务类型，实现城镇圈内公共服务均等化和特色化，鼓励设施和服务的共享互通。促进城镇圈与近沪城镇在公共服务设施上的共建共享。促进环境品质提升，发掘地域文化，塑造特色，形成网络化的绿道和生态格局，提高城镇圈内生活和环境品质。

4）以人文本，提升公众生活满意度

“人的城镇化”是城镇发展的核心。德国的发展经验表明，既要在城镇设施上充分体现人性化理念，又要重视进城人口的和谐融入。一方面，要通过生产方式的转变带动农民生活方式的转变，加强村庄分类引导，改善乡村人居环境，保护传统风貌和自然环境。另一方面，要加大城镇基础设施和公共服务网络体系建设，加快提升公共服务能力，稳步推进包括劳动报酬、劳动保护、子女教育、医疗服务、社会保障等基本公共服务和公共产品逐步由户籍人口向常住人口全覆盖，让转移人口全面共享城镇文明成果，让人们在城镇中更好地生产、生活。

[1] 蒋尉．欧洲工业化、城镇化与农业劳动力流动 [M]．北京：社会科学文献出版社，2013.

张杰　院士
哈尔滨工业大学教授

地球上水循环包括自然水循环和社会水循环。社会水循环是指在自然水循环的径流中，人类为了生活和生产，从河川或地下水体中取水，使用后的污水经处理后又排回水体，这就形成了人类从事活动的水循环。水危机主要表现为水资源短缺和水质污染。

根据社会用水健康循环的理念，人类社会用水必须从“无度开发→低效利用→高污染排放”的直流式用水模式转变为“节制取水→高效利用→污水再生循环利用”的循环型用水模式，使流域内城市群间能实现水资源的重复与循环利用，使社会用水循环和谐地纳入自然水循环之中。

社会用水健康循环的战略包括：

战略一：节制社会循环流量。节制用水是从社会可持续发展、水资源可持续利用和水环境健康的高度出发，在水资源开发利用的过程中，不仅仅要节省用水，更要在宏观上节制自然水的开采量，控制社会水循环的流量，减少对自然水循环的干扰。

战略二：城市水系统健康循环。城市水系统健康循环战略任务包括：城市水资源流的再生与再循环、城市水系统物质流植物营养素健康循环、建立循环型城市水系统模式、恢复城市雨水循环的自然通道。

战略三：污染物源头分离。建立生态工业体系。生态工业体系是工业循环经济的最高境界，是仿照自然界生态过程物质循环的方式来规划工业生产系统的一种工业发展模式。在生态工业体系中，各生产过程通过物质流、能量流和信息流互相关联，一个生产过程的废物可以作为另一个过程的原料加以利用。

战略四：农业面污染控制。农业面污染是最广泛、最严重的面源污染。改善肥料结构，减少化肥施用量，增加有机肥施用量，是削减农业面源污染、保护耕地安全和人民健康的重要措施。

战略五：流域综合管理。流域综合管理中坚持生态环境用水优先、社会公平、经济发展的原则，建立权威的流域水事管理机构。

# 3.3 问题三：副中心发展不均衡
Unbalanced Development of Sub-CBDs

### 3.3.1 上海城市副中心规划建设现状与现实存在差距

《上海市城市总体规划（1999—2020年）》明确了上海市中心城“多心、开敞”的布局结构。“多心”就是指由市级中心、副中心以及地区级、社区级中心等组成公共活动中心体系，共同承担服务全国、面向国际的综合服务功能。其中，市级副中心有四个，分别为徐家汇、江湾－五角场、真如和花木（图3-3-1）。根据规划，四个副中心用地为9.5 km$^2$，上海的城市结构将由“单中心”向“多中心”转变[1]。

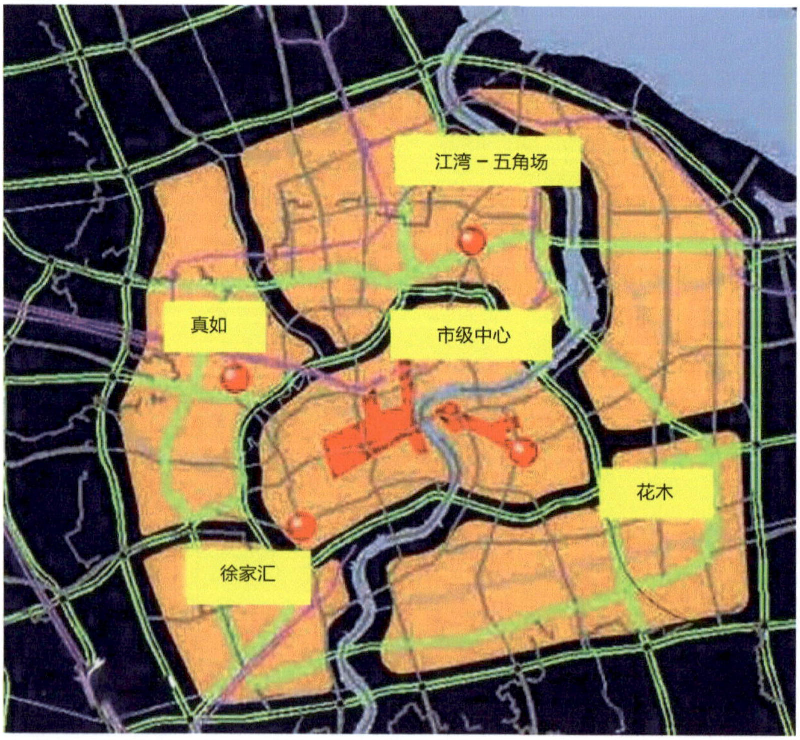


图3-3-1 上海“一主四副”总体框架
Fig. 3-3-1 Shanghai urban structure

四个副中心的规划情况为：

①徐家汇城市副中心服务西南地区，规划定位为城市文化、体育、商业中心，徐家汇区域的定位则是“综合服务功能完备、辐射力强的现代化城市副中心”。

②江湾－五角场副中心服务东北地区，规划定位为以知识创新为特色的城市公共活动中心，以科教为特色的现代服务业聚居区，规划用地约2.3 km$^2$。

③真如城市副中心，规划定位为服务长三角的开放性生产力服务中心和服务上海西北地区的城市公共活动中心。

④花木城市副中心服务浦东地区，规划定位为浦东新区行政文化中心和市民公共活动中心，以发展政务、文化、会展为主体。

上海中心城区副中心的规划建设发展程度不同。目前，

[1] 刘士林. 2007中国都市化进程报告[M]. 上海：上海人民出版社，2008.

徐家汇副中心相对比较成熟，其余三个副中心——花木、江湾－五角场和真如，并未达到规划预期，上海多中心城市结构还未形成，单中心城市蔓延趋势仍然明显。

另外，现实中有的区位应该设置城市副中心来承担城市中心的功能和分解人口流量等，但是缺乏相应的城市副中心。城市总体规划确定的城市中心体系需要加以适当调整。

## 3.3.2 上海城市副中心发展现状与条件评析

### 1. 研究目的和意义

单中心的城市空间格局使中心城区承载能力接近饱和，而郊区发展水平相对较低，限制了综合承载能力的提升。自从上海规划四个副中心以来，徐家汇和花木已基本建成，五角场正在建设之中，真如规划已通过并开始实施。但是建设城市副中心的过程当中，对于副中心是否真正起到了承担中心功能、疏解市中心负荷过重的作用，功能齐全还是以哪些功能为主，是否如期达到了规划中的定位与目标，完成的程度如何，还需要验证。本文通过运用大数据的分析手段对目前中心城四个副中心的发展现状进行定量描述，借用城市副中心服务设施、人活动分布、购房意向、交通和环境条件比较等对各个副中心的发展现状和潜力进行分析，指出各个副中心发展中存在的问题，并提出相应的对策（图 3–3–2）。

### 2. 上海城市副中心发展现状评析

（1）基于百度城市服务设施 POI 数据的核密度估算分析

作为城市政治、经济、文化活动中所产生的物质流、人口流、交通流、信息流的庞大载体，城市服务设施已成为当今城市赖以生存和发展的重要基础条件。城市服务设施数据 POI 涵盖了城市各类设施

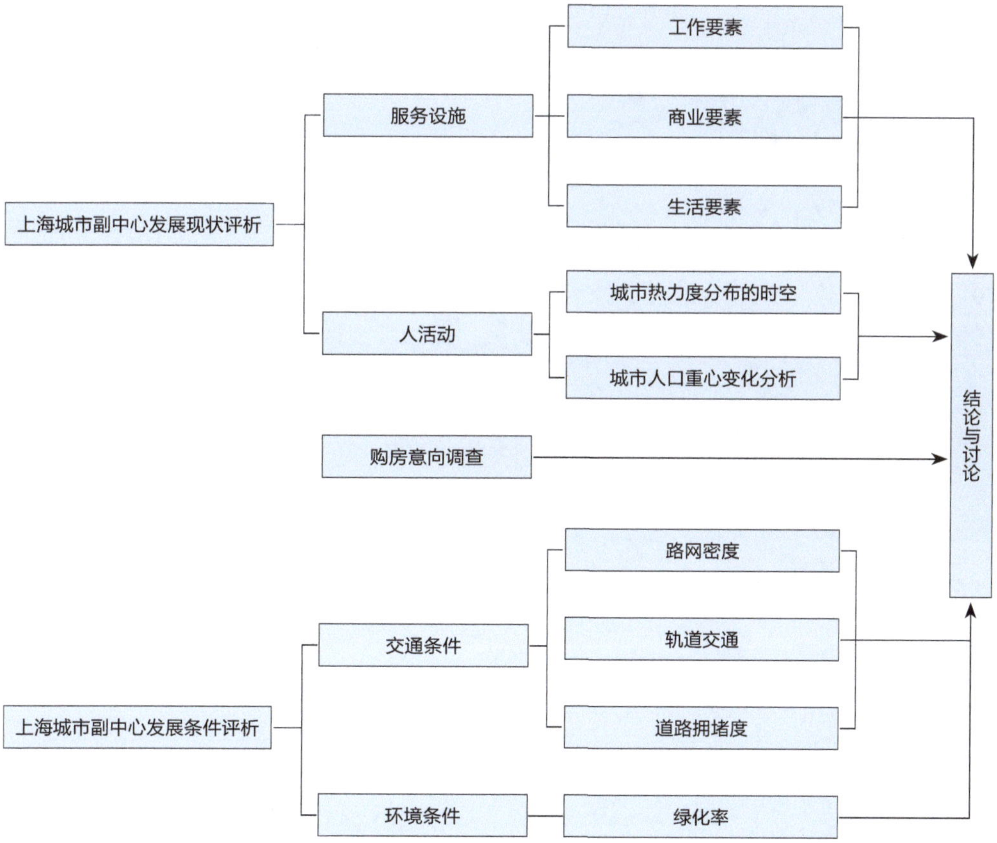


图 3–3–2　技术路线图
Fig. 3–3–2 Technology roadmap

的位置信息与属性信息，在城市基础设施数据库中占有重要地位。利用城市空间分析方法研究这些数据点的地理分布特征，可以为城市规划、决策，以及向社会提供社会、经济、文化等统计数据分析服务方面发挥重要作用。

近年来，百度 POI 数据在微观城市研究中的应用逐渐增多，本节基于 Python 编写百度 POI 数据抓取程序，进而从百度地图位置服务动态读取接口，采集包含地理坐标的上海市外环线内所有服务设施点数据，共计 355 502 个。根据原始数据的类别属性，可将 POI 数据划分为 11 大类（图 3-3-3）。

图 3-3-3　上海市 POI 分布
Fig. 3-3-3 The distribution of Shanghai POI

1）研究方法

密度分析是基于空间平滑及空间内插技术的统计分析过程。与原始散点图对空间现象分布的简单表达相比，密度可以作为更精确的分析工具对空间特征分布作深层次的特征规律信息挖掘，特别是在完全空间随机（CSR）的假设模式下，验证聚集或规律的空间分布特征。常用的点密度计算方法有样方密度、基于 V 图密度和核密度法，其中核密度法（kernel density estimation）顾及了地理学第一定律的区位影响，其密度分析结果表现出了距离越近的事物相关性越大的特点，考虑了设施点对它周围位置服务影响的距离衰减作用。

通过在上海市域范围内建立 1 km×1 km 格网，计算格网内不同属性的 POI 数量，并采用 ArcGIS 的 Spatial Analyst 工具箱内的核密度分析工具，对每种类型的服务设施的空间分布进行分析。

采用 ArcGIS 的 Spatial Analyst 工具箱内的栅格计算器工具，分别计算徐家汇、江湾－五角场、真如和花木这四个副中心 3 km 范围内的每种属性的 POI 数据经过核密度计算后的平均值（图 3-3-4）。为作进一步研究，选取八种数据按照工作要素、商业要素和生活要素分为三类，分别计算每种要素的核密度平均值。

核密度方法的计算方程可以表示为：

$$f(s)=\sum_{i=1}^{n}\frac{1}{n^2}k\left(\frac{s-s_i}{n}\right) \quad (1)$$

式中　$f(s)$——空间位置 $s$ 处的核密度计算函数；$h$——距离衰减阈值；$n$——与位置 $s$ 的距离小于或等于 $h$ 的要素点数；$k$——空间权重函数；$s_i$——核心要素。

2）诊断结果

从总量上看，徐家汇和江湾－五角场副中心周边服务设施分布的密集程度远高于真如和花木副中心。徐家汇地区在经过多年的发展后，已成为上海目前发展比较成熟的市级商业中心、商务中心和公共活动副中心。徐家汇副中心周边各种要素的空间分布密度都普遍

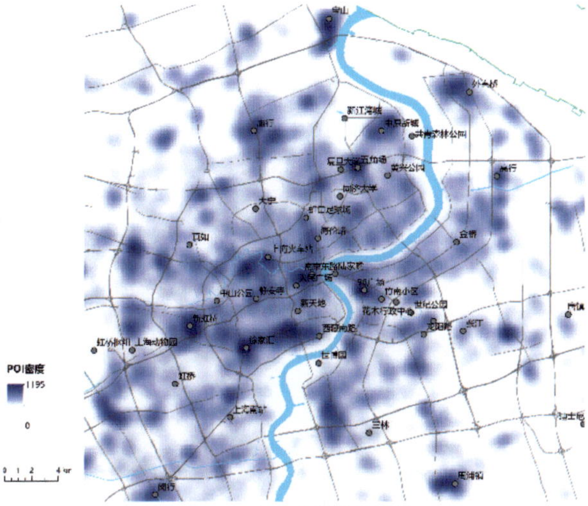

（a）服务实施总量

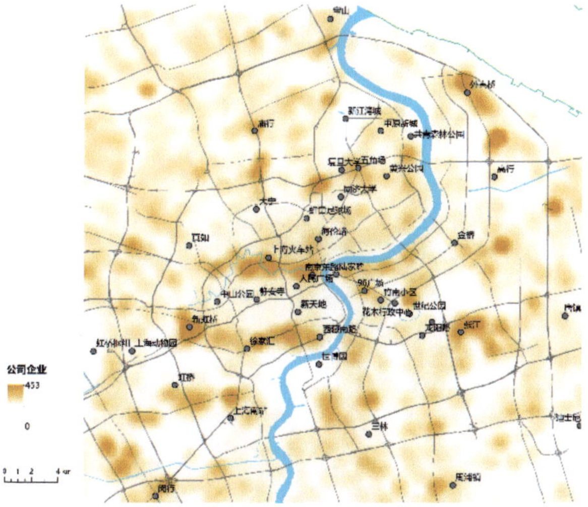

（b）公司企业

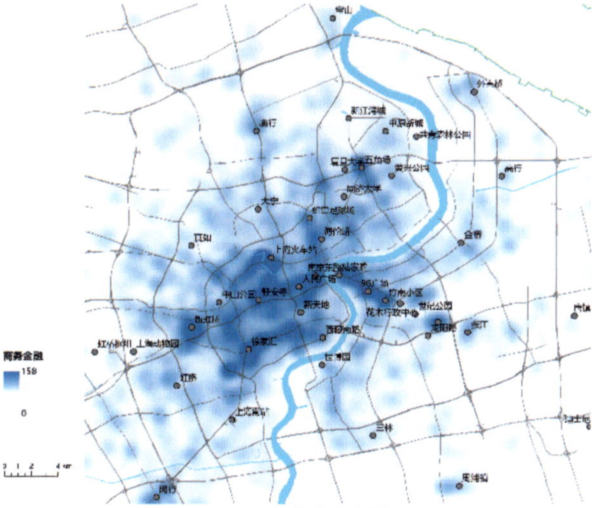

（c）商务金融

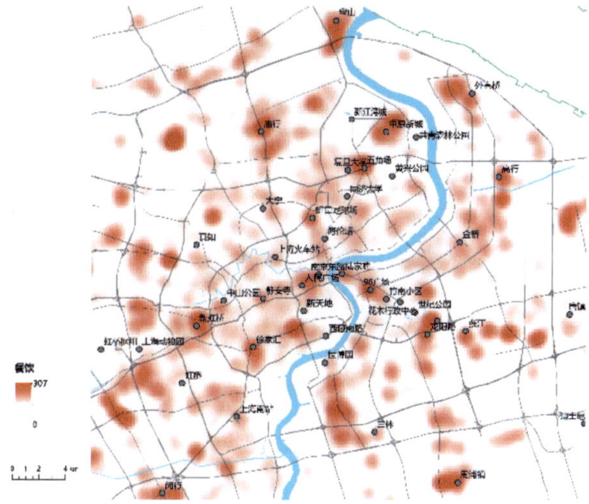

（d）餐饮

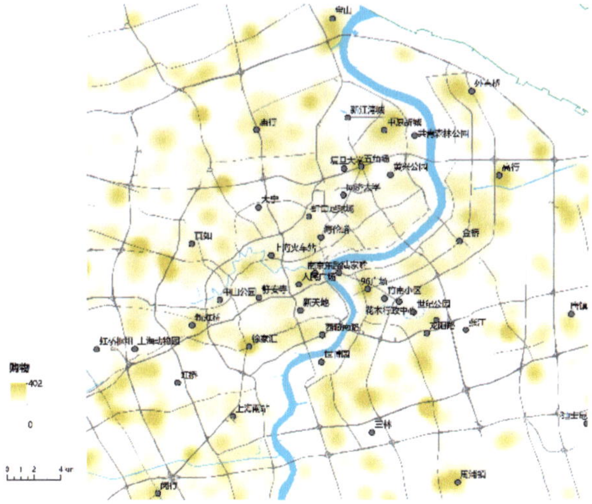

（e）购物

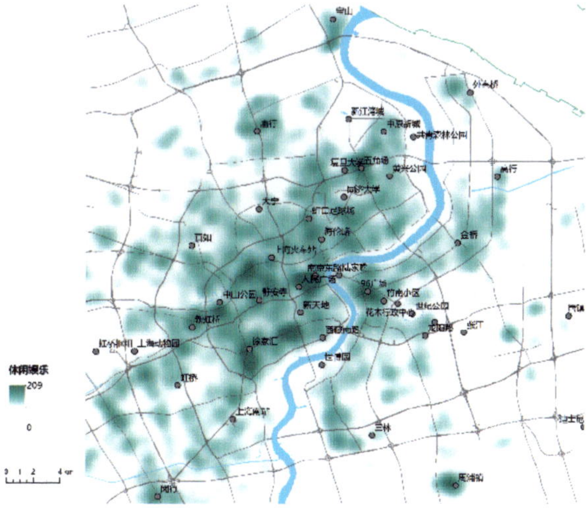

（f）休闲娱乐

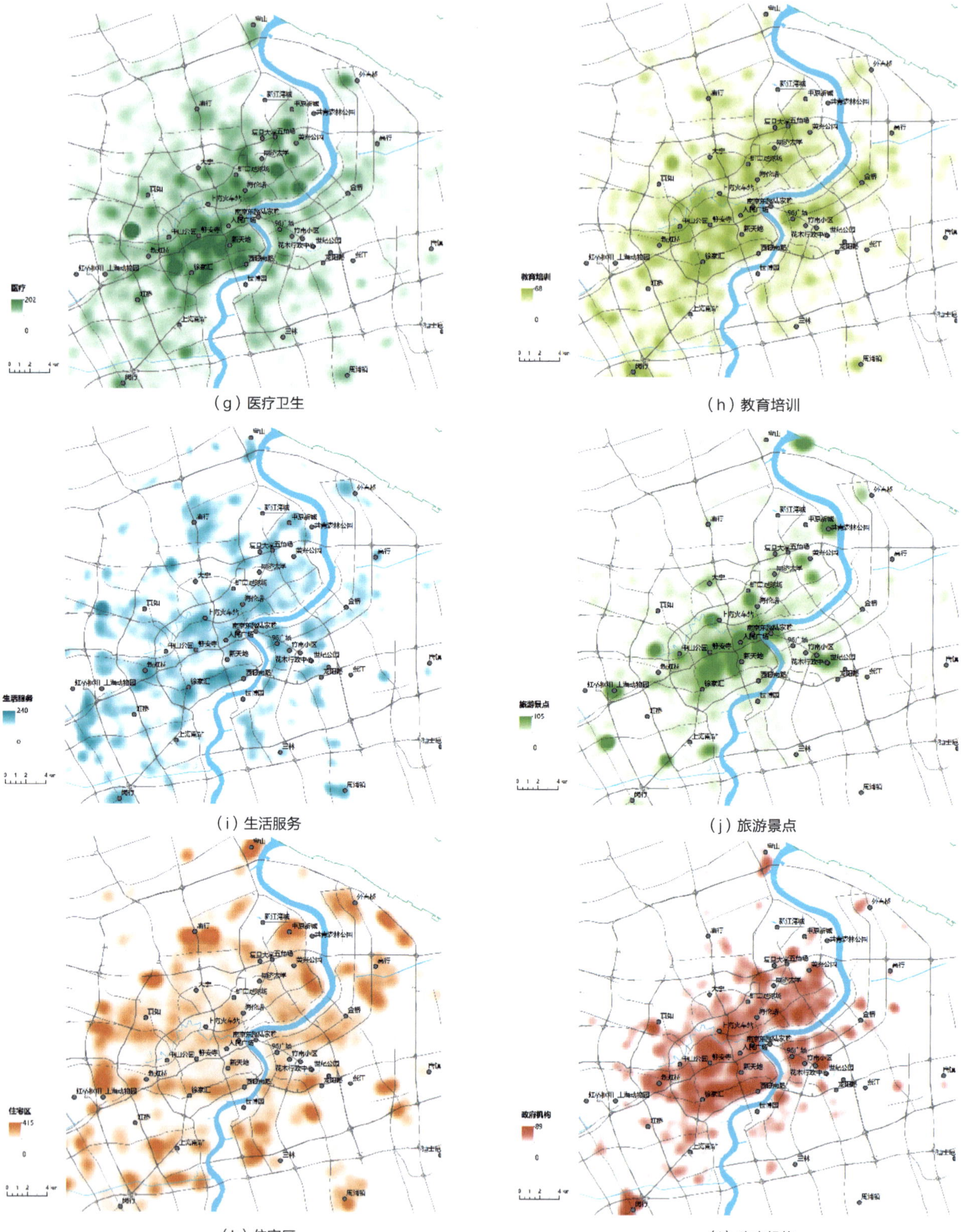

（g）医疗卫生　（h）教育培训

（i）生活服务　（j）旅游景点

（k）住宅区　（l）政府机构

图 3-3-4　百度 POI 核密度分析

Fig. 3-3-4  Baidu POI KDE

高于其他三个副中心，这也说明了徐家汇除了承担商贸、办公、居住等功能外，也包含了大量与市民生活相关的公共活动功能，综合资源优势明显，有助于徐家汇副中心的长久发展。

江湾－五角场的发展与徐家汇相比较晚，但规划起点更高，理念上是要构筑和复旦大学、同济大学等高校相结合，形成校园、知识产业园区、现代生活区和商业区融为一体，互相呼应发展的综合模式化城市副中心。目前江湾－五角场副中心周边商业要素的分布密度已经和徐家汇基本持平，但由于其消费群体短期内主要依靠周边区域客户，消费水平相对较低，因此商业要素中餐饮类的服务设施所占的比例较高。知识型生产性现代服务业聚集区是五角场城市副中心的特色功能，周边规划的创智中心、创智坊、创意科技园等项目已经初具规模，汇集了国内外一批高科技企业的研发部门和设计创意中心的入驻。江湾－五角场副中心公司企业POI点的空间分布密度已经明显高于其他副中心，但与其配套的商务金融类设施的密度与徐家汇相比还有待提升。江湾－五角场副中心周边的住宅主要以次新房和老工房居多，且3 km范围内所辐射到的住宅比例较低，因此其生活要素类服务设施的空间分布密度相对适中（表3-3-1、图3-3-5）。

花木作为上海城市副中心之一，主要以行政文化中心和市民公共活动中心为主导功能。花木的政府机构POI点的空间密度在四个副中心中较高，拥有包括浦东新区政府、公检法、人大、政协，上海市证监会、保监会、银监会，上海市出入境管理局等多家机构。凭借着自身优势，花木吸引了星河湾、仁恒、大华、和记黄埔等多个高端住宅项目落

表3-3-1　副中心3 km范围内各类POI核密度平均值
Table 3-3-1 Average KDE values of POIs by categories within 3 km away from sub-center

| 设施 | 徐家汇 | 五角场 | 花木 | 真如 |
|---|---|---|---|---|
| 公司企业 | 77 | 91 | 23 | 22 |
| 商务金融 | 99 | 65 | 24 | 11 |
| 工作要素合计 | 176 | 156 | 47 | 33 |
| 餐饮 | 108 | 137 | 18 | 28 |
| 购物 | 167 | 148 | 9 | 33 |
| 休闲娱乐 | 106 | 98 | 20 | 34 |
| 商业要素合计 | 382 | 384 | 48 | 96 |
| 医疗卫生 | 31 | 31 | 3 | 15 |
| 教育培训 | 31 | 27 | 5 | 3 |
| 生活服务 | 121 | 97 | 41 | 59 |
| 旅游景点 | 13 | 3 | 19 | 1 |
| 生活要素合计 | 183 | 155 | 49 | 77 |
| 住宅区 | 44 | 18 | 2 | 37 |
| 政府机构 | 41 | 21 | 38 | 22 |
| 总体密度 | 846 | 744 | 204 | 274 |

户，形成了一个新兴的高端居住社区。虽然花木定位高端，住宅项目发展成熟，但作为副中心而言，花木的服务设施较为单一，与徐家汇和江湾－五角场相比仍有很大的差距。目前，花木板块内的商业项目主要有喜马拉雅中心、联洋广场、嘉里中心、大拇指广场等。这些商业中心与板块内的住宅相匹配，定位高端，各有特点，但项目体量不大，以社区商业项目为主，在空间分布上较为分散。此外，花木地区的生活服务设施配置数量和密度都相对较低，旅游景点类的设施在数量和空间上占了相当大的比重，而医疗卫生和教育培训方面的设施相对稀缺。

真如是上海最晚开发的城市副中心，位于上海中心城市的西北部，是重要的大型聚居区，住宅区的分布密度仅次于徐家汇副中心。由于聚集大量人气，真如周边已经配有一定量的服务设施，其中商业类服务设施的比例较为均衡，而生活类服务设施以医疗卫生和生活服务为主。真如副中心的功能定位之一是建成为辐射长三角的开放性生产力服务中心，但从目前来看，其工作类服务设施的数量和密度都明显落后于其他三个副中心。因此，若想实现产业功能集聚，着力提高商务办公类配套设施的体量应成为真如副中心未来发展的重点之一。

（2）基于百度热力图的人活动分析

百度热力图是百度在2014年新推出的一款大数据可视化产品。该产品以百度地图LBS平台手机用户地理位置数据为基础数据源，通过叠加在网络地图上的不同色块来实时描述城市中人群的分布情况，最终呈现给用户空间上不同程度的人群集聚度。

可视化之后源数据以客户的直观感受为主，缺乏量化说明，而且移动数据代替真实人口分布也存在一定误差，因此在时空分布上的绝对值没有意义，而对于数据的相对比较值则有一定的参考意义。

研究截取2015年9月3日至9日共672幅热力图（图3-3-6~图3-3-8）作为原始数据。首先对原始数据进行地理定位、投影与矢量化。地理定位以Open Street Map开源地图的道路网为基准。投影坐标系选择WGS84墨卡托坐标系。矢量化即以不同颜色为区分，分为7个等级，如图3-3-6所示，密度越高越趋向于红色，而密度越低越趋向于蓝色。

可以看出，上海是典型的中心辐射城市，热点以人民广场向外逐渐减弱。四个副中心中，五角场与徐家汇在全天时段都有一定的人气，但并没有与市中心形成多极，而真如附近的密度较低，花木副中心浦东行政文化中心与市民公共活动中心的功能定位也决定了花木附近的工作日人口密度较低。

为研究上海市通勤行为，本文将24 h分为7:00—19:00与19:00—次日7:00两个时段，分析两个时段人口密度的变化。首先建立一个500 m×500 m的格网，统计每个格网内对应时段的平均值，再计算白天与夜晚密度值的比率（图3-3-7）。在工作日，明显看出上海市职住分离

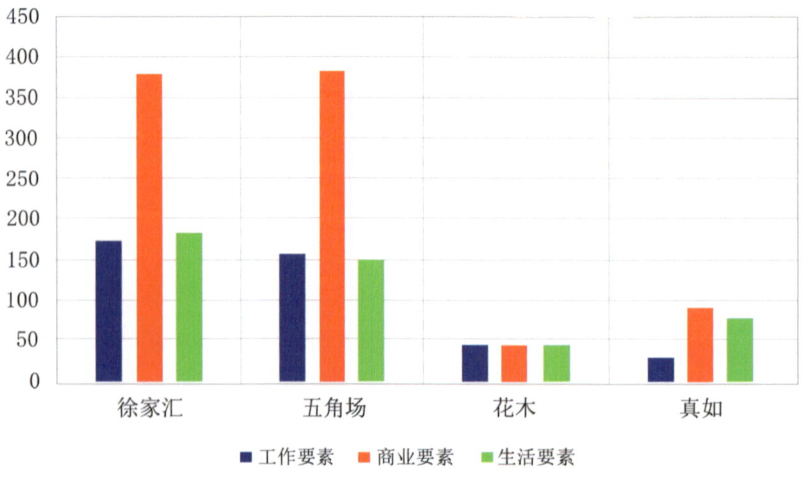


图3-3-5　副中心3 km范围内服务设施要素核密度平均值
Fig. 3-3-5 Average KDE values of POIs by categories within 3 km away from sub-center

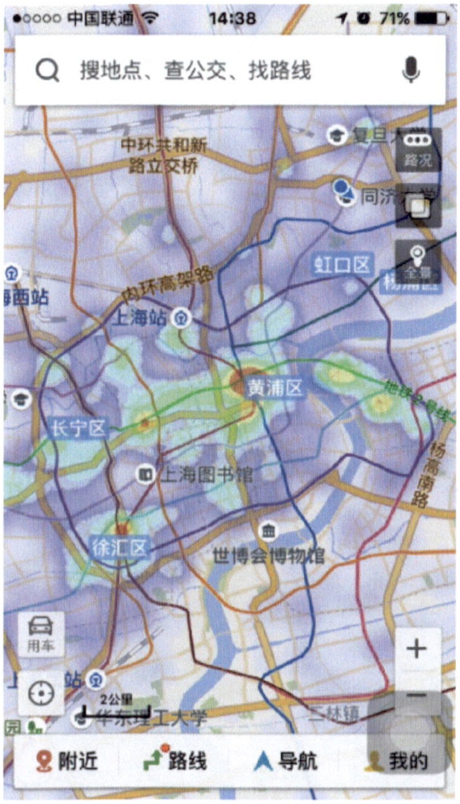


图 3-3-6　百度地图热力图
Fig. 3-3-6 Baidu heat map

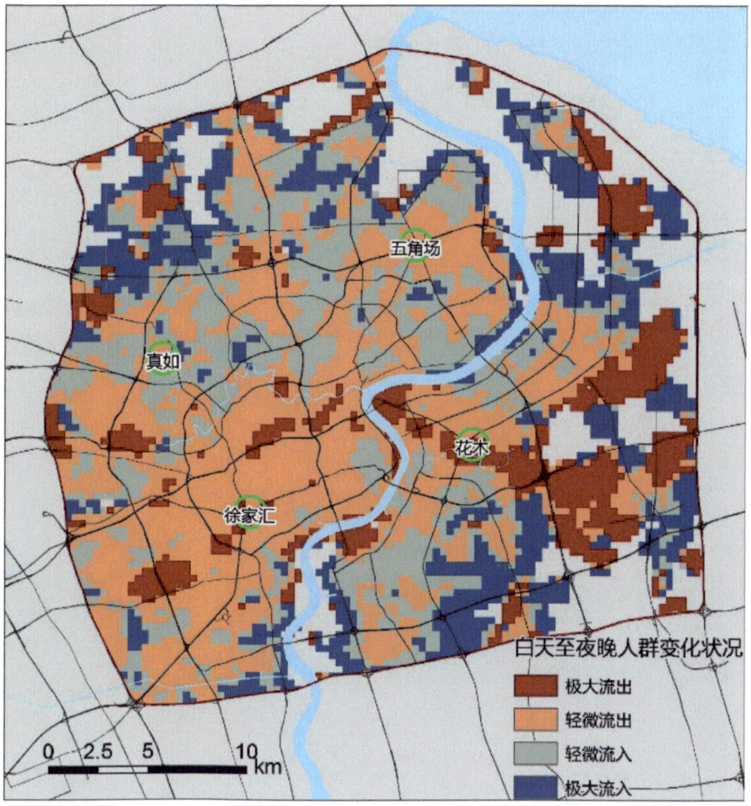


图 3-3-7　2015 年 9 月 6 日上海市白天与夜晚人口密度比率
Fig. 3-3-7 Shanghai D/N population ratio on Sep.6 2015

的地区，除陆家嘴与世博园区两个传统旅游区域外，张江高新技术产业开发区、金桥开发区、自贸区等开发园区白天人口密度与夜晚人口密度的比值很高，而周浦、高行、新江湾城等规划的高密度住宅区在晚上有明显的流入。分布在四个副中心的人流自白天到夜晚在整体上是流出的，花木由于区政府、上海科技馆等市政公共场所的存在，以及规划住宅区较少，导致人流极大向外流出；而徐家汇附近虽然商业广场较多，但更多的是写字楼等白天工作场所，也导致了一定的向外流出量；五角场主要为万达、百联又一城等商业广场，昼夜的聚集效应是一定的；而真如附近规划小区较多，导致了夜晚一部分人的流入。

**3. 购房意向调查**

本节研究的目的主要是提供一种新的方法试图了解上海市居民目前主要的购房意向集中区域所在位置。首先需要获取上海市目前房价的空间分布情况。抓取搜房网 2015 年挂牌二手房交易信息，并计算每 1 km 范围内二手房挂牌价的平均值（图 3-3-9）。

由于一个人的工资收入很大程度上决定了他的购房能力，也因此决定了这个人有能力购房的区域。根据经验，假设年薪与购房单价之间存在着如表 3-3-2 所示的关系，并通过 ArcGIS 绘制了不同收入等级的居民有能力购房的区域（图 3-3-10）。

调查人员于 2015 年 8 月 31 日进行了问卷调查，共回收有效问卷 20 份。本次购房意向调查要求被调查者根据自己处于不同收入水平的前提条件下，在问卷上画出自己最希望购房的区域。

调查结果显示，年薪在 5 万 ~15 万元的居民购房需求主要集中在五角场附近（图 3-3-11），这与被调查者的工作地点有很大的关系。当收入较低时，人们会更倾向于居住在工作地点附近以减少在通勤

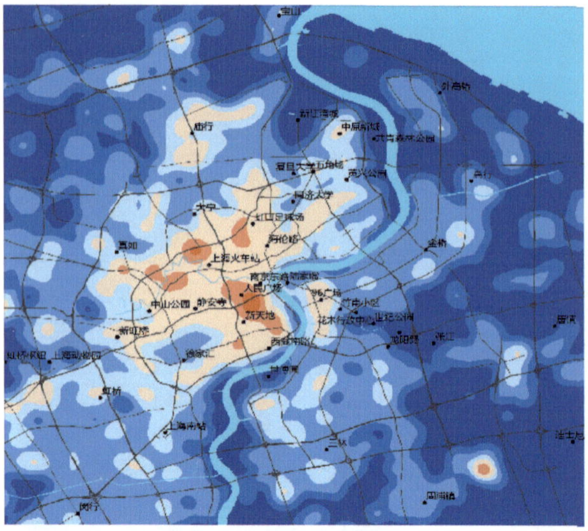

（a）9 月 3 日 06:00

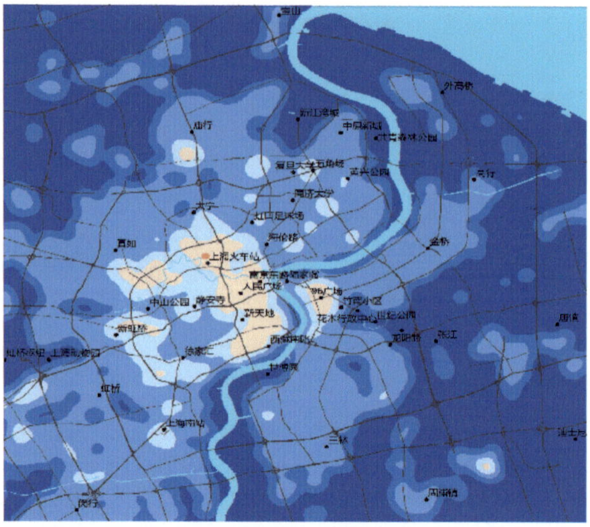

（b）9 月 3 日 09:00

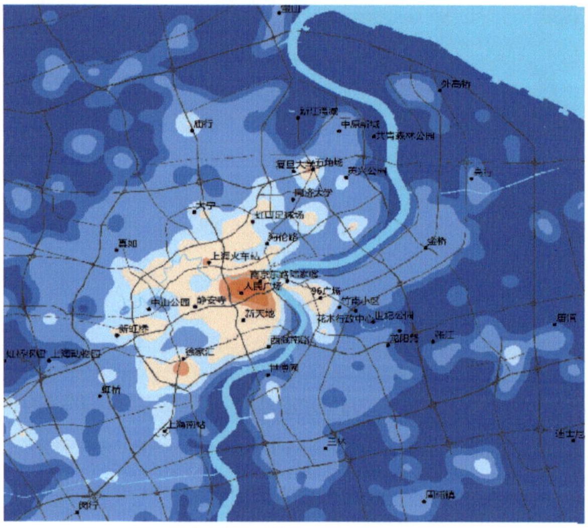

（c）9 月 3 日 12:00

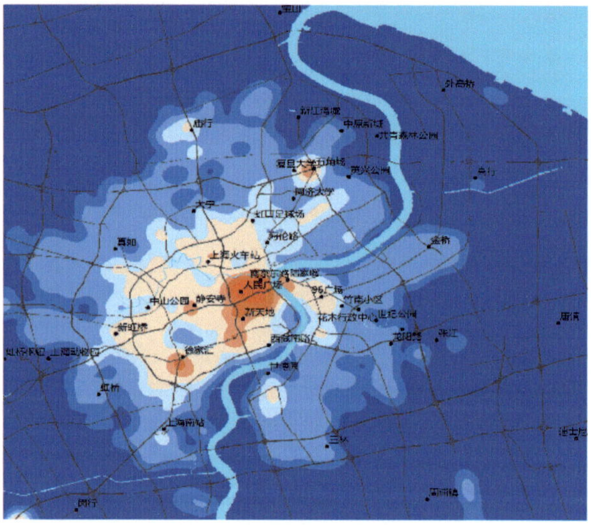

（d）9 月 3 日 15:00

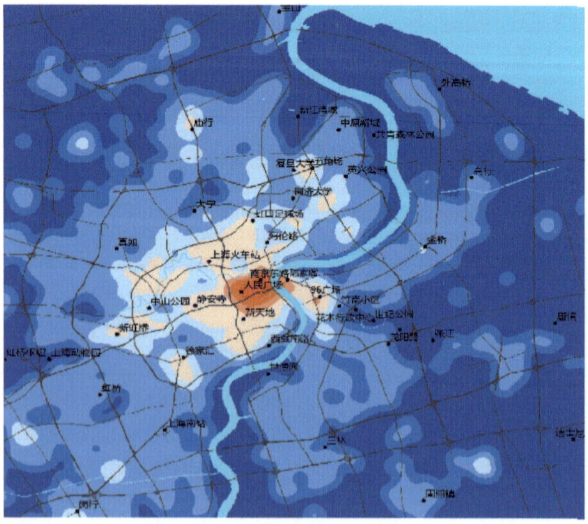

（e）9 月 3 日 21:00

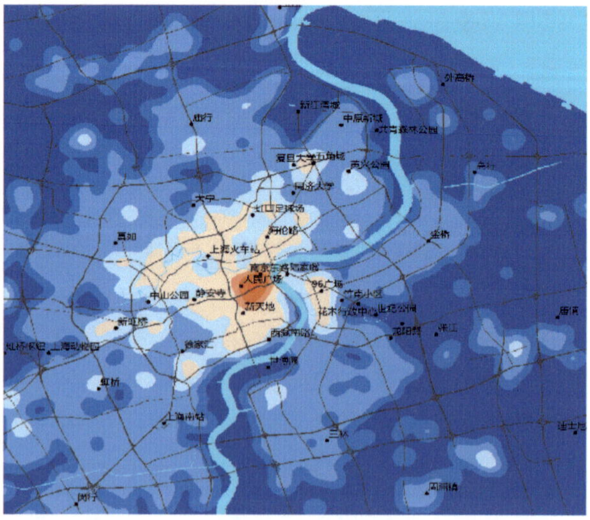

（f）9 月 4 日 00:00

图 3-3-8　9 月 3 日 8 个时段热力图矢量化与重新赋值结果
Fig. 3-3-8  Reclassified heat maps of 8 time periods on Sep.3

上所花费的交通和时间成本。随着收入的不断提高，可以发现工作地点对于人们选择购房区域的影响越来越小，购房需求较为集中的区域开始向发展相对成熟、周边环境和配套设施良好的徐家汇和花木这两个副中心转移，而真如副中心因距离被调查者的工作地点较远且尚处于启动阶段，并未受到被调查者的太大关注。

综合分析购房需求在四个副中心的分布：

徐家汇副中心因其深厚的历史文化底蕴、成熟的商业氛围和优越的交通区位成为被调查者理想的居住地之一，但目前徐家汇周边的二手房单价均在 5 万元以上，而且土地稀缺，新盘供应极为有限，可能出现时段性的供不应求。因此，从结果上看，购房者有向周边新的开发区转移的趋势。

江湾－五角场副中心日渐浓厚的商业氛围也带动了居住板块的发展。不过，其在房价的涨幅上表现平平，从房价的分布和购房者的意向上都可以看出，整体区域呈现的是低档火爆、中档平淡、高档低迷的特点。随着江湾－五角场副中心的不断完善，在该区域工作的大量商务人员以及上海西南高校片区的科教人员将有望成为该区域比重最高的并有能力购买中高端住宅的重要客户群。这也将带动未来江湾－五角场副中心住宅的进一步升级。

花木的价值主要体现在其优美的生态环境及便捷的轨道交通上。依据这两大优势，花木目前已成为国际化高端住宅的聚集区。但与徐家汇和江湾－五角场相比，其周边商业和生活配套设施分布相对零散，没有形成规模，在舒缓市中心人口压力方面并没有起到非常大的作用。

真如是上海四个城市副中心中开发最晚的一个，其房价目前与其他三个副中心相比有一定的差距，房价的涨幅也明显小于其他三个城市副中心的平均涨幅。因此，从目前而言，购房者对这块地区的投资热情不高，但随着区域交通和相关配套设施逐渐成熟，有望逐步提升购房者对真如发展的信心。

表 3-3-2　年薪与购房单价之间的关系
Table 3-3-2　Relationship between salary and housing price

| 年薪 / 万元 | 二手房单价 /（万元 /m$^2$） |
|---|---|
| 5~15 | 1.5~2.5 |
| 15~25 | 2.5~3.5 |
| 25~35 | 3.5~5 |
| 大于 35 | 5~7 |

**4. 上海市副中心发展条件评析**

（1）上海市副中心交通条件评析

交通设施作为区域发展的基本要素，对区域发展具有引导、支撑和保障作用，是反映

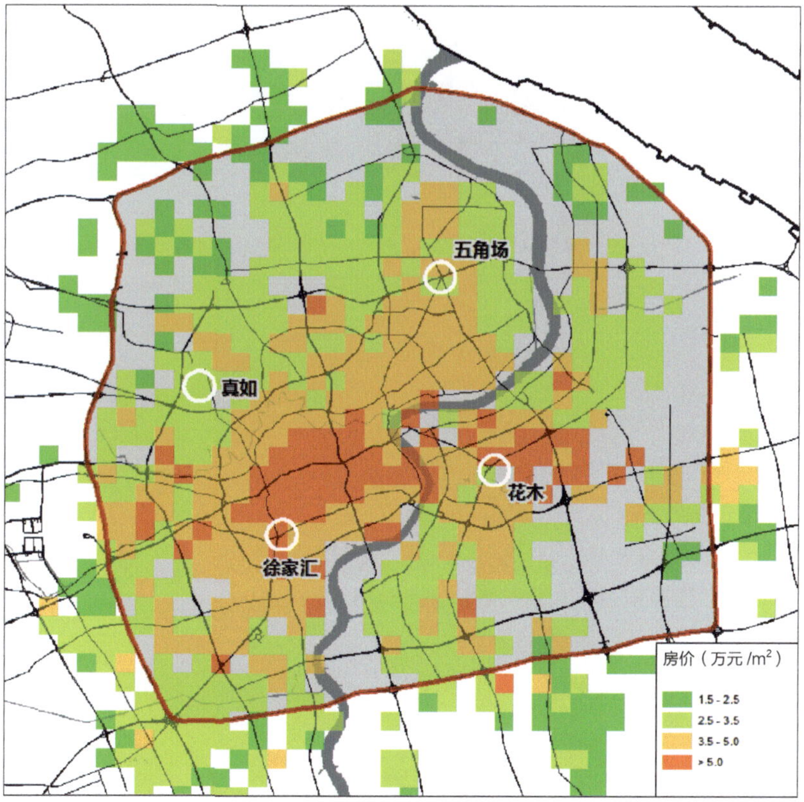


图 3-3-9　上海二手房挂牌价空间分布
Fig. 3-3-9　Shanghai secondhand house price distribution

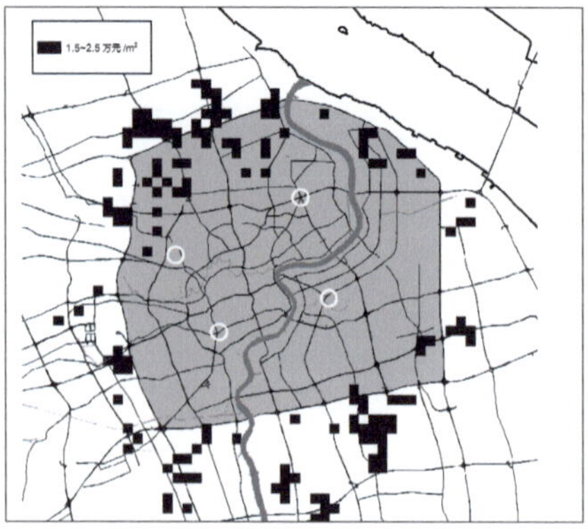

（a）年薪 5 万 ~15 万元

（b）年薪 15 万 ~25 万元

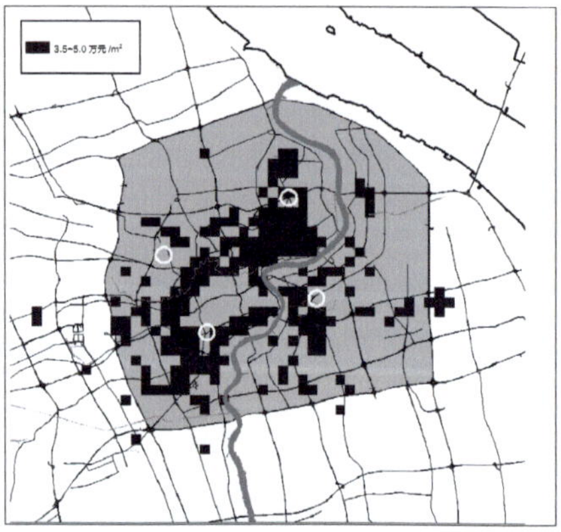

（c）年薪 25 万 ~35 万元

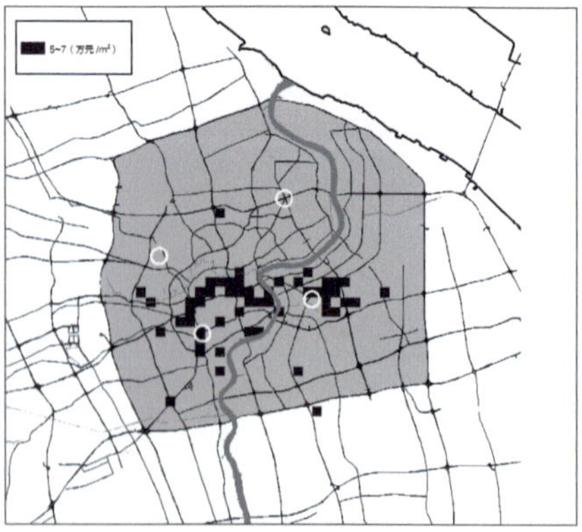

（d）年薪大于 35 万元

图 3-3-10　年薪与购房区域之间的关系

Fig. 3-3-10 Relationship between salary and housing purchase areas

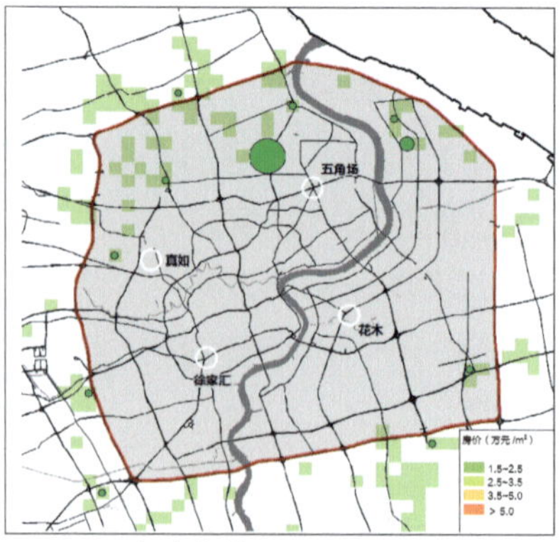


（a）年薪 5 万 ~15 万元

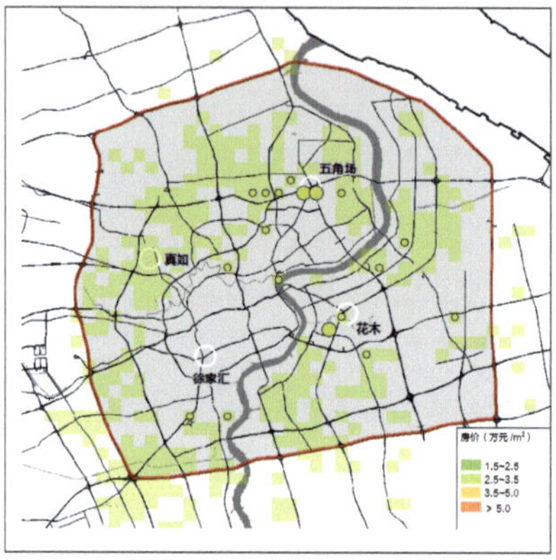


（b）年薪 15 万 ~25 万元

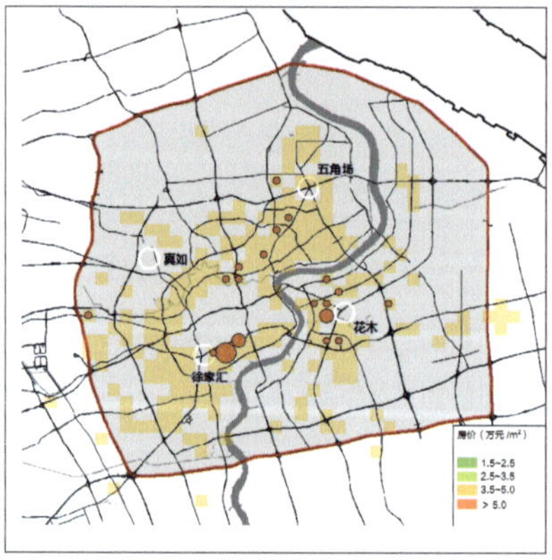


（c）年薪 25 万 ~35 万元

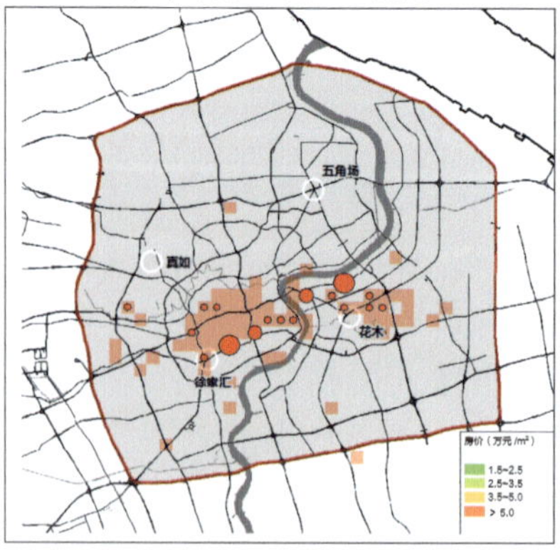


（d）年薪大于 35 万元

图 3-3-11　购房意向调查结果

Fig. 3-3-11 Housing purchase intention

区域发展条件优劣的重要指标。本章节从路网密度、距最近地铁站平均距离和一周内拥堵时间比例这三个指标分别对各副中心目前的交通条件进行评析。

1）路网密度

路网密度即副中心 3 km 范围内道路总长度 / 总面积，它代表了副中心区域内道路分布的疏密程度，反映了交通设施规模对副中心发展的支撑。从结果上看，花木的路网密度最高，达到了 17.7 km/km$^2$，这主要归功于棋盘式的均质路网结构；其次是江湾 – 五角场为 17.0 km/km$^2$，其路网分布主次分明，道路纵横交错；而开发时间最早的徐家汇，受到空间的限制，路网密度最低为 13.7 km/km$^2$；真如的路网密度为 14.0 km/km$^2$。

2）轨道交通便捷度

本文通过计算每个千米格网的中心点距离最近地铁站点的欧式距离，将这个指标作为衡量区域内乘坐轨道交通的便捷程度（图 3–3–12）。计算结果（表 3–3–3）显示，3 km 范围内徐家汇副中心的乘坐轨道交通最为便捷，平均距离仅为 319.1 m。作为三线换乘的交通枢纽，轨道交通带动了徐家汇地区乃至西南区域的发展，换乘站与商厦之间的相互联系，也使得各个商厦间形成了一个真正的商圈。花木副中心距离最近轨交站点的平均距离为 419 m，其内部由轨交 2 号和 7 号线穿越南北，南面通过磁悬浮列车线与浦东国际机场相接，轨道交通优势明显。五角场商圈环岛周圈绵延 3 km 长的步行系统，将 10 号线、8 号线在江湾 – 五角场副中心附近站点与商圈通过地下通道交通的方式连接起来，并与下沉式广场连通，形成大型地下交通枢纽，区域内距离最近地铁站点的平均距离为 552.3 m。与其他三个副中心相比，真如目前只建有一条轨交线（11 号线），因此区域的轨道交通便捷度相对最低，距最近站点的平均距离为 923.2 m。

3）交通拥堵度

路况信息按一周为周期回归，通过对一周的路况信息进行分析可以得到地区的路况概况。本研究连续一周间隔 15 分钟截取高德地图路况信息页面作为数据源（图 3–3–13），

表 3–3–3　上海市副中心交通数据分析结果
Table 3–3–3 Transportation analysis results of Shanghai sub-centers

| 副中心 | 路网密度 /（km/km$^2$） | 距最近地铁站平均距离 /m | 9 月 3 日—9 月 10 日拥堵时间比例 /% |
|---|---|---|---|
| 徐家汇 | 13.7 | 319.1 | 7.0 |
| 五角场 | 17.0 | 552.3 | 3.8 |
| 花木 | 17.7 | 419.0 | 1.5 |
| 真如 | 14.0 | 923.2 | 3.0 |

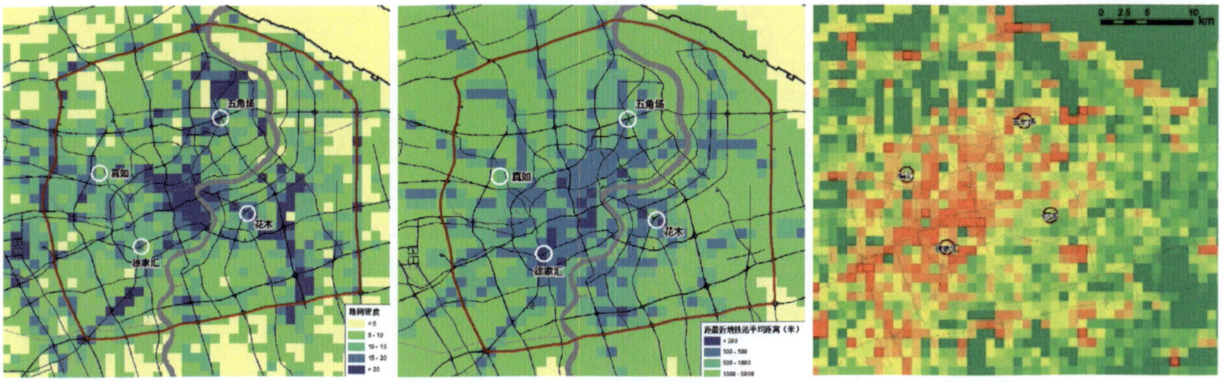


（a）上海市区路网密度分布　（b）上海市区距最近地铁站平均距离　（c）上海市区拥堵时间比例

图 3–3–12　上海市副中心交通数据分析地图
Fig. 3–3–12 Transportation analysis maps of Shanghai sub-centers

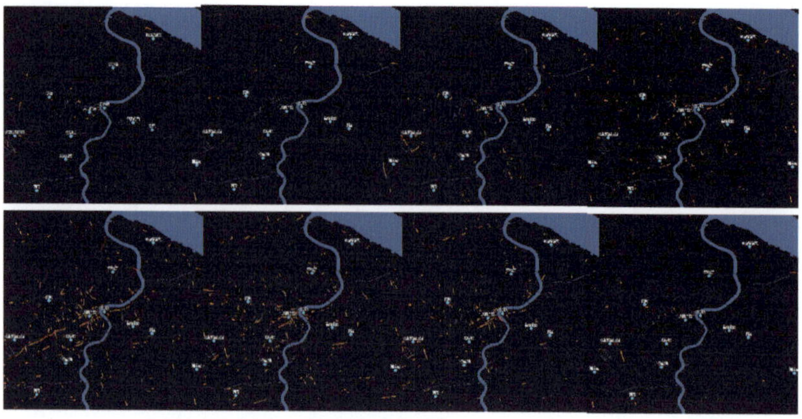

图 3-3-13　上海市 9 月 3 号道路拥堵状况
Fig. 3-3-13 Shanghai congestion maps in Sep.3

对上海市外环内的拥堵信息进行提取，按高德地图介绍，绿色、黄色、红色、暗红色说明拥堵状况依次更加严重。再编程对颜色定性信息进行定量化与矢量化（图 3-3-14），按格网对一周的拥堵频率进行统计，并利用 ArcGIS 对格网进行平滑处理（图 3-3-15）。

全市道路拥堵地点主要集中于浦西中环内，另外虹桥、上海南站、龙阳路等交通枢纽，以及九亭、周浦、宝山等城市新发展区域都有一定程度的拥堵时间比率。对于四个副中心而言，整体位于拥堵区域的外边界，但由于上海南站的存在，徐家汇较其他副中心，其整体拥堵时间比率达到 7%，而浦东相对路况较好，尤其是花木附近，拥堵时间比率仅为 1.5%。五角场与真如介于两者之间，分别为 3.8% 与 3.0%。

（2）上海市副中心环境条件评析

良好的生态环境有助于副中心的建设和人口的疏导，本文通过绿化率这个指标对上海副中心目前的环境条件进行了评析。通过对百度地图中的绿化用地进行颜色识别，并计算各街道内绿化用地总面积占街道总面积的比例（图 3-3-16 和表 3-3-4）。

结果显示，以生态环境建设为规划重点的花木副中心的绿化率达到了 14.01%，为四个副中心之首。花木优美宜居的环境吸引了众多高端住宅项

表 3-3-4　上海市副中心绿化率分析结果
Table 3-3-4 Greening rate in Shanghai sub-centers

| 副中心 | 绿化率 |
| --- | --- |
| 徐家汇 | 1.96 |
| 五角场 | 1.34 |
| 真如 | 4.52 |
| 花木 | 14.01 |

图 3-3-14　上海市 9 月 3 号道路拥堵矢量化结果
Fig. 3-3-14 Shanghai congestion maps (Vector) on Sep.3

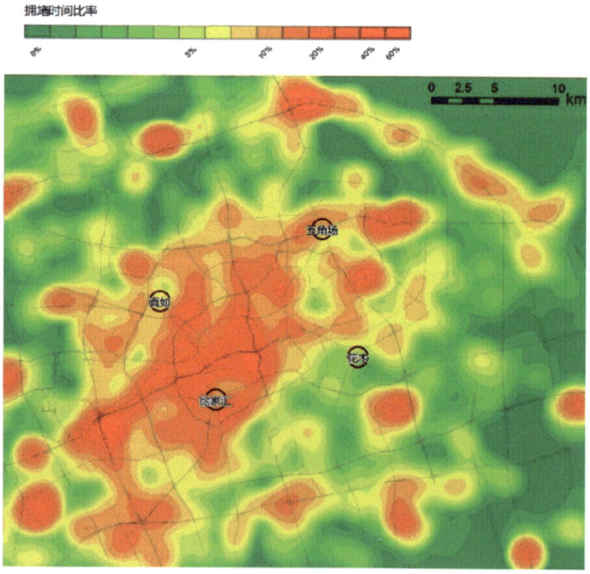


图 3-3-15　上海中心城区拥堵率
Fig. 3-3-15 Congestion rate in downtown Shanghai

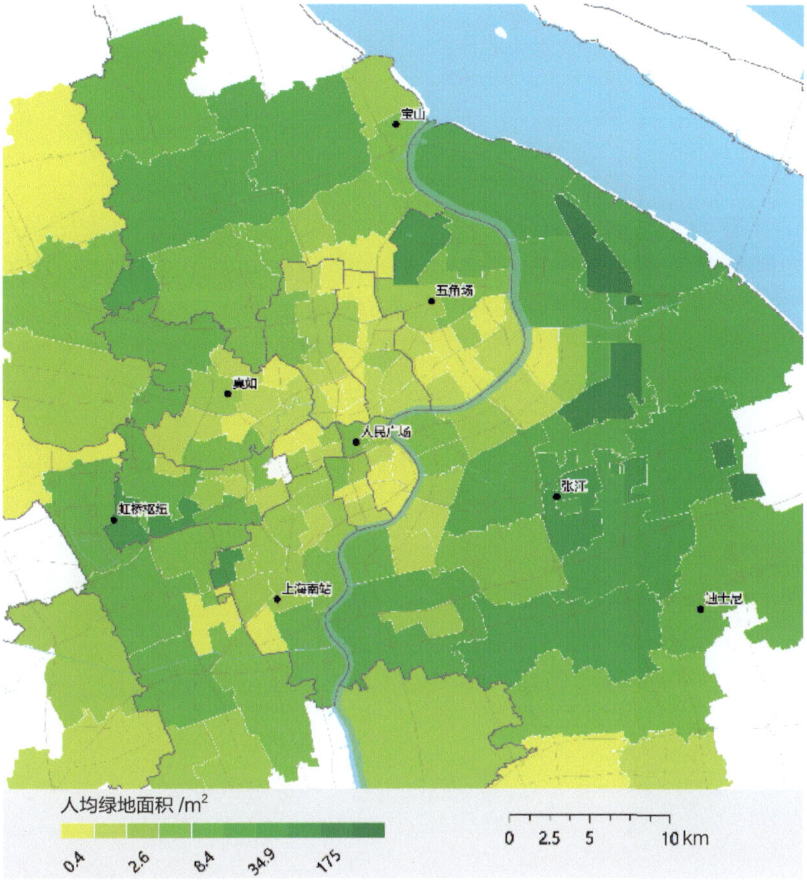


图 3-3-16　上海市副中心绿化率分析地图
Fig. 3-3-16  Greening rate map of Shanghai sub-centers

目，但与此同时，物质环境尺度巨大、界面封闭等特点也使得花木难以让人长时间驻留，缺乏人气。真如拥有真如公园、清润园和嘉美绿地，绿化率达到 4.52%。根据规划，未来真如将依托其良好的环境基础，打造“绿地 - 合景项目”，建设以文化艺术为主题，集甲级商务办公、主题商业、高档住宅于一体的绿色生态型、体验式城市综合体。徐家汇和五角场的公共绿地面积相对较低，绿化率仅为 1.96% 和 1.34%。根据以往的规划经验，为了控制城市边界，防止在副中心“摊大饼”，适当保留或开发绿地能有助于保持高品质的副中心。

### 5. 结论

本章节运用大数据分析的手段，从服务设施密度、人活动聚集度、土地价值、交通条件和环境条件这五个维度，初步评价了上海各城市副中心发展的现状和条件（图 3-3-17）。选取五个维度下的六个因子进行归一化处理，上海市各副中心发展现状和发展条件的综合评估结论如下（图 3-3-18）。

徐家汇和五角场副中心目前发展比较成熟，工作、商业和生活服务设施密度在副中心中都位于前列，周边道路和公共交通设施也相对齐全，但从发展条件上看，道路拥堵严重和绿化覆盖率较低都将有可能影响到这两个副中心未来的发展，整体空间格局有待进一步优化。

**钱七虎　院士**
中国人民解放军陆军工程大学教授

新型城镇化道路一定是资源节约型和环境友好型的道路。新型城镇化的智能建设要达到以下水准：

(1) 城镇化运行的信息化，包括民生、公共安全、城市服务等实现城镇的智能发展和运行。

(2) 城镇化运行的智能化，城市信息都能在一体化平台中汇聚，能在多种智能化模型中处理，并能在智能化模型的政策实验室中运行，提出优化方案供市民活动，供民主化管理的决策层选取，实现法治社会环境的和谐。

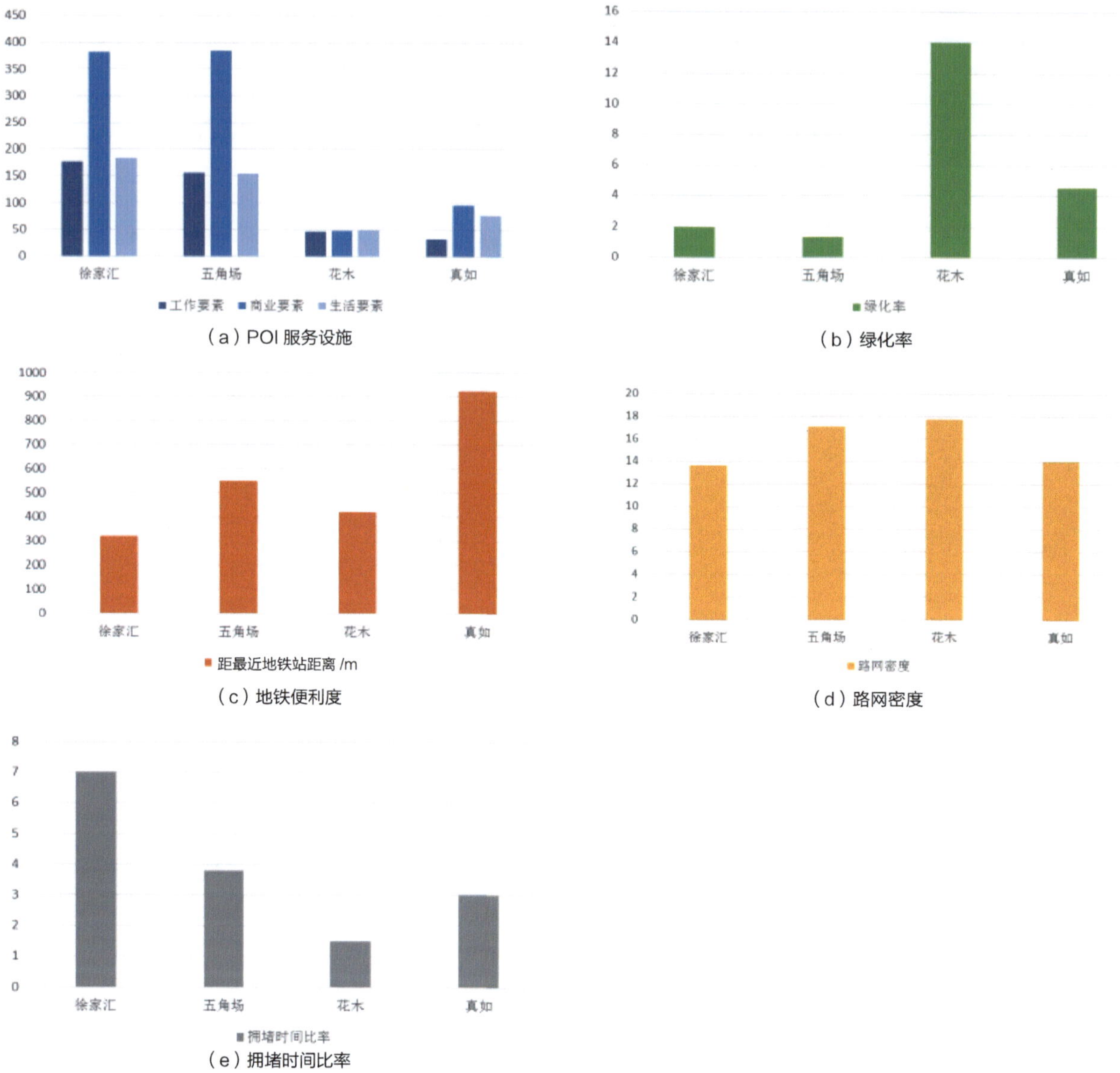


图 3-3-17　上海市副中心发展现状和条件
Fig. 3-3-17 Developing conditions of Shanghai sub-centers

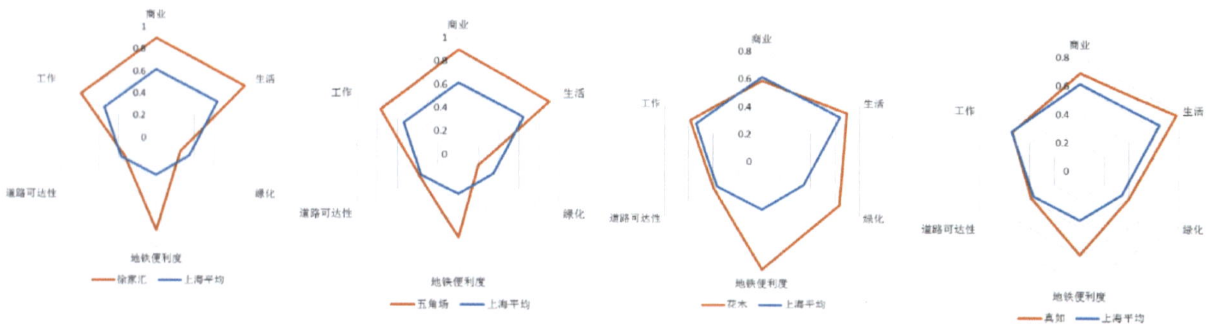


图 3-3-18　上海市副中心综合评估结果
Fig. 3-3-18 Comprehensive evaluation results of Shanghai sub-centers

花木和真如副中心在环境条件方面都比另外两个副中心更具有优势。花木借助世纪公园和地铁的辐射效应成功发展成为高端住宅的聚集地，但从整体上看，花木目前商业设施数量、提供的就业工作机会以及配套生活服务设施与其现有的发展条件并不匹配，不能吸引人流长时间聚集，离副中心的发展目标还有一定的距离。真如目前还处于发展启动阶段，其优势主要体现在其生态环境和生活设施方面，但其也面临着交通拥堵和商业商务设施匮乏所带来的挑战。随着真如的进一步发展，这些问题都有待进一步验证。

**杨秀敏　院士**

中国人民解放军总参、第四研究设计所高级工程师

经过20世纪80年代至今的飞速发展，中国的城镇化水平由中华人民共和国成立初的10%增加到了53%，由于户口问题没有解决，拥有城市户口的居民占35%。现在中央决定出台大中小城市的不同户口政策，吸引居民到中等城市或小城镇生活。所以，中国要解决城镇化问题，必须要将中小城市发展起来，几亿人挤在大城市、超大城市肯定是不行的，否则就造成像墨西哥城那样的城市问题。城镇群是解决中国城镇化问题的主要手段，距离较近的城镇形成城镇群本身就是解决城镇之间交通网络快速化的问题。通过高速铁路和高速公路建立半小时或一小时交通城市圈，理顺城镇之间的网络关系，是解决我国大量人口集中在某几个大城市的重要途径。

**卢耀如　院士**

中国地质科学院研究员

我国幅员辽阔，各个地区自然地质特征不同，所以城镇化存在的问题也不一样。城市发展建设必须针对本地的地质特征，黄土高原地区条件不允许依平原地区做建设决策。

我认为，目前的城市发展所用的三维地图底板是不够的，应该加上地质图，加上历史时间，加上要素的变化，形成城市建设的六维地图底板。这样可以对城市基本生存安全保障形成有效的管理、监控和预警预报。

# 3.4 问题四：职住不平衡

Shanghai Duty Balance

## 3.4.1 用 POI 和人口密度诊断职住平衡

1. POI（Point of interest）数据采集

总计获取 355.502 条数据，每条数据包含信息：名称、经纬度、地址、标签、大类、小类。

2. 空间定位

利用 POI 点的经纬度坐标，对应到空间的点。

底图采用 Open Street Map 开源数据，包括上海的主要路网、河流、绿化信息（图 3-4-1）。

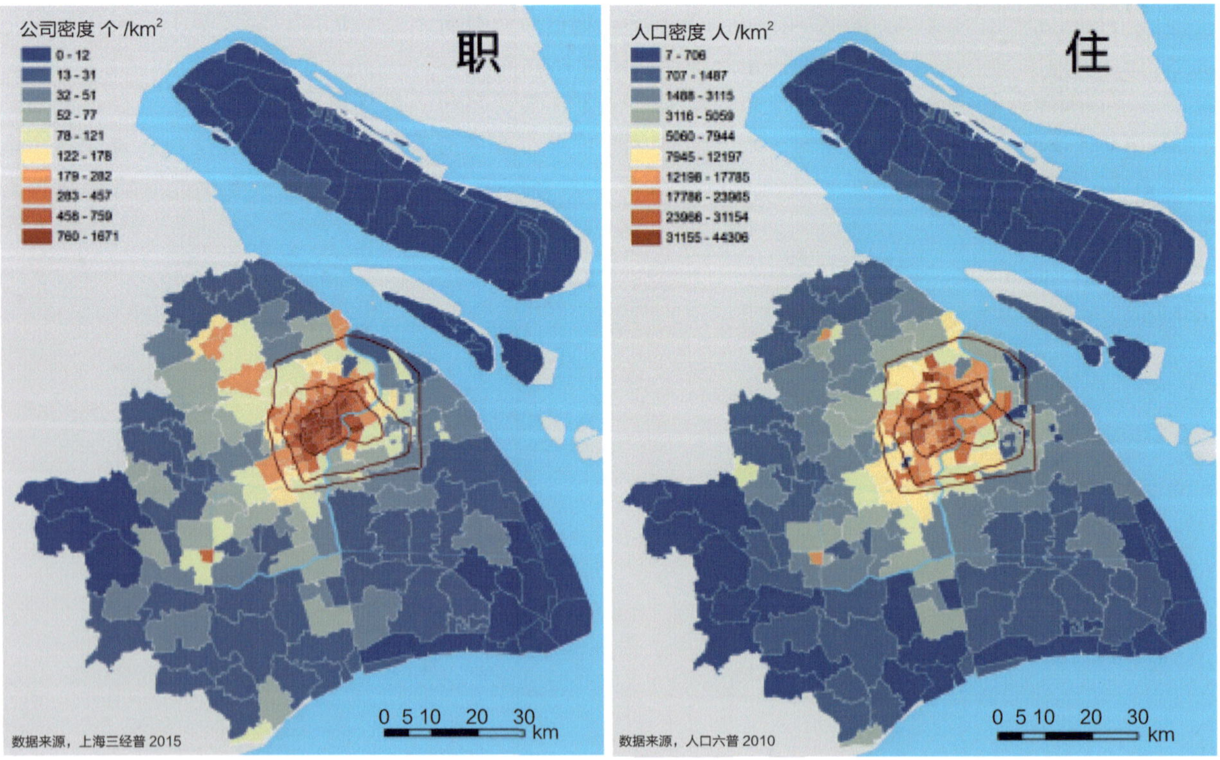


图 3-4-1 上海市职住分布

Fig. 3-4-1 Shanghai work-residence distribution

## 3.4.2 地铁净出入客流诊断职住

表 3-4-1 上海市职住分布地铁净出入客流诊断职住
Table 3-4-1 The net-passengers of Metro stations

时间（38 个时间点）

站点（288 个站点）

| Time | 5:00 | 5:30 | 6:00 | 6:30 | 7:00 | 7:30 | 8:00 | 8:30 | 9:00 | 9:30 | 10:00 |
|---|---|---|---|---|---|---|---|---|---|---|---|
| 莘庄 | 94 | 291 | 996 | 2 435 | 4 609 | 7 675 | 7 733 | 5 376 | 3 250 | 2 034 | 1 549 |
| 外环路 | 30 | 53 | 228 | 585 | 1 178 | 2 229 | 2 372 | 1 522 | 854 | 464 | 306 |
| 莲花路 | 36 | 338 | 850 | 1 939 | 3 389 | 5 595 | 5 208 | 4 613 | 2 915 | 1 651 | 1 218 |
| 锦江乐园 | 27 | 119 | 315 | 898 | 1 609 | 2 549 | 2 570 | 1 791 | 1 212 | 737 | 445 |
| 上海南站 | 212 | 145 | 504 | 1 336 | 2 725 | 5 077 | 5 614 | 4 352 | 2 761 | 1 375 | 1 129 |
| 漕宝路 | 34 | 89 | 245 | 741 | 1 317 | 2 011 | 2 074 | 1 630 | 1 248 | 794 | 625 |
| 上海体育馆 | 20 | 48 | 174 | 445 | 747 | 1 142 | 1 503 | 1 111 | 858 | 664 | 543 |
| 徐家汇 | 20 | 50 | 177 | 402 | 753 | 1 231 | 1 743 | 1 560 | 1 354 | 1 095 | 1 128 |
| 衡山路 | 6 | 22 | 24 | 97 | 189 | 226 | 283 | 290 | 229 | 142 | 117 |
| 常熟路 | 17 | 40 | 64 | 203 | 369 | 450 | 664 | 747 | 610 | 558 | 557 |
| 陕西南路 | 13 | 80 | 201 | 516 | 874 | 1 499 | 2 493 | 2 255 | 1 586 | 1 286 | 1 069 |
| 黄陂南路 | 23 | 43 | 89 | 170 | 274 | 344 | 488 | 489 | 466 | 379 | 430 |
| 人民广场 | 43 | 116 | 241 | 444 | 464 | 902 | 1 175 | 1 204 | 1 158 | 1 120 | 1 202 |
| 新闸路 | 9 | 46 | 102 | 242 | 342 | 471 | 630 | 486 | 443 | 359 | 301 |
| 汉中路 | 5 | 31 | 60 | 177 | 272 | 416 | 606 | 700 | 576 | 453 | 391 |
| 上海火车站 | 113 | 278 | 466 | 1 106 | 1 753 | 4 217 | 5 805 | 5 524 | 3 329 | 2 443 | 1 965 |
| 中山北路 | 1 | 63 | 196 | 449 | 709 | 1 202 | 1 481 | 1 224 | 731 | 494 | 340 |

分时进站人数统计

时间（38 个时间点）

站点（288 个站点）

| Time | 5:00 | 5:30 | 6:00 | 6:30 | 7:00 | 7:30 | 8:00 | 8:30 | 9:00 | 9:30 | 10:00 |
|---|---|---|---|---|---|---|---|---|---|---|---|
| 莘庄 | 0 | 1 | 177 | 720 | 1 644 | 2 166 | 3 071 | 2 485 | 1 514 | 1 404 | 1 049 |
| 外环路 | 0 | 0 | 19 | 94 | 337 | 504 | 279 | 232 | 176 | 129 | 139 |
| 莲花路 | 2 | 4 | 113 | 503 | 1 032 | 1 400 | 1 442 | 1 713 | 1 140 | 860 | 738 |
| 锦江乐园 | 1 | 22 | 58 | 262 | 548 | 816 | 853 | 691 | 543 | 394 | 297 |
| 上海南站 | 2 | 33 | 154 | 897 | 1 185 | 1 464 | 1 460 | 1 490 | 1 231 | 934 | 906 |
| 漕宝路 | 0 | 11 | 56 | 255 | 587 | 1 315 | 2 475 | 3 075 | 1 783 | 953 | 634 |
| 上海体育馆 | 0 | 8 | 51 | 306 | 625 | 1 052 | 2 428 | 3 503 | 2 211 | 1 165 | 773 |
| 徐家汇 | 1 | 21 | 167 | 820 | 2 034 | 2 640 | 6 177 | 10 953 | 7 888 | 4 319 | 2 706 |
| 衡山路 | 2 | 3 | 38 | 176 | 553 | 734 | 770 | 834 | 499 | 313 | 196 |
| 常熟路 | 0 | 12 | 182 | 619 | 1 295 | 2 273 | 2 943 | 3 850 | 2 899 | 2 048 | 1 073 |
| 陕西南路 | 1 | 46 | 269 | 829 | 1 893 | 2 842 | 4 797 | 7 071 | 5 928 | 3 226 | 2 004 |
| 黄陂南路 | 4 | 17 | 120 | 328 | 637 | 1 360 | 3 267 | 4 901 | 4 454 | 2 318 | 1 400 |
| 人民广场 | 12 | 24 | 548 | 1 159 | 2 169 | 4 304 | 10 038 | 16 144 | 10 902 | 5 510 | 3 416 |
| 新闸路 | 5 | 10 | 63 | 131 | 315 | 635 | 1 298 | 1 913 | 1 226 | 592 | 337 |
| 汉中路 | 0 | 8 | 42 | 117 | 274 | 657 | 2 086 | 3 361 | 2 323 | 1 058 | 598 |
| 上海火车站 | 9 | 59 | 814 | 1 812 | 3 397 | 5 865 | 9 281 | 9 552 | 5 751 | 3 402 | 2 681 |
| 中山北路 | 0 | 16 | 61 | 333 | 528 | 551 | 936 | 817 | 440 | 353 | 268 |

分时出站人数统计

时间（38 个时间点）

站点（288 个站点）

| Time | 5:00 | 5:30 | 6:00 | 6:30 | 7:00 | 7:30 | 8:00 | 8:30 | 9:00 | 9:30 | 10:00 |
|---|---|---|---|---|---|---|---|---|---|---|---|
| 莘庄 | −94 | −290 | −821 | −1 715 | −2 965 | −5 509 | −4 662 | −2 891 | −1 736 | −630 | −500 |
| 外环路 | −20 | −53 | −209 | −491 | −841 | −1 725 | −2 093 | −1 290 | −678 | −335 | −167 |
| 莲花路 | −34 | −334 | −737 | −1 436 | −2 357 | −4 195 | −3 766 | −2 900 | −1 775 | −791 | −480 |
| 锦江乐园 | −26 | −97 | −257 | −636 | −1 061 | −1 733 | −1 717 | −1 100 | −669 | −343 | −148 |
| 上海南站 | −210 | −112 | −350 | −439 | −1 540 | −3 613 | −4 154 | −2 862 | −1 530 | −441 | −223 |
| 漕宝路 | −34 | −78 | −189 | −486 | −730 | −696 | 401 | 1 445 | 535 | 159 | 9 |
| 上海体育馆 | −20 | −40 | −123 | −139 | −122 | −90 | 925 | 2 392 | 1 353 | 501 | 230 |
| 徐家汇 | −19 | −29 | −10 | 418 | 1 281 | 1 409 | 4 434 | 9 193 | 6 534 | 3 224 | 1 578 |
| 衡山路 | −4 | −19 | 14 | 79 | 364 | 508 | 487 | 544 | 270 | 171 | 79 |
| 常熟路 | −17 | −28 | 118 | 416 | 926 | 1 823 | 2 279 | 3 103 | 2 289 | 1 490 | 516 |
| 陕西南路 | −12 | −34 | 68 | 313 | 1 019 | 1 343 | 2 304 | 4 816 | 4 342 | 1 940 | 935 |
| 黄陂南路 | −19 | −26 | 31 | 158 | 363 | 1 016 | 2 779 | 4 412 | 3 988 | 1 939 | 970 |
| 人民广场 | −31 | −92 | 307 | 715 | 1 523 | 3 402 | 8 863 | 14 940 | 9 544 | 4 390 | 2 214 |
| 新闸路 | −4 | −36 | −39 | −111 | −27 | 164 | 667 | 1 427 | 783 | 233 | 36 |
| 汉中路 | −5 | −23 | −18 | −60 | 2 | 241 | 1 480 | 2 661 | 1 747 | 605 | 207 |
| 上海火车站 | −104 | −219 | 348 | 706 | 1 644 | 1 648 | 3 476 | 4 028 | 2 422 | 959 | 716 |
| 中山北路 | −1 | −47 | −135 | −116 | −181 | −651 | −545 | −407 | −291 | −141 | −72 |

分时人口净变化

**站点功能类型诊断**

轨道交通站点根据其在城市中所处位置、周边区域土地利用和地面交通网络结构等因素，在规划设计之初被赋予了不同的功能属性，从而被划分为不同的类型。然而，这些站点的功能定位的合理性和与周边区域发展的协调性，都需要通过实际客流数据进行验证。

本文基于上海轨道交通2015年4月1日的交通卡刷卡数据（样本数量：910万），通过计算从5点至23点每隔半小时每个站点的进站客流量、到站客流量及进出净客流量（净客流量＝到站客流量－进站客流量），绘制了每个站点的日进出净客流量随时间波动图，共计288条曲线。当某一曲线位于横坐标轴之上，则意味着该站点在特定时段的到站客流量高于进站客流量，反之亦然。

根据图3-4-2所显示的结果，分析站点日进出净客流量随时间波动的特征规律，可以大致将站点划分为三种功能类型。根据30 min内净客流量的强度，可以将每种功能类型的站点再划分为三个等级。

（1）工作型站点

工作型站点主要承担在早

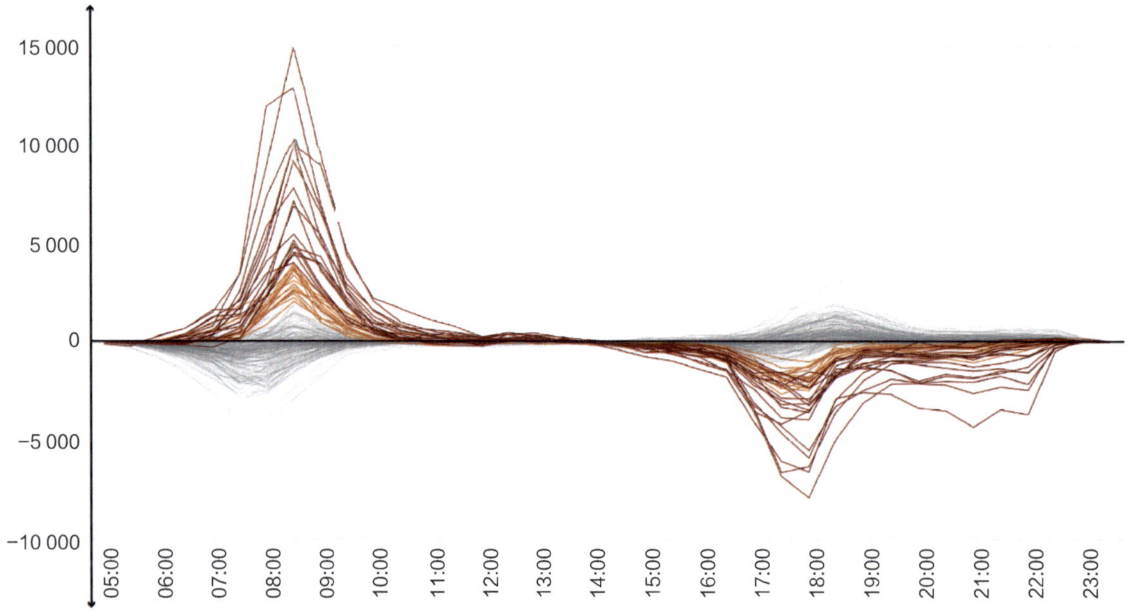


图3-4-2　上海轨道交通各站点日进出净客流量波动图
Fig. 3-4-2 The daily net-passengers of Metro stations

表3-4-2　上海市职住分布
Table 3-4-2 Shanghai work-residence distribution

| 类型 | 等级 | 筛选条件 | 数量 |
|---|---|---|---|
| 工作型 | 一级 | 7:00—9:00 净客流量为正，且最大值大于 4 000 | 31 |
| | 二级 | 7:00—9:00 净客流量为正，且最大值在 2 000~4 000 | 16 |
| | 三级 | 7:00—9:00 净客流量为正，且最大值小于 2 000 | 17 |
| 居住型 | 一级 | 7:30—9:30 净客流量为负，且最小值小于 −4 000 | 114 |
| | 二级 | 7:30—9:30 净客流量为负，且最小值在 −2 000~−4 000 | 28 |
| | 三级 | 7:00—9:00 净客流量为正，且最大值大于 −2 000 | 5 |
| 均衡型 | | 7:00—9:30 净客流量正负皆有，且最大值与最小值之差大于 2 000 | 12 |
| 其他 | | | 65 |

高峰期间向周边商务区输出大量通勤客流的功能。通过对早高峰期间半小时内净客流量的最大值进行排序，筛选出最具有代表性的工作型站点，其中排名前 5 的站点分别为人民广场、陆家嘴、漕河泾开发区、浦电路和静安寺（图 3-4-3）。这五个站点的早高峰净客流量均超过 1 万人次。

从图中可以看出，工作型站点主要集中于上海内环区域内，并沿 1 号线、2 号线和 9 号线分布。为了检验这些工作型站点与商业服务设施在空间分布上是否协调，本文从百度地图位置服务动态读取接口抓取了上海市内所有 POI 数据，通过综合“休闲娱乐”“商场”“卖场”“超市”和“餐饮”类数据并进行核密度分析（图 3-4-4），选取商业类 POI 空间密度值前 50% 的区域显示，与工作型站点的空间位置进行比较分析。从结果上看，市中心区域内工作型站点多分布在商业服务设施较为密集的区域；张江和漕河泾开发区站点周边驻扎着大量企业，是上海多元化人才的聚集地，但区域内功能较为单一，商业服务设施分布零散。与之相反，位于上海四大市级副中心之一的江湾 - 五角场站点，其周边商业服务设施分布密集，但从商务办公的角度看，并未形成潮汐式通勤大客流。

（2）居住型站点

居住型站点主要承担在早高峰期间接收周边居住区内大量通勤客流的功能。通过对早高峰期间半小时内净客流量的最小值进行排序，筛选出最具有代表性的居住型站点，其中排名前 5 的站点分别为莘庄站、九亭站、莲花路站、上海南站站和通河新村站（图 3-4-5）。这五个站点的早高峰净客流量均低于 -4 000 万。

从图中可以看出，居住型站点主要分布在衔接市区与郊区新城的线路上，其中一级居住型站点主要集中在轨道交通 1 号线和 9 号线上。为了检验这些居住型站点是否与居住区在空间上的分布相吻合，本文通过选取 2 类的 POI 数据，综合数据后进行核密度分析（图 3-4-6），选取居住类 POI 空间密度值前 50% 的区域显示，与居住型站点的空间位置进行比较分析。从结果上看，居住区最为密集的区域主要集中在内环和中环附近，由于这些区域的进站客流与出站客流在早高峰期间相抵消，且出站客流明显高于进站客流，因此这些区域附近的站点并未被归为居住型站点；其他较为密集的居住区的分布基本与居住型站点相吻合，但也有部分分布在轨道交通 8 号线、

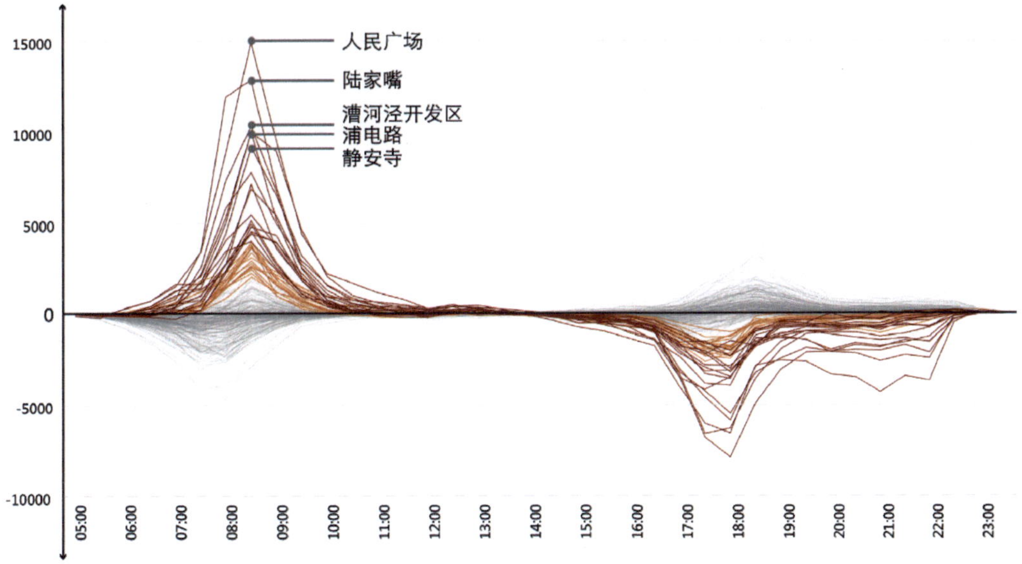


图 3-4-3　工作型站点
Fig. 3-4-3  Work type stations

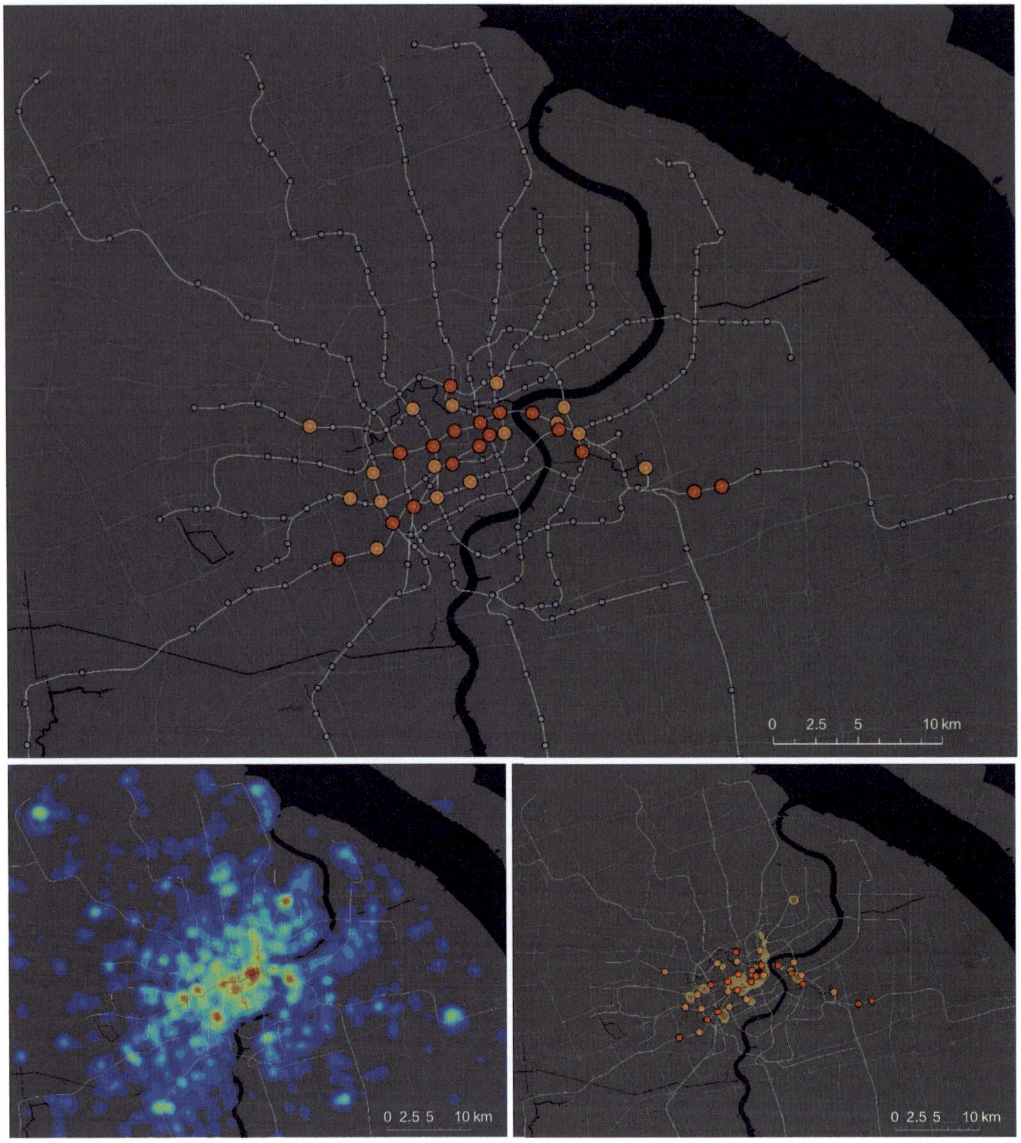


图 3-4-4 工作型站点
Fig. 3-4-4 Work type stations

9 号线和 13 号线的居住型站点周边并未被识别为居住聚集区，结果有待进一步验证。

（3）均衡型站点

均衡型站点是指在早高峰期间既承担了吸收周边居住区的通勤客流又向周边商务区输出通勤客流的站点。有别于工作型和居住型站点在图形上显示出单一的波峰和波谷的特征，均衡型站点在图形上的特征是先出现波谷再出现波峰（图 3-4-7）。通过对图形进行甄别，筛选出了 12 个均衡型站点，其中最具有代表性站点是淞虹路，其早高峰期间净客流量最大值高于 2 500，最低值低于 −2 600，最高值与最低值的差值超过 5 200，具有明显的波峰和波谷。具有类似图形特征的站点还包括曹杨路、虹口足球场和蓝村路。娄山关路、中山公园和合川路等站点的曲线虽然具有均衡型站点的特征，但其波峰比波谷振幅更明显，说明其本质上更偏向于工作型站点；与之相反，徐泾东站点的波谷振幅更明显，说明其更偏向于居住型站点。从图 3-4-8 可以看出，均衡型站点主要分布在 4 号线沿线，夹杂在工作型站点和居住型站点之间，说明均衡型站点在空间上位于中心商务区与居住区的交界处，因此可以推导出周围的用地类型较为复杂。

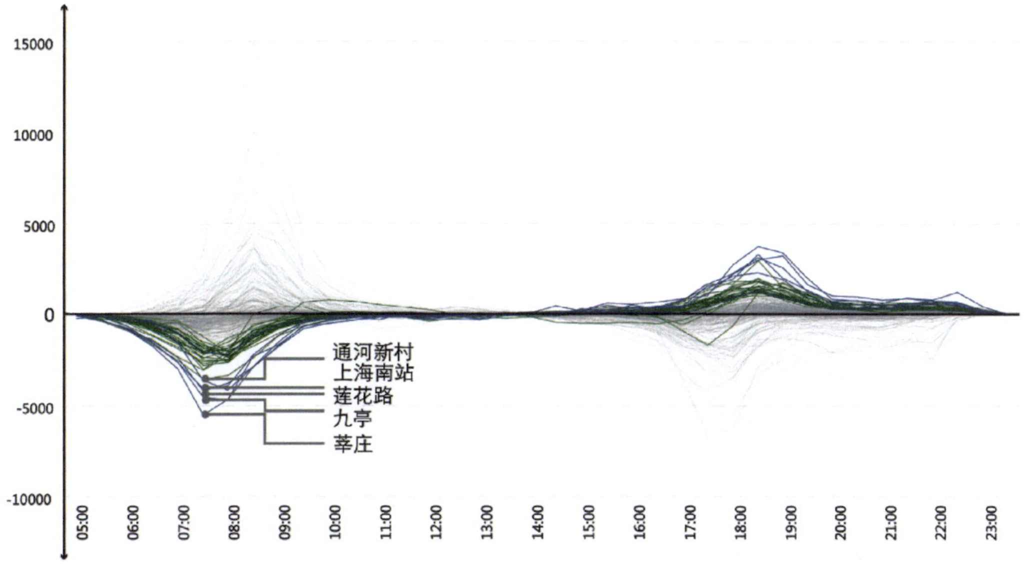


图 3-4-5 居住型站点
Fig. 3-4-5 Residence type stations

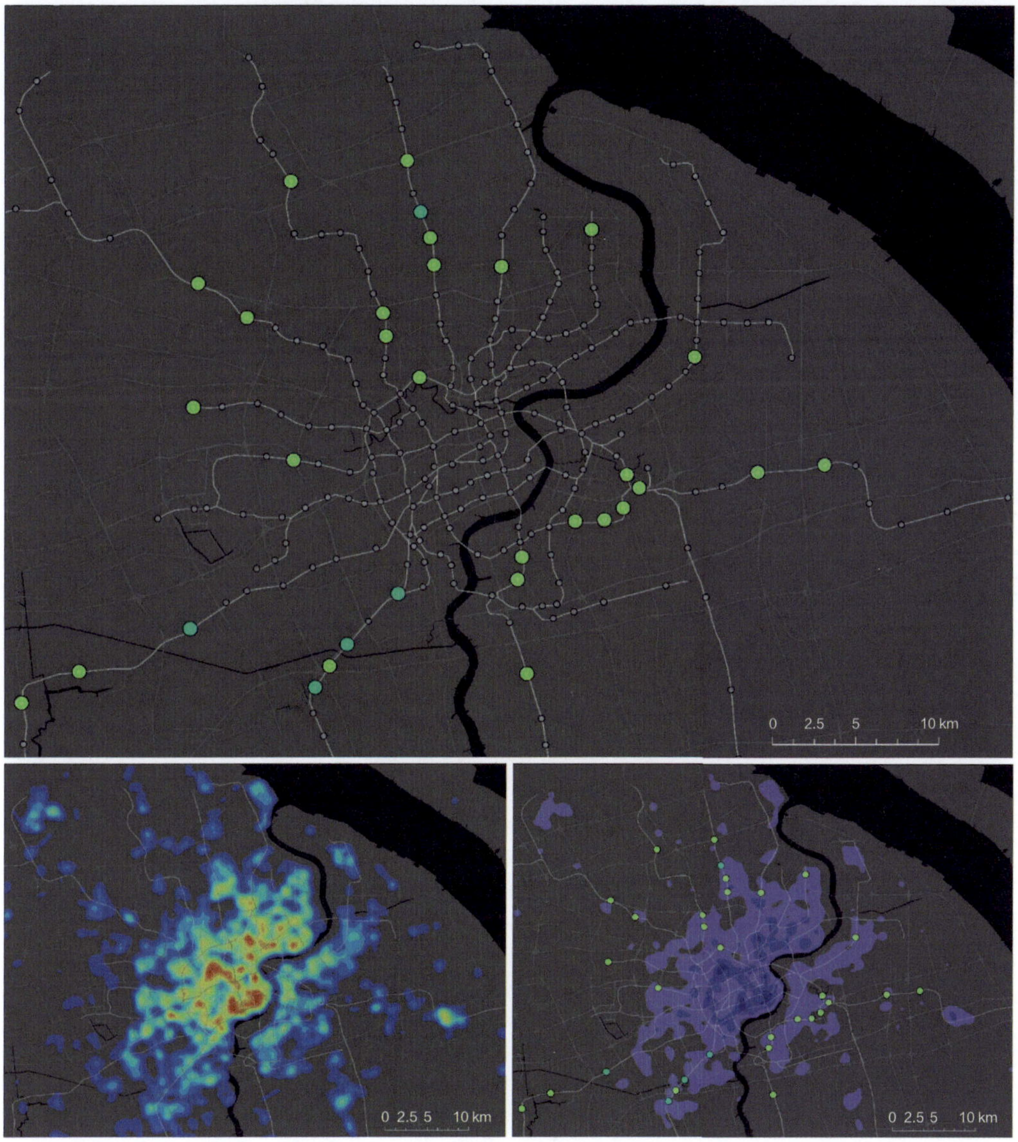


图 3-4-6 居住型站点
Fig. 3-4-6 Residence type stations

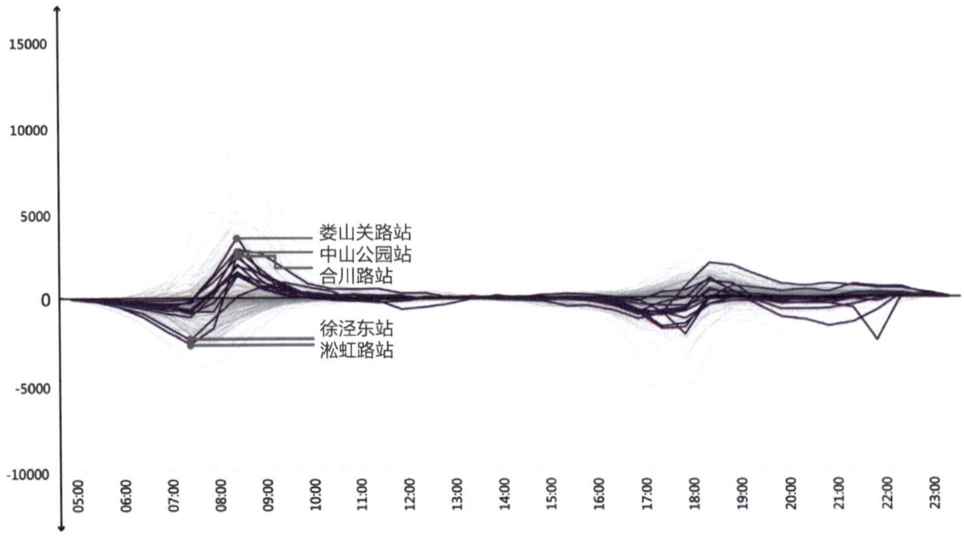


图 3-4-7 均衡型站点
Fig. 3-4-7 Balanced type stations

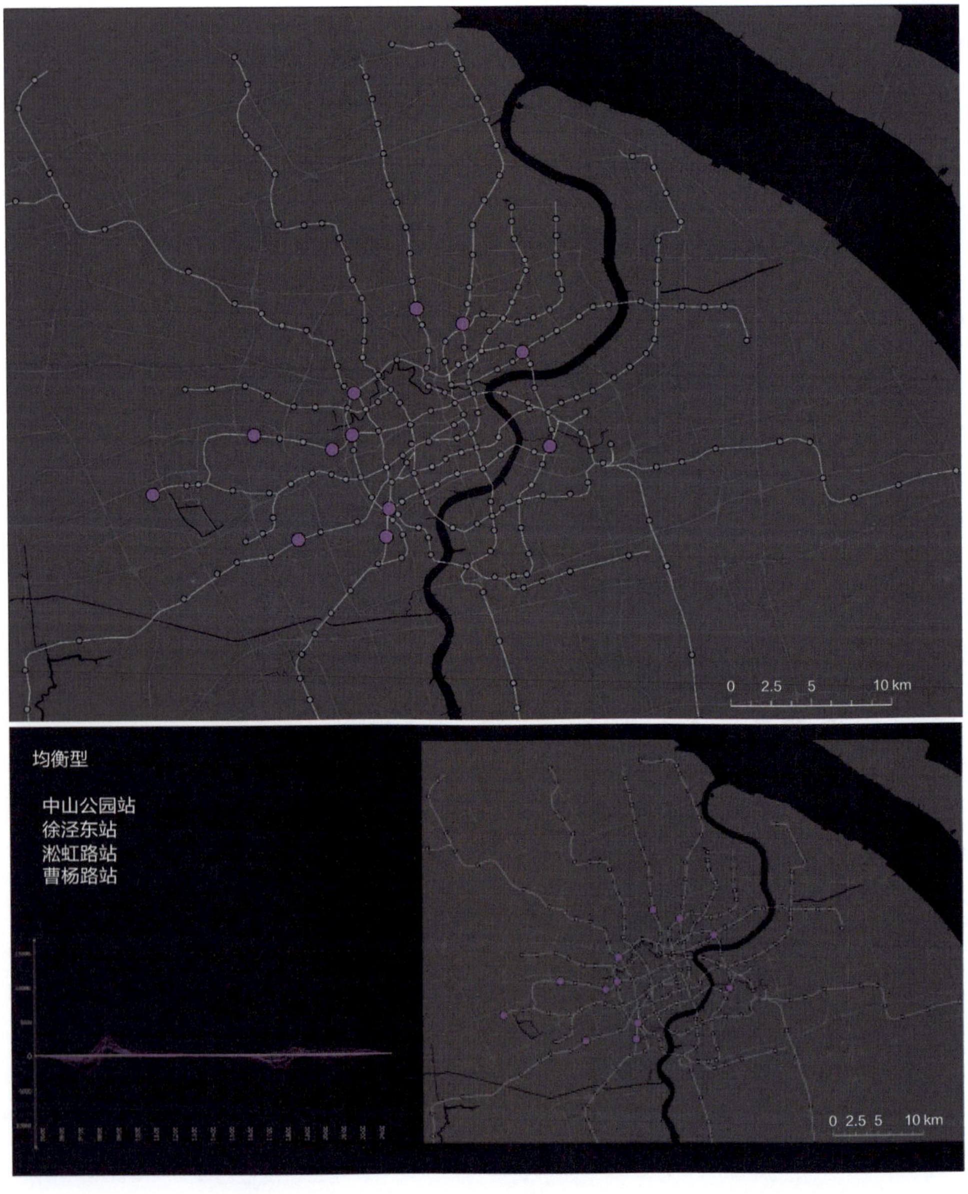


图 3-4-8 均衡型站点
Fig. 3-4-8 Balanced type stations

# 3.5 问题五：多层次的轨道交通体系不完善

Incomplete Multi-Level Rail Transportation System

## 3.5.1 上海轨道交通发展现状与存在的问题

随着我国城市化、现代化、机动化进程的加快，城市的交通需求不断增长和变化，机动车特别是小客车增长进入了爆发期，很多城市遇到了交通拥堵、能源危机、环境污染等问题。我国城市交通面临着前所未有的压力与考验。在各种城市交通方式中，轨道交通是目前被公认为影响各大城市发展的最重要的交通方式，合理的轨道交通规划不仅会直接影响城市整体布局和功能定位，对城市的土地利用和产业布局及人口的合理分布起到积极的导向作用，而且还能促进城市经济的健康发展和生态环境的持续改善。因此，合理的轨道交通系统对城市的发展具有十分重要的促进作用。

上海是率先进入轨道交通网络化建设和运营的城市之一。从 20 世纪 80 年代中期开始建设第一条轨道交通到 2014 年 12 月底，上海轨道交通已开通运营了 14 条线路（轨道交通 1~13 号线、16 号线），路网运营总里程数达到了 548 km，建有 337 座车站，线网规模居全国首位。上海轨道线网布局为环形放射状，由穿越城市中心区的数条径向线以及围绕市区的环线共同构成。发散型的线网布局符合上海的主客流方向，并使郊区新城与中心城相连接，体现了线网布局的整体性。

随着上海城市人口规模的增长及轨道交通线网规划理论研究的深入，上海市轨道交通线网规划的一些问题逐渐显现。过去十年间，上海轨道交通全网客流量年均增长约 16%。近年来，上海中心城周边建了很多新城和重要发展区域，大量人口集聚，形成潮汐大客流，进一步加剧上海轨道交通的运营压力。然而就目前而言，市域快线在解决中心城与新城之间交通的问题上未发挥应有的作用。市域线一般较长，如上海轨道交通 11 号线超过 100 km，起初规划市域线的功能主要是“快捷”地连接新城与中心城。但是，没有越行线的车站不能实现列车越行功能，与市域线的“快捷”功能要求相矛盾。由此可见，单一的轨道交通制度已经不能满足多层次的轨道交通需求。城市为满足不同客运走廊和区域的运量需求，应该形成多层次的轨道交通模式。

## 3.5.2 上海郊区铁路站点规划研究

作为城市快速轨道交通的一种形式，市郊铁路在解决城市中心区与郊区新城之间的交通问题中显示出了巨大的潜力。市郊铁路是指借用城市内外接合部的闲置铁路资源整条线路或部分运输能力，开行公交化列车，服务于城市公共交通客流的一种城市轨道交通系统。市郊铁路作为城市快速轨道交通的一种形式，主要承担城市中心区到郊区、郊区到郊区、卫星城镇与城市中心区之间的大量的乘客运输任务。市郊铁路网的建设是大城市经济可持续发展战略必不可少的重大决策，市郊铁路应成为城市轨道交通的骨干之一。

通过理论模型和规划模拟相结合的方法，探讨郊区铁路站点数量与乘客出行时间之间的关系，以及郊区铁路不同线路和站点规划对上海整体轨道交通可达性的影响。该研究为解决上海中心城与郊区新城之间通勤交通压力提供了一种具有建设性意义的解决途径，同时为上海未来轨道交通规划提供了一种新的评估方法。

### 1. 站点数量——出行时间模型

对于选择轨道交通作为主要出行方式的乘客而言，从居住地前往目的地的总出行时间主要由两段时间组成：乘客到站和离站时间、在线车行时间。当一条轨交线路站点分布很密时，乘客到、离站时间缩短，但由于行驶中列车停车次数多，旅行速度慢，导致在线车行时间加长；当站点分布很稀疏时，行驶中列车停车次数少，旅行速度快，在线车行时间缩短，但乘客到、离站所花的时间可能反而会超过在线行程部分所节省的时间。由此可见，在站点数量极小和极大之间存在着某一最优站点数，使得乘客的总出行时间最少。

设轨交的服务范围是以轨交线路为中位线、两倍辐射半径为宽的矩形区域，且只考虑乘客通过步行到达车站的情况，计算站点数量与步行期望所需时间之间的关系：

$$t_1=\frac{\int_{-r}^{r}\frac{1}{\int_{0}^{2(n+1)}}\sqrt{x^2+y^2}\ dxdy}{v_p}$$

式中 $t_1$——步行期望所需时间（s）；$n$——中间站点数；$l$——线路总长度（km）；$r$——服务半径（km）；$v_p$——步行速度（km/h）。

据经验，人的步行速度一般为 4~7 km/h；轨交列车的加速度为 0.9 m/s$^2$ 左右；极限速度在 80~120 km/h。假设轨交线路始终站间距（$l$）为 50 km；服务半径（$r$）为 3 km；人的步行速度（$V_p$）为 6 km/h；列车加速度（$a$）为 0.9 m/s$^2$；极限速度（$v_{max}$）为 120 km/h，分别代入上式，计算结果如图 3-5-1 所示。

步行期望所需时间与站点数成反比，且变化率呈现出递减的趋势，这意味着轨交站点数量的增加对节省乘客步行时间的效应是逐步递减的。而车行期望所需时间与站点数成线性正反比关系，站点数量越少，节省车行时间越多。这个结论与之前的推论基本吻合。

由图 3-5-2 可得出结论：在站点数量极小和极大之间确实存在着某一最优站点数，使得总期望出行时间最少，这个结论符合之前的推论。根

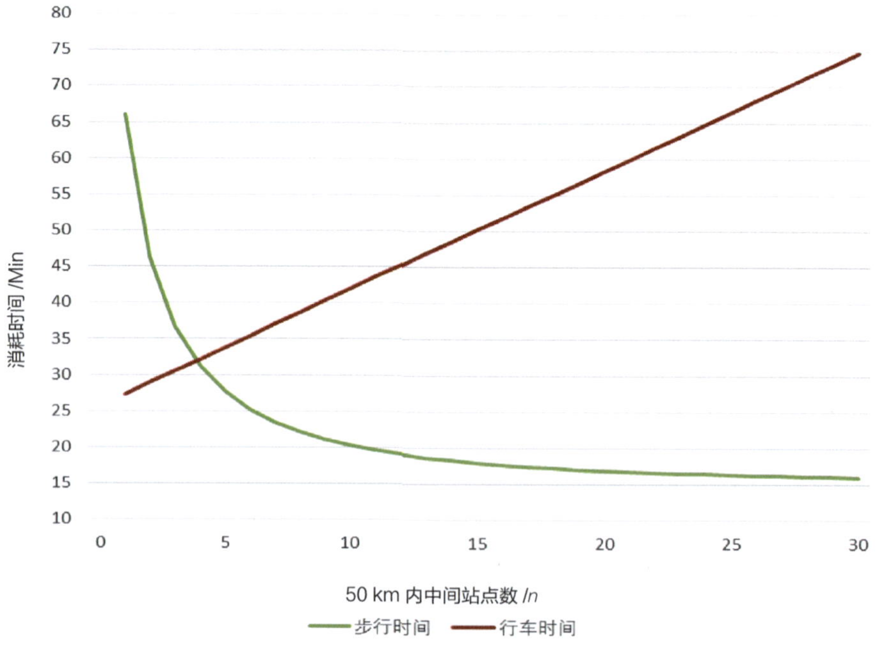


图 3-5-1　步行期望所需时间和车行期望所需时间与站点数之间的关系
Fig. 3-5-1 Relationship between number of station and expected spend time of walking and railway

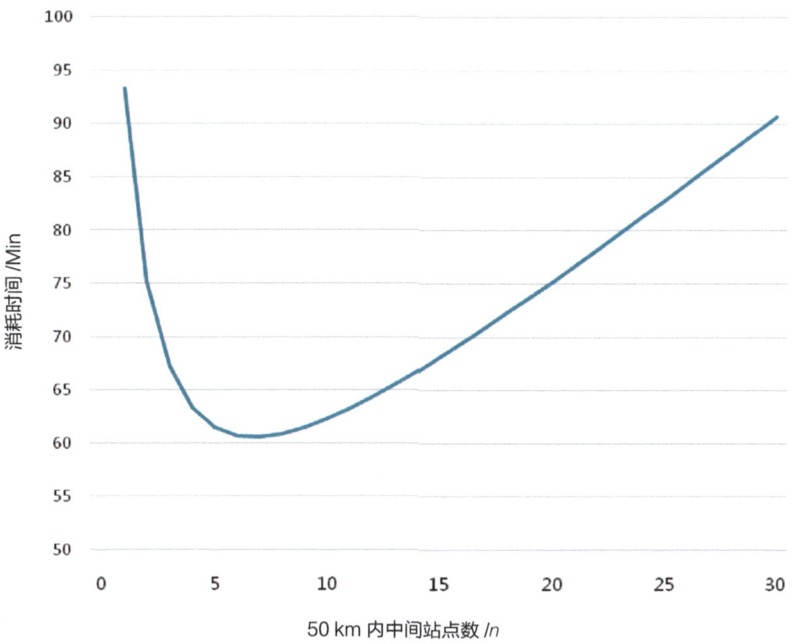


图 3-5-2　总期望出行时间和站点数之间的关系
Fig. 3-5-2  Relationship between number of station and expected spend time

据计算结果可知，当轨交线路始终站间距（*l*）为 50 km 时，分布 7 个站点（站间距为 7~8 km 内），总期望出行时间最少。

上述模型结论为城市轨道交通站点数量和站间距的合理设置提供了理论支持，并为新的研究方法的提出提供了借鉴。

**2. 郊区铁路规划影响评估**

在适当利用现有轨交站点和铁路资源的基础上，本研究规划了 3 条新的郊区铁路路线。第 1 和 2 条是与目前轨交 4 号线相类似的环线：第 1 条环线位于中环附近，主要连接上海两大机场（浦东国际机场、虹桥机场）、两个城市副中心（五角场、真如）和迪士尼；第 2 条环线负责连接浦东机场和郊区新城中心（宝山、嘉定、安亭、青浦、松江、金山、奉贤和临港新城）。第 3 条线路是在第 1、2 条环线优化的基础所提出的，将迪士尼、张江和五角场这三个重要的旅游、创新和生活中心连接起来，形成了一套完整的郊区铁路网络。

为了研究郊区铁路站点设置对大站之间通行时间和空间可达范围的影响，本研究按照站间距长度的不同将郊区铁路网规划方案划分为 4 个子方案（图 3-5-3 和表 3-5-1）。其中，列车的旅行速度的推导公式如下：

$$v=\frac{d}{t_0+\frac{d-s_0}{v_{max}}}$$

式中　$v$ ——列车旅行速度（km/h）；$d$ ——华均洲间距（km）；$t_0$ ——经验初始时间参数。0.05 h；$S_n$ ——经验初始距离参数，3 km。

表 3-5-1　郊区铁路网规划方案详细信息
Table 3-5-1  Details of suburban rail network planning schemes

| 方案 | 环线 1 | | 环线 2 | |
|---|---|---|---|---|
| | 平均站间距 / km | 旅行速度 /（km/h） | 平均站间距 / km | 旅行速度 /（km/h） |
| U | | 40 | | 40 |
| US1 | 8.7 | 90 | 27.4 | 108 |
| US2 | 6.4 | 80 | 14.4 | 99 |
| US3 | 5.1 | 75 | 8.1 | 88 |
| US4 | 6.3 | 80 | 15.3 | 100 |

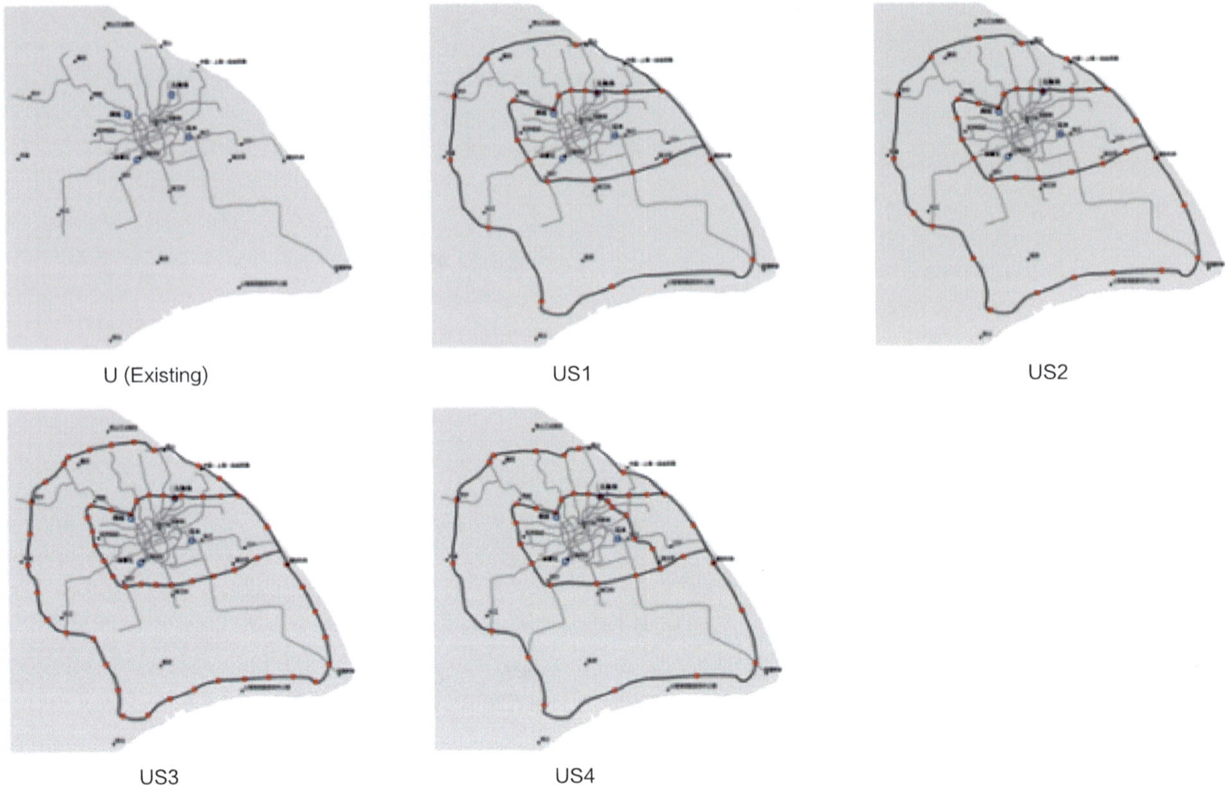


图 3-5-3　郊区铁路网规划方案示意图
Fig. 3-5-3  Planning scheme diagram suburban rail network

（1）大站间通行时间估计模型

综合轨交站点的区位、功能和客流量等多方面因素，本研究选取了 14 个站点作为重点研究对象，通过 ArcG1S 网络分析中的 OD（起点一迄点）成本矩阵计算，得到了每个方案中固定大站之间通行的最短时间成本（图 3-5-4~ 图 3-5-6）。这些结果在图中用直线相连接，但是所对应的属性表给出了实际所消耗的时间成本。

计算每个大站在不同方案下的平均通行时间成本，分析结果显示，郊区铁路能节省大站间的通行时间成本，尤其是对距离较偏僻的郊区新城，降低幅度非常明显。这体现了郊区铁路在缓解新城与中心城间通勤交通问题的能力。

计算每个方案大站间的累计平均通行时间成本，分析结果显示，在不添加第 3 条线路的前提下，随着站间距的缩短，大站间的累计平均通行时间是与之增加的。这个结论与上文中的抽象模型结论是相符合的。由于第 3 条线路在五角场、张江和迪士尼间建立了直接的通行路线，大大缩短了这 3 个大站与其他大站间的通行时间。因此，虽然方案 US4 的平均站间距接近于方案 US1，但其大站间的累计平均通行时间成本却较方案 US1 更低。这也证明了重要站点间的连通性在郊区铁路路线的设计中的重要性。

（2）空间可达性评估模型

作为中心城与郊区间的快速客运交通系统，郊区铁路在大大缩短郊区与中心城通勤时间的同时，也在一定程度上提高了整个区域的空间可达性。本研究通过建立空间可达性评估模型，分别模拟了每个子方案实施后上海城市轨道交通的空间可达范围，并在此基础上进行定量分析。

我们将城市划分为 1 km × 1 km 的网格，并在每个网格的中心安插了一个点代表这个

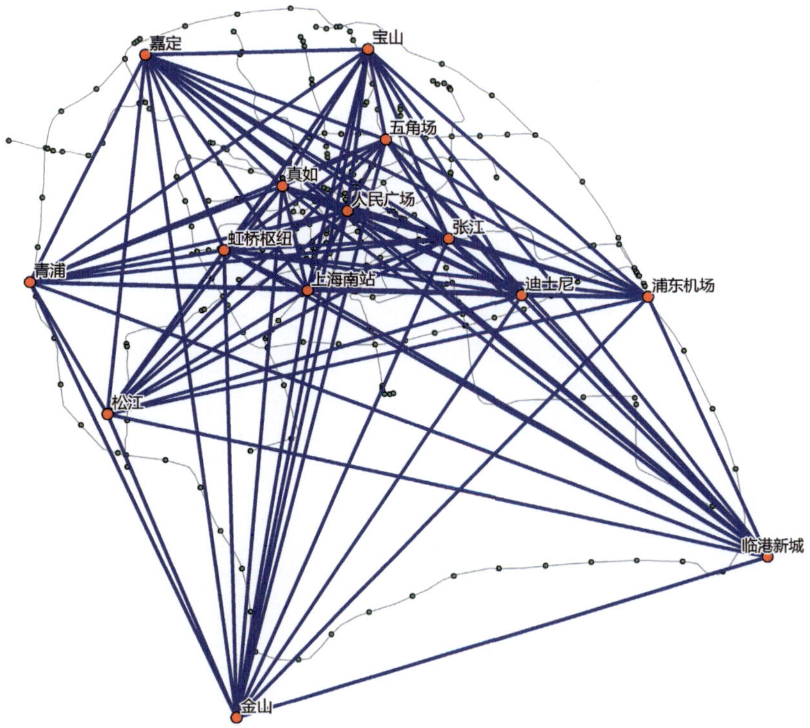


图 3-5-4　大站间通行时间估计模型
Fig. 3-5-4  Transit time estimation model between stations

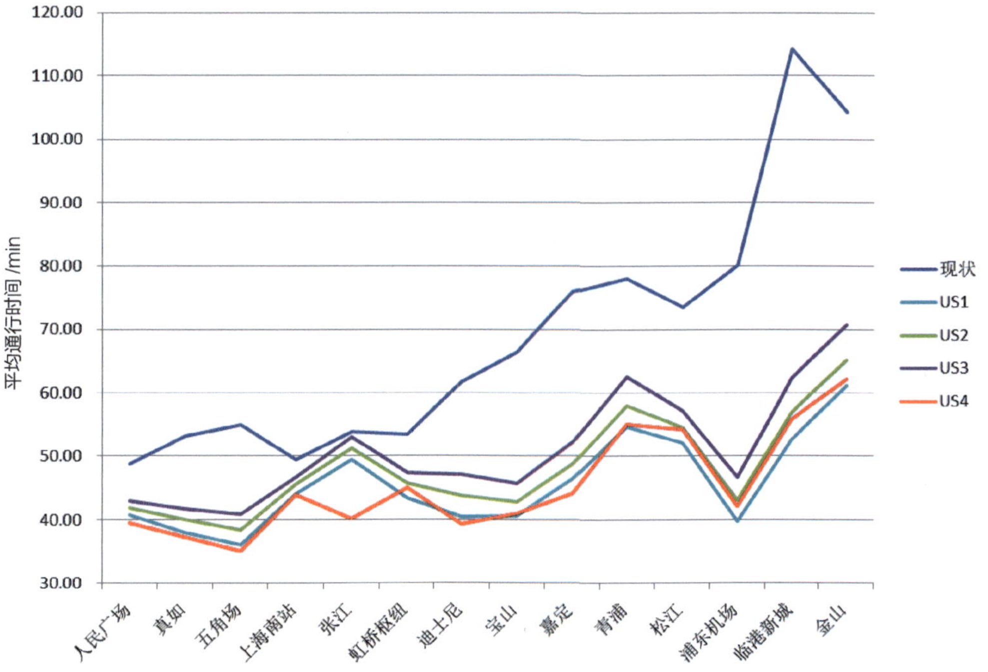


图 3-5-5　每个大站的平均通行时间成本
Fig. 3-5-5  Average transit time costs of stations

区域内所有的居民（图 3–5–7），计算从每个点出发 30 min 内通过步行和乘坐轨道交通相结合的方式所能到达的空间范围。

根据假设，居民的通行时间主要由两部分时间组成：到站步行时间和在线车行时间。首先，通过计算可得每个格网的中心点和最近轨交站点间的欧氏距离，并通过假设一般步行速度为 6 km/h，可推出每个中心点步行至最近轨交站点所花费的时间。如果步行时间超过 30 min，即认定该中心点所在格网不在轨交线路网的服务范围内；如果步行时间不足 30 min，则剩余时间可视为车行时间。

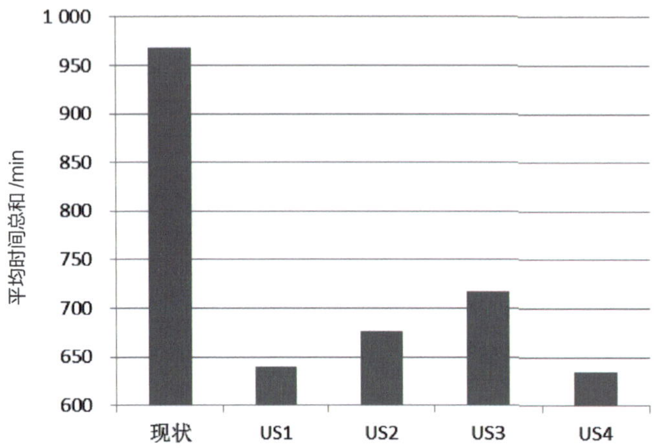


图 3–5–6　大站间的累计平均通行时间成本
Fig. 3–5–6  Accumulative average transit time costs between stations

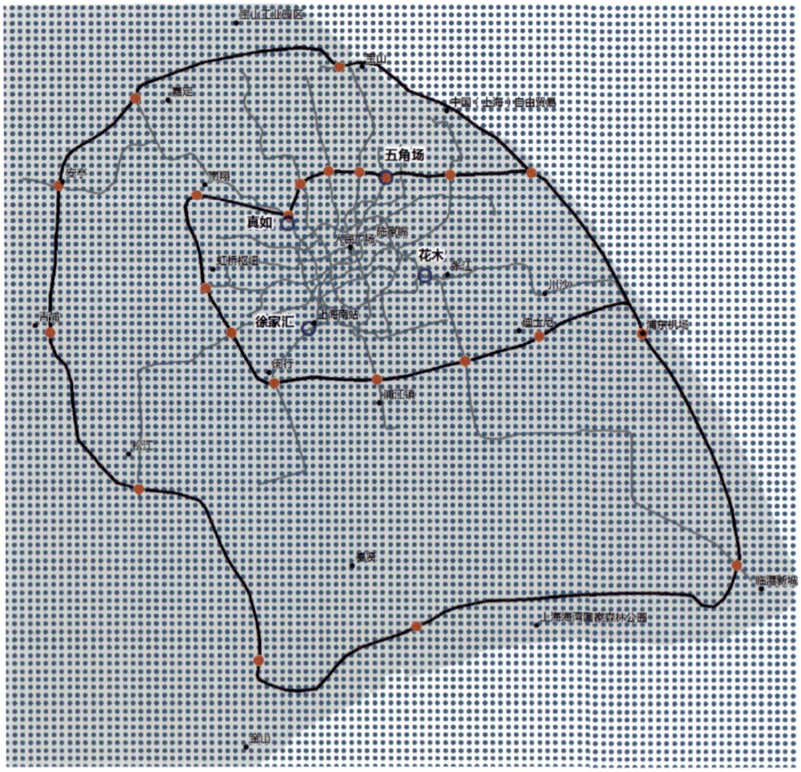


图 3–5–7　千米网格和中心点
Fig. 3–5–7  Km grid and center point

通过 ArcGIS 网络分析中的服务域（Service Area）模型，分别对轨交线路网中每个站点的 6 个服务域面（5 min、10 min、15 min、20 min、25 min 和 30 min）进行计算。

最后，计算每个中心点 30 min 内花在车行的时间，根据这个时间找到最近站点所对应的服务域，并将此服务域的面积作为该中心点所在格网通过轨道交通网可达的最大空间范围。针对每个方案，重复运用该模型进行计算，并统一将可达范围分为高（大于 500 $km^2$）、中（200~500 $km^2$）和低（小于 200 $km^2$）这三个等级，结果如图 3–5–8、图 3–5–9 所示。

根据模拟的分析结果可得以下结论：

基于相同的郊区铁路网设计方案，轨交系统对提升整个城市空间可达性的影响因素主要取决于站点数量的设置。如表 3–5–2 所示，随着站点的数量增加，轨交系统的服务范围不断扩大，但由于站间距的缩短，列车的行驶速度放缓，因此可达范围等级高的地区所占比例是递减的。

方案 US4 的站点设置方法与 US1 相似，环线 1 的平均站间距保持在 6 km 左右，环线 2

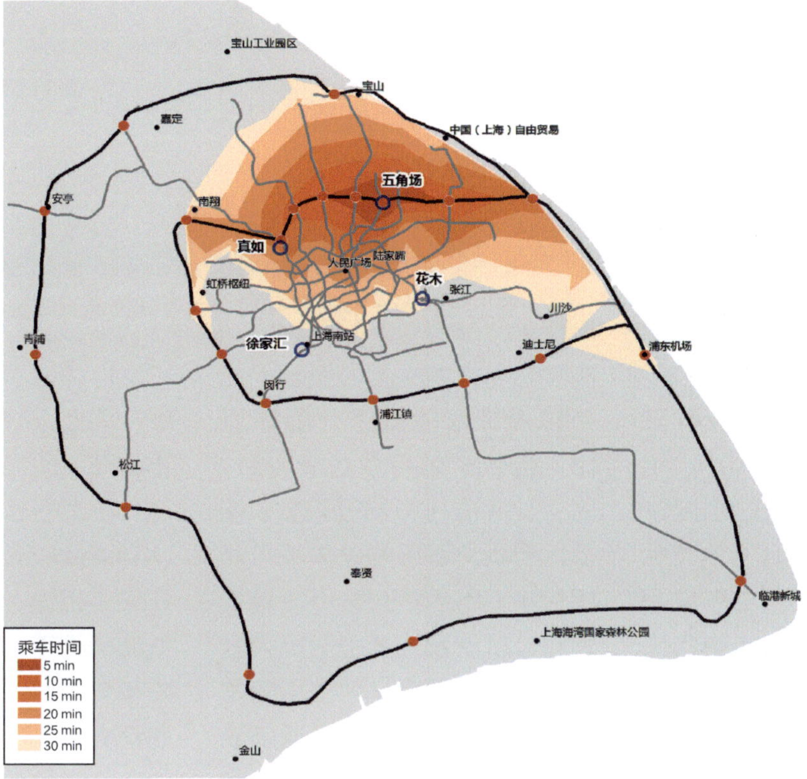


图 3-5-8　US1 方案中五角场站的 6 个服务域面的计算结果
Fig. 3-5-8  6 Service area of Wujiaochang station in US1

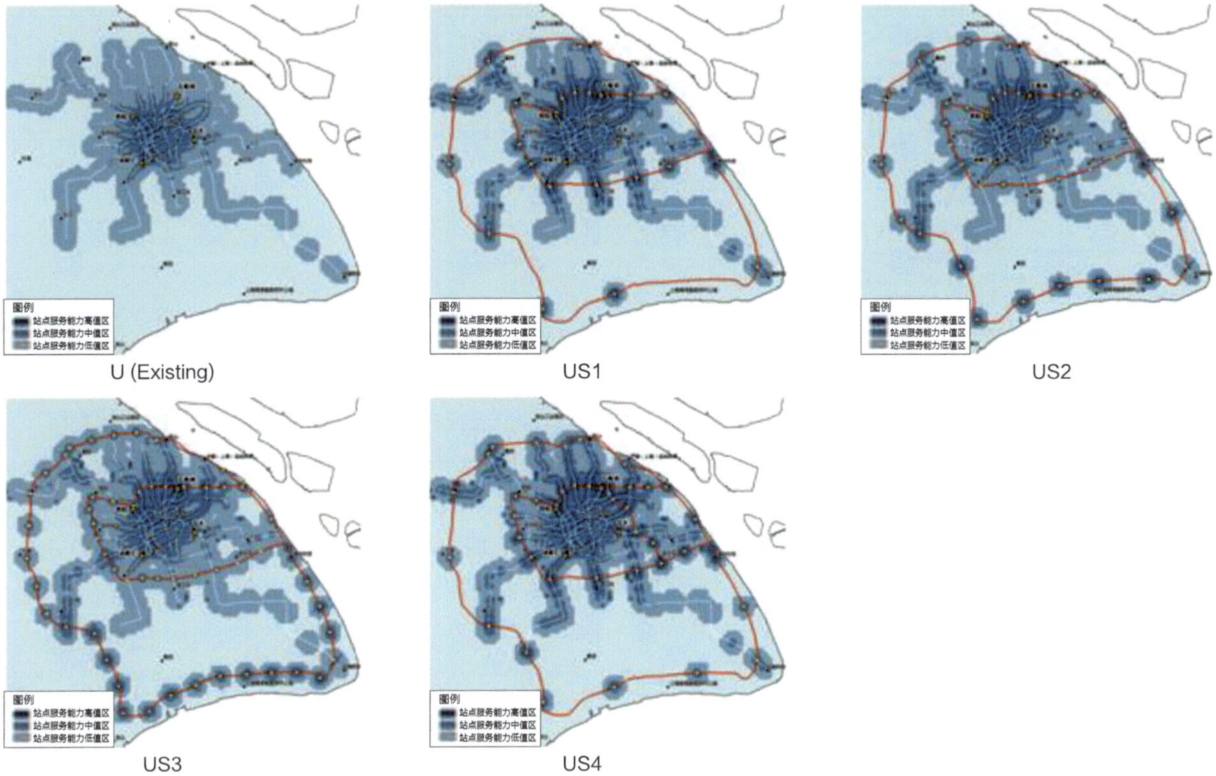


图 3-5-9　30 min 内上海不同区域的轨道交通可达性范围等级
Fig. 3-5-9  Reachable area level with rail in 30 min

表 3-5-2　不同可达范围等级的区域占上海市域面积比例
Table 3-5-2 The ratio between zones of different reachable area level and Shanghai area

| 方案 | 高（大于 500 $km^2$） | 中（200 ~ 500 $km^2$） | 低（低于 200 $km^2$） |
|---|---|---|---|
| U | 3.3% | 9.0% | 42.2% |
| US1 | 10.5% | 22.0% | 45.3% |
| US2 | 8.0% | 19.9% | 51.2% |
| US3 | 7.6% | 22.6% | 59.4% |
| US4 | 11.9% | 25.5% | 48.9% |

的平均站间距保持在 15 km 左右，但与前三个方案相比，新增了一条线路 3，总站点数较 US1 有所增长，因此，轨交系统的总体服务范围占城市总面积的比例达到 48.9%，排名位于方案 US1 和 US2 之间；另外，由于 US4 新增线路大大提高了轨交线路内部网络的整体连通性，因此，在可达范围等级为高的区域所占城市总面积比例这项指标上表现出了绝对优势，并超过了方案 US1。

（3）结论

将上述两个模型的结果进行归一化处理，并放置在同一个图表中，结果如图 3-5-10 所示：新增郊区铁路后的上海轨交系统网络，无论在大站间的交通便捷度还是轨交系统的覆盖率上都远远超过目前的轨交系统，收益的区域主要是郊区新城和换乘站点附近。

若基于同一个郊区铁路网的设计，大站间的交通便捷度与轨道交通的服务范围成反比，当轨交站点数量减少时，大站之间的通行时间成本降低，但轨交系统的总体服务范围缩小；而当轨交站点数量增加时，轨交系统能服务更大区域范围内的居民，但由于列车停靠站次数增多，行驶速度放缓，因此大站间的通行时间成本上升。

不同于其他方案，方案 US4 将城市内几个孤立的重要站点相连，因此其他条件相似的前提下，在大站交通便携度和轨交服务覆盖度这两个方面都表现出更优秀的特点。

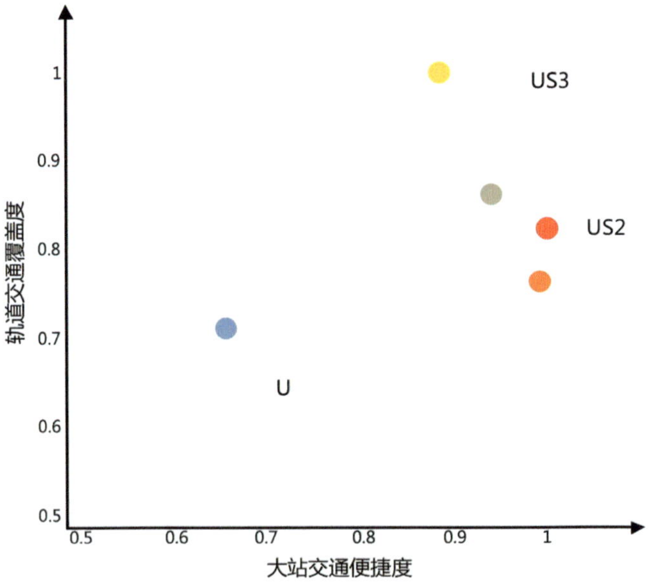


图 3-5-10　轨道交通大站间便捷度和服务覆盖度之间的关系
Fig. 3-5-10 Relationship between convenience and coverage in different planning schemes

# 3.6 问题六：城市创意活动空间布局缺乏科学性

Urban Creative Space Analysis

新浪微博等社交媒体在本质上是人的链接，还有一些网站能够提供活动的链接，比如豆瓣同城。该网站是国内最大的线下活动信息发布和组织平台，其主要活动类型包括音乐、演出、话剧、展览、电影、讲座沙龙、戏剧曲艺、生活聚会、体育、旅行、公益等。仇勇懿采集了豆瓣同城上记录的上海地区历时 5 年的各类活动信息，共获得 455 万多条活动记录，涉及活动总数6 992项，涉及人数 221 883 人。在此基础上研究描绘出了上海的创意互动空间格局，并探讨了其与社会及空间因素之间的相关性。图 3-6-1 显示了 2009—2013 年豆瓣同城网站所记录的上海地区全部创意互动活动空间分布情况。

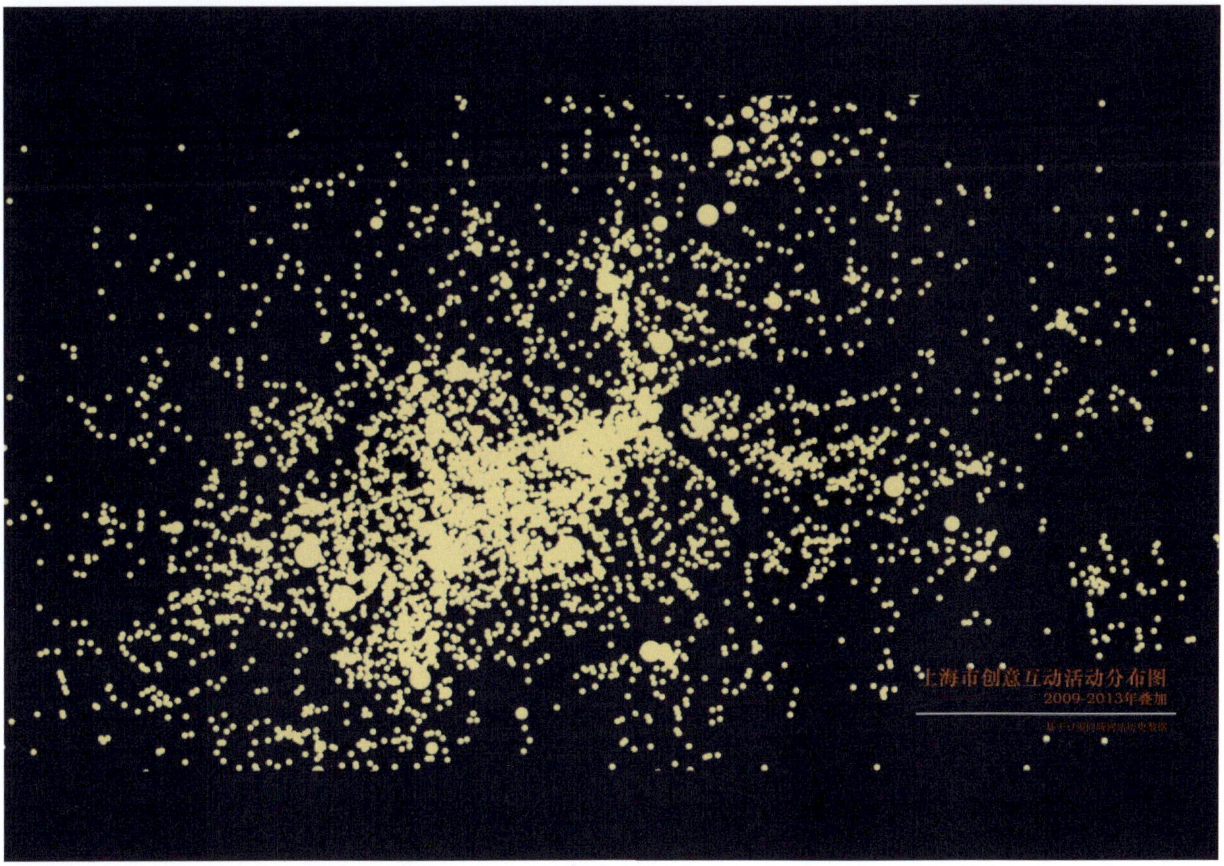


图 3-6-1　上海市创意互动活动分布图（2009—2013 年）
Fig. 3-6-1 The distribution of Shanghai creative spaces (Year 2009-2013)

### 3.6.1 上海市创意互动行为 M 型城市空间分布格局

以上海市人民广场为城市中心，分析城市不同圈层的创意互动活动分布状况可以发现，参与人次在空间上呈现 M 型分布趋势（图 3-6-2），第一个数值高峰出现在距离城市中心 3~4 km 区间，第二个数值高峰出现在距离城市中心 6~7 km 区间。研究提出，上海创意互动活动的 M 型空间格局主要受到两大发展动力的影响。在 3~4 km 圈层范围内，创意互动的集聚主要受益于城市中心密集的文化和商业资源，虽然受到高地租的影响，但这里参与活动的创意阶层消费能力也较强，形成了稳定空间形态。6~7 km 圈层区内，创意互动的集聚受益于城市的高校资源，其中以主要以东北片区的同济大学、复旦大学，西南部的东华大学、上海交通大学为首。

研究进一步分析创意园区中的活动分布状况。经过多重缓冲区分析，创意园区的活动参与人次同样也出现了 M 型的分布结构（图 3-6-3、图 3-6-4），在距离城市中心以外的 3 km 区间创意互动活动人次形成第一个高峰，并在 6 km 区间集聚形成第二个高峰。尤其后者，不论是创意园区的个数还是活动人次总量，都在这个区间达到了最高峰。

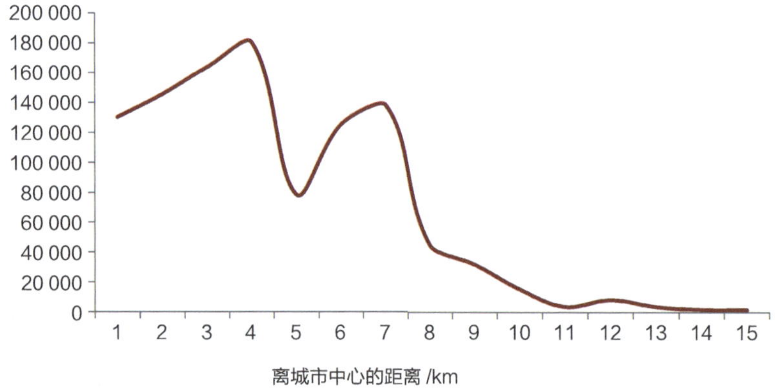


图 3-6-2　上海市创意互动活动分布图（2009—2013 年）
Fig. 3-6-2 The Distribution of Shanghai creative spaces (Year 2009-2013)

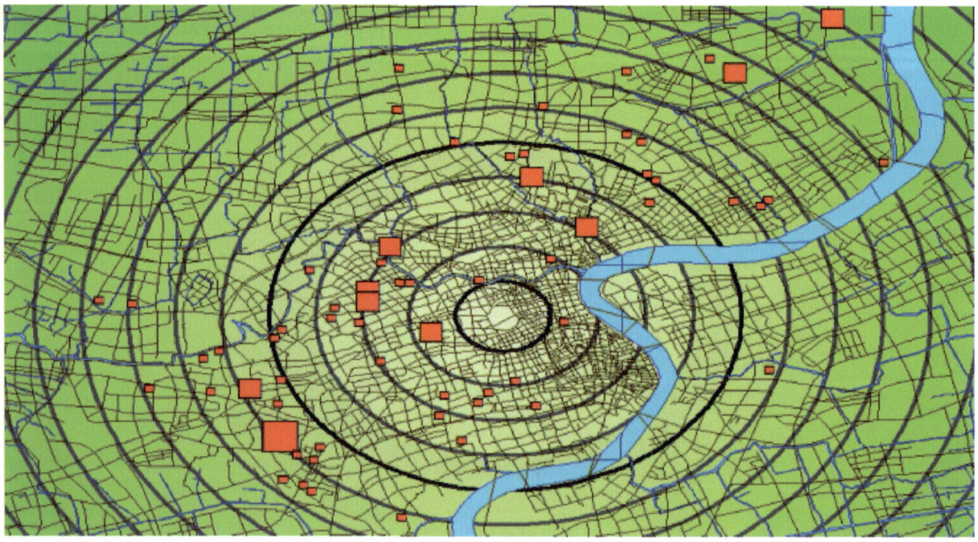

图 3-6-3　上海市 61 家创意产业园空间分布图
Fig. 3-6-3 The Distribution of 61 creative industry part in Shanghai

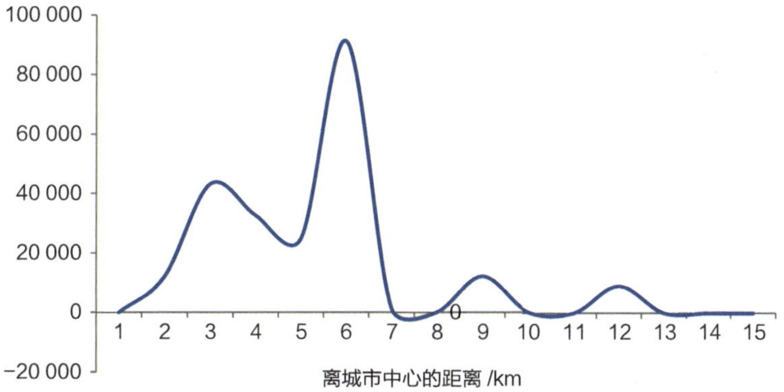


图 3–6–4 上海市 61 家创意产业园活动人次与城市中心区距离的关系
Fig. 3–6–4 The relationship between number of visitors in 61 creative industry parks and their distances from city center

另外在 9 km 区间和 12 km 区间内部也存在一定的活动量。研究认为，在 3 km 圈层区间内的创意园区深受城市商业文化的影响，具有较强的经营盈利能力，如田子坊、同乐坊、800 秀创意园等，而草根式自发的园区如 696 艺术园是无法在这里生存的，只能接受改建的命运。而 6 km 区间内的创意园区，如新十钢、创邑源等，其发展类型更具理想性、文艺性特征，周边高校资源也较为丰富，譬如东华大学、上海交通大学等，具有人才型推动的特征。M 峰值区间内部创意园区的数目达 24 家，占空间总数的 40%，而活动次数达到 134 436 人次，占总人次的 60%；而在其他区间创意园区的情况却恰恰相反，创意园区的数目有 37 家，达到全体的 60%，活动次数却只有 92 751 人次，只占总比重的 40%。众多历史旧址改建的项目，如新十钢、空间 188、M50、同乐坊、1933 老场坊等排名靠前的创意园区，其自身活动参与人次数已经接近或超过周边半径 1 km 范围内所有活动参与人次的半数，特别是在周边地区互动活动不甚发达的情况下表现得更是明显。另外，峰值区间的创意园区由于本身提供大量的创意互动活动，已经成为城市创意互动空间体系的重要组成部分。

### 3.6.2 高密度异质性人口格局对创意互动行为的促进

研究以行政区为单位并借助于六普人口数据开展了人口格局与创意互动活动的相关性分析，以期得出人口分布与活动分布的内在规律。研究结果表明，城市人口密度对创意互动活动的重要性要远远超过人口规模。研究者继而测试了经济指标，结果同样显示，创意互动活动与经济总量之间不能建立有统计学意义的回归方程，说明经济总量对互动活动没有影响，而经济密度却与创意互动活动有着非常高的相关性（图 3–6–5、图 3–6–6）。这也暗合了创意互动活动的需求特点：互动需要大量近距离接触。高密度的人口分布能够极大地加强人际接触的可能性，提高创意互动活动的活力。通过 R2 指标的比较发现释函数关系比线性关系明显更具解释力，这说明人口密度因素与活动人次之间并不是简单的线性关系，而是一种初期比较平稳、中后期急剧加重的变化的幂函数型关系模式（幂指数为 1.241 6>1）。这种关系蕴含了一种密度递增效应，即在其形成一定的密度调值之后，活动人次将呈现一种超越线性的爆炸式增长。

经济密度因素与活动人次之间同样具有这种递增效应（幂指数为 1.166>1），但相对人口密度而言，经济密度的

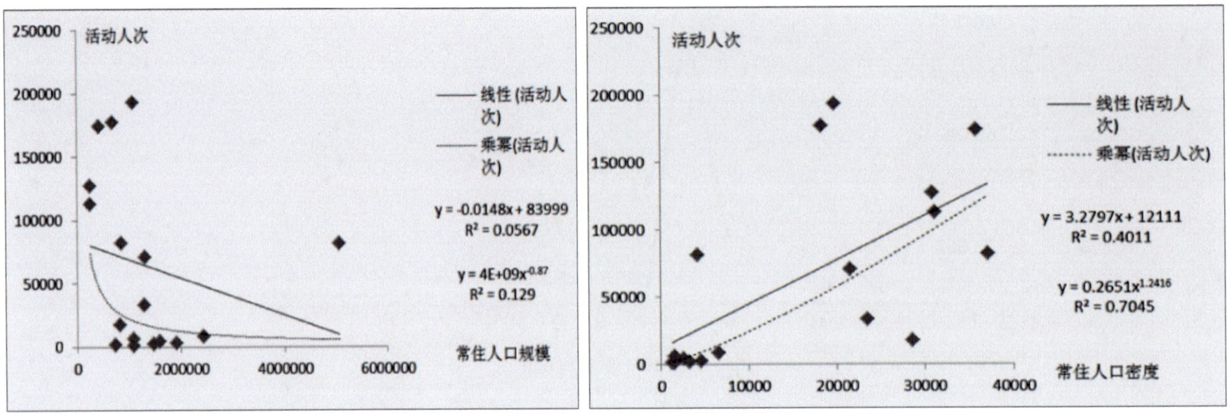


图 3-6-5　常住人口规模（左）和密度（右）与创意互动活动人次的关联性分析

Fig. 3-6-5 Correlation between residential population (left) and number of creative activities participants

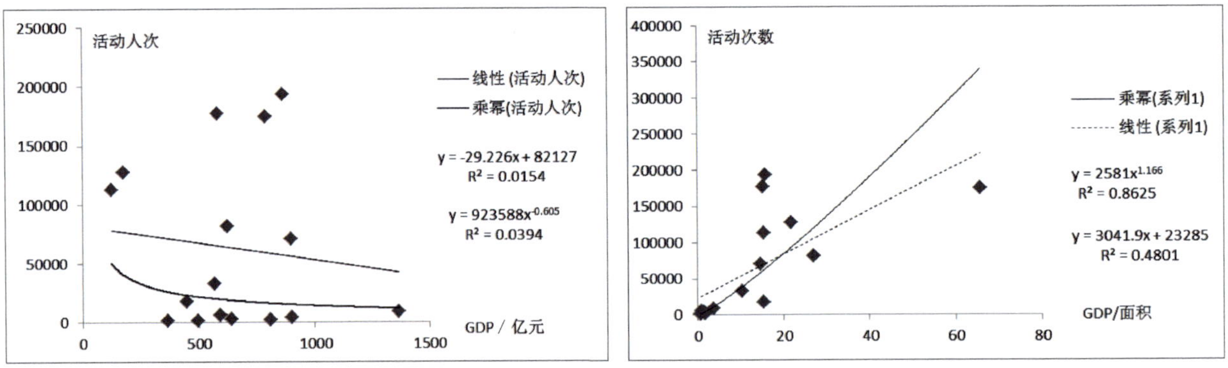


图 3-6-6　经济规模（左）和密度（右）与创意互动活动人次的关联性分析

Fig. 3-6-6 Correlation between economy scale (left) and number of creative activities participants

递增效应相对较小。这充分说明在创意经济时代，至少对于创意互动行为而言，高素质的人口比单纯的经济产出更具意义。

除了密度的影响，研究者进一步测试了城市异质性对创意互动活动的影响。城市的异质性要素可以表现在很多方面，其中社会人口构成的异质性尤为重要。上海作为一个正在崛起的全球城市，境外人士在各个方面都起到重要的作用，对创意互动空间而言，境外人士比重是一个重要的异质性指标。在境外人士比重与创意互动活动之间建立回归分析得出两者存在较强的相关性，两者构建的幂函数解释力达到 0.65，即境外人士的比重越高，创意互动活动数量也越高（图 3-6-7）。

### 3.6.3　人才对创意互动活动的促进作用

创意互动空间的成长是各方面高素质人才共同参与的结果，不仅仅需要创意内容的高水平生产者，懂得欣赏、愿意消费的群体，还需要那些拥有专业服务能力的辅助群体。只有构建完善的人才池，才会形成自我组织、自我激发的创意互动空间。值得说明的是，人才演化动力并不是简单的人口异质性，而是各类相关人才的聚合协同作用结果。对相关行业、教育水平、收入等因素与创意互动活动进行相关性分析可以发现：高收入、高教育水平等体现人才素质的指标对创意互动活动的支持不容否定。此外，金融、文化、信息产业人士比重指标的解释系数基本相当，说明需要从系统的角度而不是从单一行业的角度去考虑（表 3-6-1）。

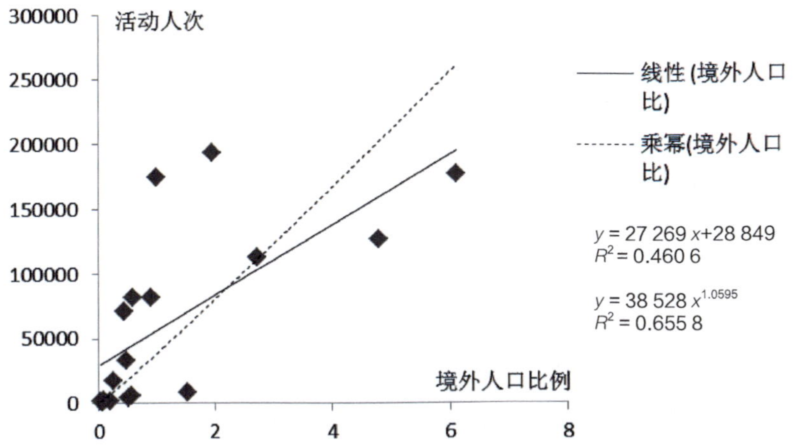


图 3-6-7 境外人士比重和创意互动活动人次的关联性分析

Fig. 3-6-7 Correlation between foreigners percentage and number of creative activity participants

表 3-6-1 各种人才因素对创意互动行为的影响关系

Table 3-6-1 Talent resource's influence on creative activities

| 人才因素 | 解释系数 $R^2$ | 对数值回归公式 |
|---|---|---|
| 房租（收入水平） | 0.885 1 | $y = 3.755\,4\,x - 4.118\,5$ |
| 金融人士比重 | 0.807 8 | $y = 2.054\,9\,x + 8.486\,3$ |
| 文化人士比重 | 0.740 9 | $y = 2.927\,7\,x + 9.033\,8$ |
| 第三产业人比重 | 0.740 3 | $y = 4.207\,9\,x - 7.115\,6$ |
| 平均受教育 | 0.728 5 | $y = 14.935\,x - 25.709$ |
| 信息行业人士比重 | 0.658 7 | $y = 1.879\,x + 8.740\,4$ |
| 第二产业人员比重 | −0.754 9 | $y = -3.027\,x + 20.493$ |

### 3.6.4 历史文化保护区对创意互动活动的集聚作用

研究假设历史文化保护与创意活动有着密切的联系，并对上海市的创意互动活动与12处历史风貌保护区之间的空间关系进行了分析。通过ArcGIS软件进行图层叠加可以获得历史风貌区与城市创意互动活动叠加关系图。只需要简单的识别就可以发现：上海创意互动行为高度集中于各个历史风貌区及其周边地区，而那些没有市级历史风貌区的区域，无论是活动参与数量还是空间数量，都远远逊色于前者。

为了进一步论证这种关联性，研究以历史风貌区为基准开展了多重缓冲区分析，分别设置500 m、1 000 m和2 000 m三大缓冲空间，并对各自区域内的空间数和活动数进行统计（图3-6-8、图3-6-9）。结果显示，历史风貌区对城市创意互动空间发展联系比较强，约有58%的创意互动空间聚集于历史风貌区内部及周边500 m范围内，但对于创意互动活动参与数而言，这一数据达到了72%，说明大部分创意互动都倾向于选择在历史风貌区。

### 3.6.5 可达性对创意互动活动的支持作用

创意互动空间的运行和发展既需要要素流动的空间，也离不开交通条件的支持。然而对不同类型的人群来说，所需要的交通条件也是不同的。为此，研究针对地铁和高架道路与这些活动的分布状况之间的关系展开了分析。

将创意互动活动空间分布图层与轨道交通图层进行叠加，并设定250 m、500 m、750 m和1 000 m四个缓冲区间，研究发现：在500 m之内创意互动活动的单位面积强度远远超过500 m外的区域，形成第一道门槛，在750 m范围内形成了第二级门槛（图3-6-10、图3-6-11）。二级门槛效应非常明显，说明对城市总体而言，创意互动行为与轨道交通紧密相关，创意互动空间需要城市轨道和步行交通系统的大力支持。

以上说明了步行环境对创意互动活动有着重要的意义。

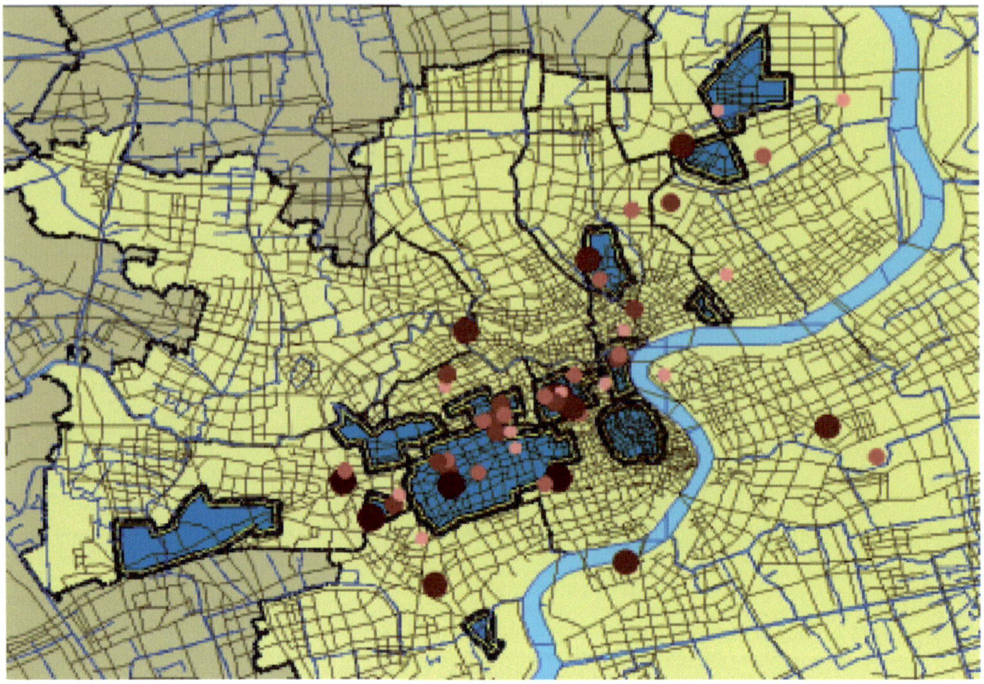

图 3-6-8　历史风貌区与城市创意互动类活动排名前 50 位空间叠加关系图
Fig. 3-6-8 Spatial creative of historical areas and top 50 spaces for urban creative activities

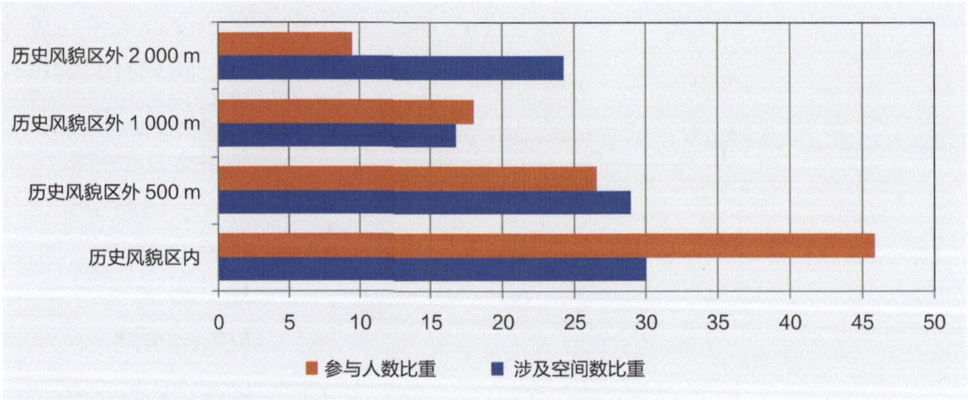


图 3-6-9　历史风貌区与创意互动空间数量 / 参与人数的关系
Fig. 3-6-9 Relationship between historical areas and number of creative spaces/participants

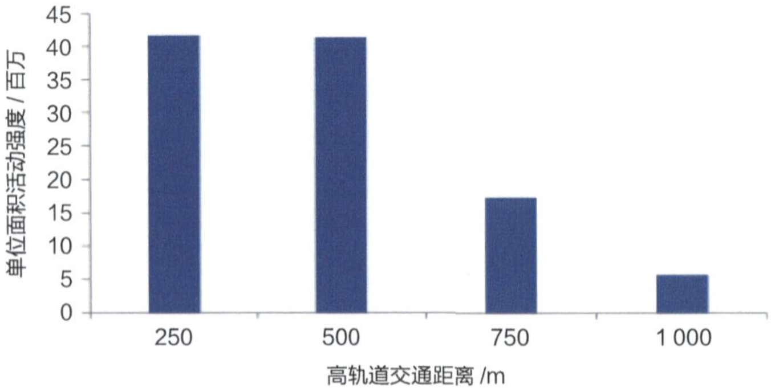


图 3-6-10　创意互动行为次数随城市轨道交通距离分布情况
Fig. 3-6-10 Number of creative activities along with rail lines

那么，车行空间的影响有多大呢？研究借助于上海高架道路与这些活动的关系进行了分析，并考虑了匝道出入口的影响。研究显示：距离高架路不同距离的单位活动强度可以分为三大区间，分别是距离高架路 0~750 m 的高强度活动区，750~1 500 m 的中等强度活动区，以及 1 500 m 之上的低强度活动区，呈现随距离增大而逐步衰减的趋势。总体而言，创意互动行为对车行空间有一定的依存性，但并没有对人行空间的依存强烈。

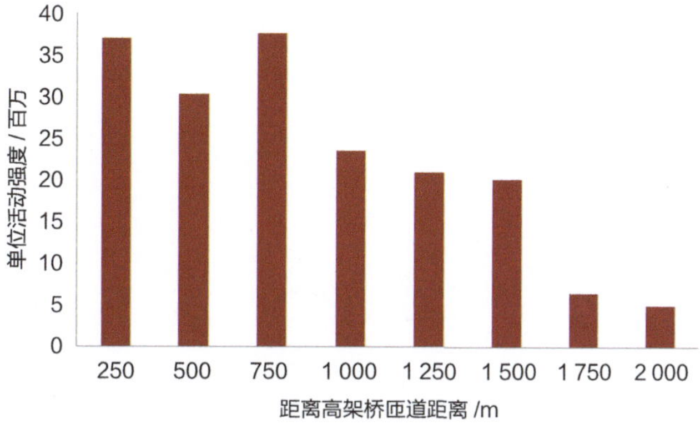


图 3-6-11　创意互动行为次数距城市高架路匝道距离分布情况
Fig. 3-6-11  Number of creative activities along with urban elevated roads

张祖勋　院士
武汉大学教授

中国城镇化发展到了这个阶段，我认为必须依靠智慧，而非资源发展。

第一，首先需要的是制度的智能化。需要通过制度的智能化衡量城市建设的发展。以交通为例，解决城市交通问题，一个核心问题是大城市停车设施的建设。通过停车设施的大量收费，迫使人们减少地面交通出行，这就是通过制度建设和管理的智能化解决城市建设问题。

第二，需要数据的共享。数据不共享、难共享是我国智能化建设的最大问题。通信公司的数据如果可以实现共享，可以解决大量问题。如果涉及保密问题，需要使用该数据的单位签署保密协议。比如，上海外滩的踩踏事件，如果可以从地图上看到一个区域内手机有多少密度、多少亮度，就可以及时提供警示。解决了数据共享问题，就可以做出很多改进，比如一个区域中是否需要增加公共服务设施等。同时，数据的共享可以大大推进智能化建设的程度。

第三，传感器的问题。从 1956 年美国提出了人工智能的概念以来，经过 20 世纪 70 年代和 20 世纪 80 年代的发展，在 20 世纪 90 年代到 21 世纪开始下滑，原因是当时的计算机还没能达到如此高的水平。但是现在随着智能技术的飞速发展，智能化程度大大提升。只要有数据，就能进行分析处理，所以数据的获得成为智能建设的关键。值得注意的是，这里的数据不是传统的统计数据，而是通过传感器获得的数据。这才是真正意义上的大数据，各种各样的数据都会传给一个计算中枢，并在此进行分析。智能化的城市建设和一般传统城市建设的区别就在于此。

# 第四章　智能建设数海

CHAPTER 4

DATA OCEAN FOR INTELLIGENT CONSTRUCTIONS

# 4.1 智能建设数海的必要性及意义

The Necessity and Significance of Developing Data Ocean

张建云 院士
南京水利科学研究院
院长

新型城镇化有若干个方面来体现，而智能化则是其中非常重要的一个方面。智能化建设，应该是将现在的物联网、云计算、大数据等应用技术，在城镇化建设过程中加以应用。关于研究思路方面，工程院已经做了关于城镇化建设和智能城市建设的项目，本项目如何与前两个项目相区别，我觉得，重点内容应放在，智能化城市规划与以前城市规划有哪些不同、会应用哪些关键技术、如何确定智能化城市建设原则、在智能化的不同阶段的发展目标各是什么、通过何种考核指标具体体现等。

### 4.1.1 建设行业的智能化需要数海支撑

建设行业的信息化建设过程中，各个数据监测机构之间并未建立协作机制，从而造成了“信息孤岛”现象，使得数据格式不统一、管理不规范、重复建设、难以进行信息的汇总和传递。因此，需要“数海”作为建设行业智能化的支撑。

1）数据的重复采集造成建设资源浪费

目前，建设行业内的数据分布非常零散，主要体现在数据覆盖范围的不一致、数据内容的不完整性、业务数据分散管理和维护。数据分别掌握在不同的监测机构手中，而这些机构彼此之间也并未形成协作的数据采集机制。每个监测机构都有自己的一套数据库系统，但他们之间并不了解对方有哪些数据，因此存在着大量的重复采集数据，间接造成了的企业劳动力和资本的浪费。

2）数据的不可获取成为建设工程的阻碍

数据收集难是建设工程行业的主要困境之一。建筑业统计口径为具有建筑资质的企业。大多数资质企业都同时拥有众多施工项目，更有些大型建筑企业，其施工项目往往覆盖全国各地，甚至还有境外施工项目，因而收集项目的统计资料并不是一件容易的事，所搜集到的数据也往往存在着滞后或填报不够准确等问题。

造成这一困境的根本原因是数据资源无法共享：一是部门不愿意拿出自己的数据共享；二是各部门独立建设的系统，在技术上很难实现便携的数据共享，即使达成共享协议，也只能停留在物理数据拷贝的共享模式上，这样无法保证数据安全性和合法性，也无法提供在线及时的现实数据，造成提供者和使用者的不满。

3）数据格式不统一使建设工程成果难以传播

在建筑工程数据的管理工

作中，经常能遇见一些多数据源的资料，由于这些数据不是按统一的格式或标准保存，所以在日常工作的管理上造成了诸多不便；与此同时，建筑工程成果的实际应用中，不同格式数据之间的转换也会导致一些不兼容数据的丢失或出错，间接地影响了成果传播的效率和质量。数据标准包括数据的格式、采用的坐标系、数据的内容分类、数据的编码分层等，最明显的是规划和国土的基本地形图，规划部门采用本地坐标系，国土部门采用西安80坐标系，这种情况不利用数据共享和统一展现。

4）数据传输不准确影响建设工程精确性

数据传输的正确性和可靠性可谓至关重要。然而，在现阶段，建筑工程行业内的数据传输过程中却存在着较大的数据质量问题，特别是不同格式数据之间的交换。由于缺乏统一的数据传输标准，造成了数据传输障碍和出错等问题。数据的不精确将直接影响建筑工程的精确性，亟须进一步解决。

### 4.1.2 数海对智能建设的意义

目前城镇建设各个子系统之间未能形成理性协同系统，对城乡区域的和谐与永续发展造成了威胁和挑战。城乡建设过程中的各要素和各系统之间未能形成理性化的匹配，造成了建设从城镇群区域规划、城市规划设计、建筑设计、施工设计以及运营管理中的大量数据浪费，形成了数据隔离，所以急需建立我国城乡建设系统间的数据连通系统，把我国城

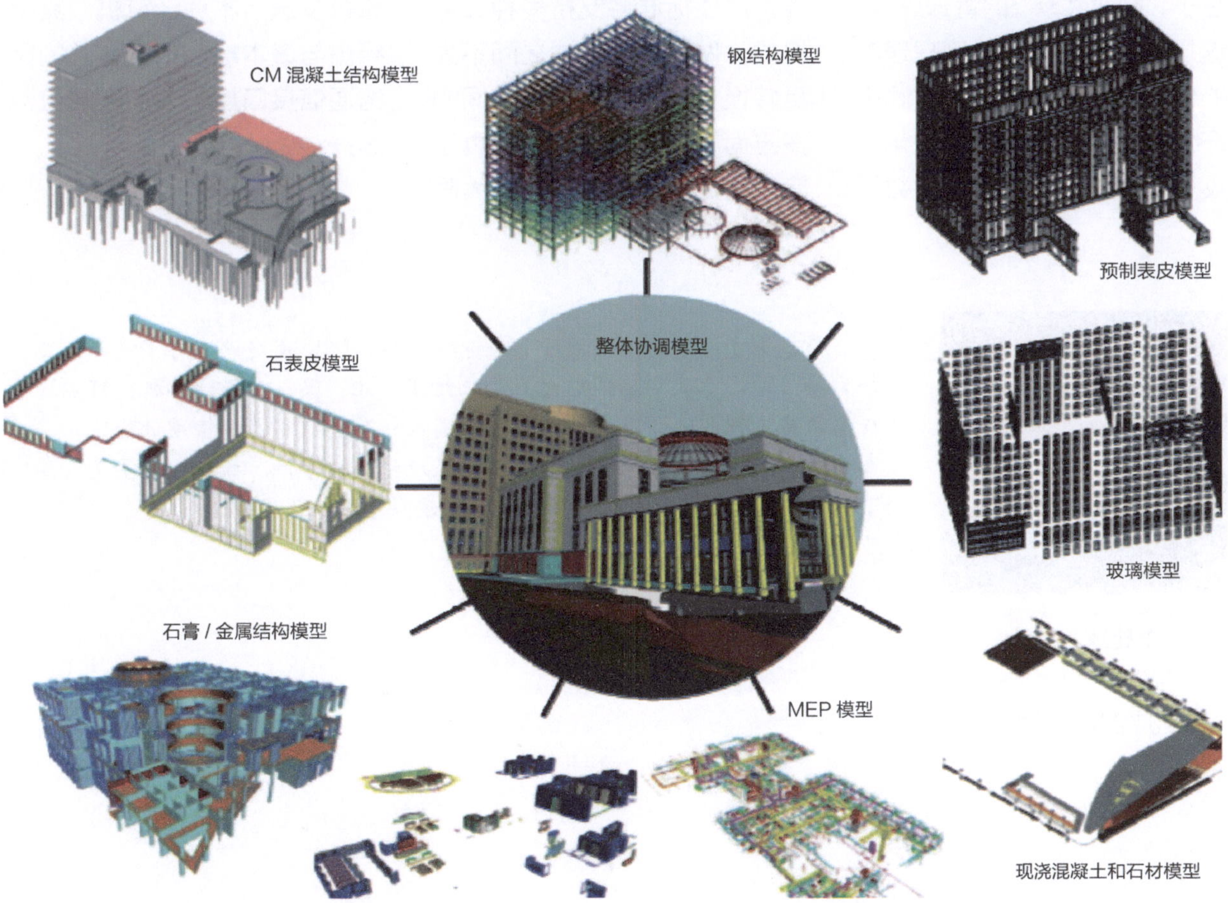


图 4-1-1　不同建筑模型数据
Fig. 4-1-1 Different building model data

乡建设引向理性化和智能化，为新型城镇化提供理性内核。

1）理清建设学科间数据流网络

基于院士和行业专家的调研，理清城市建设学科各行业之间的数据流动，建立数据输入端和输出端之间的联系，合并相同相近的数据类型，在不同行业之间建立数据流的连接网络，打破不同行业之间数据交流的隔阂，描绘建设工程数据流动的全景图。

2）成为智能建设的数据共享平台

数海将成为智能建设的数据共享平台，其最重要的特点在于“共建共享”的管理思想。这是一种管理模式、管理理念的创新，是信息化建设实践中产生的管理思想，是信息化发展中的创新。平台将提供数据发布和索取服务，一方面，数据拥有者可以在平台上发布数据资源并提供数据下载地址等；另一方面，平台用户也可以使用数据查询服务，实现通过数据源查询上下游行业，从行业查询数据输入输出的功能。数海将真正打通建设工程各行业之间的信息壁垒，实现数据资源共享，促进各行业间的协同发展。

3）推广统一的数据交换格式标准

数据表现形式的不同，造成了大量的数据无法应用或转换后存在错误。数海平台将推广一种通用的数据交换格式标准，这项标准将支持多种数据格式，做到文件格式之间不失真转换，以及数据格式之间的多方面转换。这套标准将真正跨越数据交换的屏障，最大限度地实现数据格式的统一。

4）提供安全的数据传输渠道

本平台将提供一种安全的数据传输渠道和方法，其实施包括基于来自用户在本地计算机设备上启动的应用程序的鉴别而对输入数据进行加密。把由用户产生的该加密输入数据发送给与本地计算机设备有关的网络通信接口，以便传送给远程计算机设备。在该远程计算机处，对所接收的输入数据进行解密，由此基于该解密输入数据，远程计算机产生与解密第一数据有关的加密响应数据。把加密响应数据从远程计算机发送给本地计算机，其中经由与该本地计算机有关的网络通信接口接收该加密响应数据并对其进行解密。

李建成　院士
武汉大学副校长
测绘学院院长

在城市建设方面，必须运用先进技术对传统城市建设进行革新。以测绘为例，过去是从实体到纸上，是三维变二维；现在有了计算机，可以进行实体的三维表述。同样，规划设计进入一个全数字的三维设计阶段，非常直观，且技术成熟。智能城市建设还应强调科学性，杜绝功利主义。除了技术之外的问题，也应该指出来，实现科学理性化发展。

**刘先林　院士**
中国测绘科学研究院
研究员

近几年来，地理信息行业有了许多突破性的进展，首要方面是地理信息应用需求的变化。从2014年下半年开始，地理信息行业开始关注室内空间、地下空间。不仅是测绘，还要详尽地分析、建模等。测绘在方式和技术方面有了许多进步。在制图采集方面，过去都是用下视照片，现在是左右前后沿道路采集照片，这样可以更快捷更精确地建模。采集到的这些照片可通过集群计算、图形处理器（GPU）的使用，快速全自动建模。这种建模方式的速度和精度，与过去相比都是不可想象的。过去建模很耗财力、耗精力，每平方千米要8万~10万元甚至更多，现在有了通过照片建模的技术就不需要花大人力、大价钱。过去我们测绘建模，仅仅是为了观察、观测现状情况。现在有了全息三维测量技术，可以在测绘过程中把50多种地面物体都自动提取、分层处理、添加属性。每一种物体都有唯一的编码，记录其几何属性，实现更精细、更精确的测量和管理。由于分层分类很多，需要处理过程的智能化，激光技术的运用也可以大大简化测绘工作的操作，代替过去的人工操作。由此产生详尽的全息三维分析报告，区别于传统报告之处在于，三维分析报告包含了各个类别的统计，如道路类、植物类、生物类等，涵盖了井盖、路灯、树叶、树干、绿地、路面、斑马线、电线、电杆等各个方面，精度可以准确识别20 cm直径的树干，目前的技术能够达到90%左右的正确率。从过去0.5 m的测量进度，逐渐精细到现在的0.05 m，如自行车锁车环都可以识别出来。全息三维技术获得的分析报告，可以通过管理多种分层的实体，而通过每个实体唯一的编码，从而实现智能城市的对象管理。智能城市的地理信息服务不再局限于二维，而是二、三维联动，今后一定是全三维的，实现智能城市测绘的智能化。

# 4.2 智能建设数海的技术可能性

The Possibility Of Data Ocean Technology

## 4.2.1 大规模数据存储

为了应对数据处理的压力，过去 10 年间在数据处理技术领域有了很多的创新和发展。除了面向高并发、短事务的 OLTP 内存数据库外（Altibase，Timesten），其他的技术创新和产品都是面向数据分析的，而且是大数据分析的。

这类新的分析型数据库产品的共性主要是：架构基于大规模分布式计算（MPP）；硬件基于 ×86PC 服务器；存储基于服务器自带的本地硬盘；操作系统主要是 Linux；拥有极高的横向扩展能力（scale out）和内在的故障容错能力，以及数据高可用保障机制；能大大降低每 TB 数据的处理成本，为“大数据”处理提供技术和性价比支撑。

总的来看，数据处理技术进入了一个新的创新和发展高潮，机会很多。这里的主要原因是一直沿用了 30 年的传统数据库技术遇到了技术瓶颈，而市场和用户的需求在推动着技术的创新，并为此创造了很多机会。在大数据面前，越来越多的用户愿意尝试新技术和新产品，不那么保守了。因为大家开始清晰地看到传统技术的瓶颈，选择新的技术才有可能解决他们面临的新问题。现在的总体趋势是在数据量快速增长、多类数据分析并存的需求压力下，数据处理技术朝着细分方向发展，过去 30 年一种平台满足所有应用需求的时代已经过去。我们必须开始根据应用需求和数据量选择最适合的产品和技术来支撑应用。世界数据处理市场格局正在发生革命性的变化，传统数据库（OldSQL）一统天下变成了 OldSQL+NewSQL+NoSQL+ 其他新技术（流、实时、内存等）共同支撑多类应用的局面。在大数据时代，需要的是数据驱动最优平台和产品的选择。

最典型的大数据存储技术路线主要有三种：

第一种是采用 MPP 架构的新型数据库集群，重点面向行业大数据，采用 Shared Nothing 架构，通过列存储、粗粒度索引等多项大数据处理

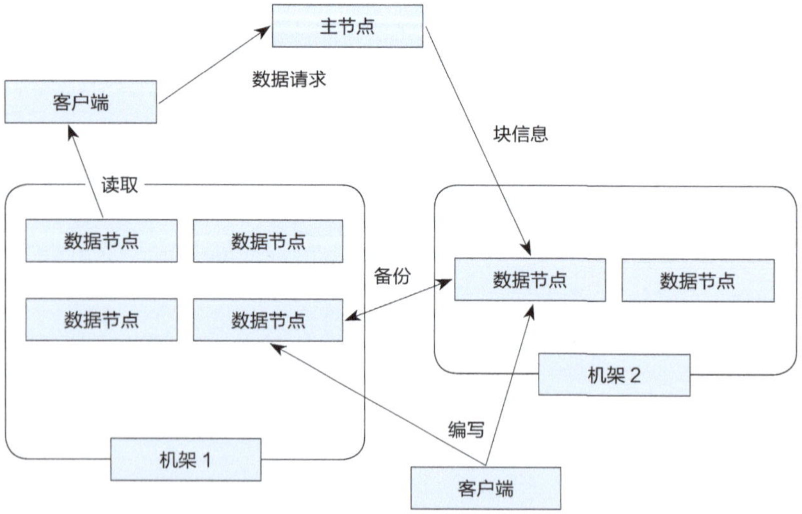


图 4-2-1　HDFS 架构
Fig. 4-2-1　HDFS structure

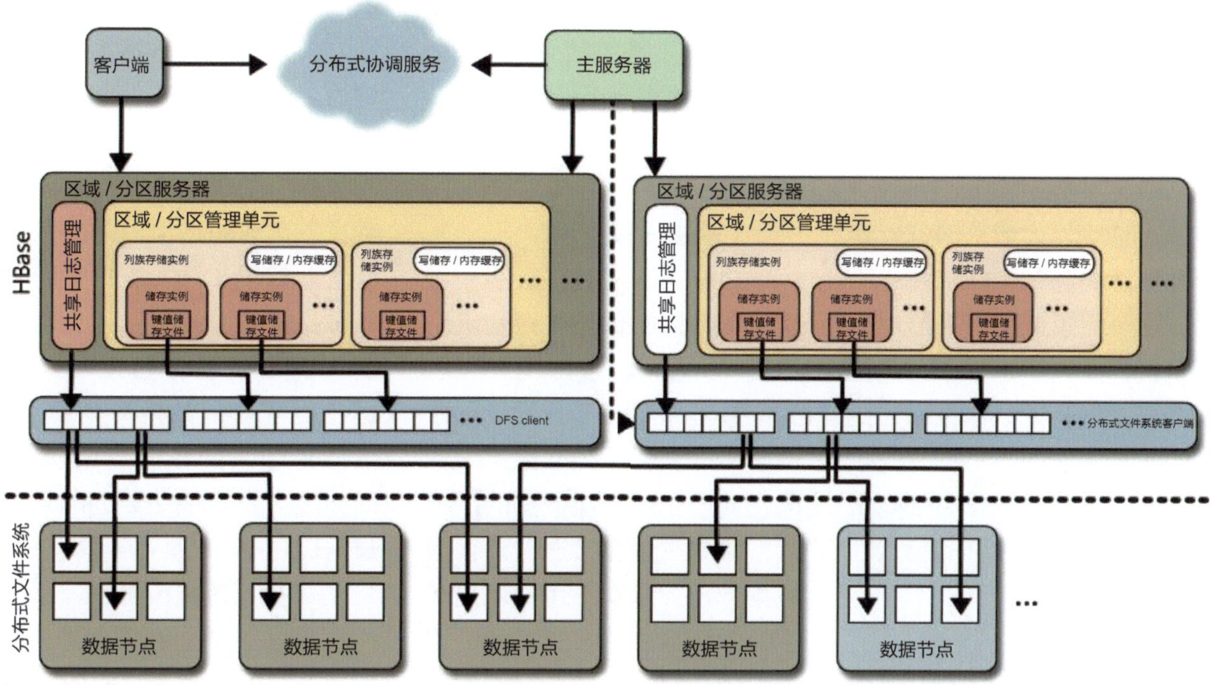


图 4-2-2　Hbase 架构
Fig. 4-2-2　Hbase structure

技术，再结合 MPP 架构高效的分布式计算模式，完成对分析类应用的支撑，运行环境多为低成本 PC Server，具有高性能和高扩展性的特点，在企业分析类应用领域获得极其广泛的应用。

这类 MPP 产品可以有效支撑 PB 级别的结构化数据分析，这是传统数据库技术无法胜任的。对于企业新一代的数据仓库和结构化数据分析，目前最佳选择是 MPP 数据库。

第二种是基于 Hadoop 的技术扩展和封装，围绕 Hadoop 衍生出相关的大数据技术，应对传统关系型数据库较难处理的数据和场景。例如针对非结构化数据的存储和计算等，充分利用 Hadoop 开源的优势，伴随相关技术的不断进步，其应用场景也将逐步扩大，目前最为典型的应用场景就是通过扩展和封装 Hadoop 来实现对互联网大数据存储、分析的支撑。这里面有几十种 NoSQL 技术，也在进一步

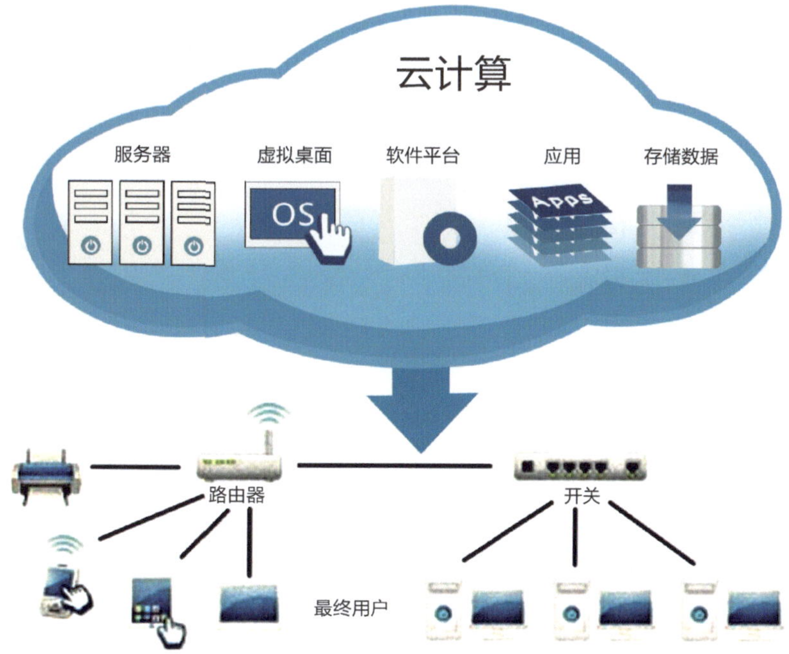


图 4-2-3　云计算架构
Fig. 4-2-3　Cloud computing structure

细分。对于非结构、半结构化数据处理、复杂的 ETL 流程、复杂的数据挖掘和计算模型，Hadoop 平台更擅长。

第三种是大数据一体机，这是一种专为大数据的分析处理而设计的软、硬件结合的产品，由一组集成的服务器、存储设备、操作系统、数据库管理系统，以及为数据查询、处理、分析用途而特别预先安装及优化的软件组成，高性能大数据一体机具有良好的稳定性和纵向扩展性。

### 4.2.2 数据共享平台

数据共享平台能够有效解决数据孤岛问题，通过通用硬件设备大幅降低 IT 系统的储存及维护成本，在数据源与数据应用之间承担承上启下的作用，使得数据按照统一的数据模型进行数据整合，提升数据质量。国内已有较成熟的数据共享平台，如数据堂、贵阳大数据交易所等。

数据堂是数据源服务提供商，主要业务包括数据采集、制作、共享和应用等服务，以及大数据存储、管理、挖掘、分析的系统解决方案。

**1. 数据采集能力**

数据堂的众包采集平台具有获取数据的优势，众客堂用户有 46 万人，这些用户可以完成数据采集任务或直接是数据产生的主体。当数据堂服务的企业产生对某类数据的需求时，数据堂会直接通过众客堂采集数据。众客堂用户还是数据堂处理数据的方式之一，同样通过众包的模式众客堂用户可甄别数据的真伪和有效性。

**2. 数据处理能力**

数据堂技术团队来自中国 NEC 研发部，具有超过十年的数据技术经验。数据堂非结构化处理能力可覆盖的方面包括消费票据处理、人脸识别、物体识别和精细分类数据处理。同时，数据堂还具备数据融合和整合技术能力，可以将不同来源的数据关联起来。

**3. 洞悉未来数据需求领域能力**

数据的产生先于数据需求的产生，更早更准地判断未来数据的需求重点可以帮助数据源企业提早布局。数据堂团队在数据领域的经验和与互联网公司的项目合作可以帮助数据堂提早布局数据采集重点，数据堂经营的数据商城 Data Mall 也是数据堂主要的需求收集入口之一。

**4. 数据资源积累**

数据资源是依托上述三个能力产生的，是最核心的竞争优势。作为行业内最先成立的数据源公司，数据堂享有先行者的优势，而先行者的优势集中体现在数据资源的积累上。数据资源和数据能力的协同共同构成数据堂的核心竞争力。

**5. 客户基础和长期合同**

数据堂拥有很强的客户基础，主要合作的公司为互联网和高科技制造公司，包括百度、

**韩其为** 院士
水利水电科学研究院教授

新型城镇化和城市智能化都是我国非常重要的战略方向。城市的智能化，在强调通过技术收集、整理、分析海量数据的同时，还要强调真正能提高生产力的方法。不能单纯就数据谈数据，要通过数据分析出结论，用于建设实践。

以三峡水库为例，三峡对下游河道和沿江城市存在多方面影响，包括航运、防洪等多种有利的和不利的不同影响。在有关城市建设中，我们需要考虑如何去掉不利的影响，这样才可以提高效率。比如三峡建成之后提高了分洪的标准，如何把大量解放出的土地加以利用。这是新型城镇化要解决的问题。

长江上还有一件大事，即长江航道的扩大。深水航道在目前的基础上延长到南京，南京各段水深都要加大 1~2 m，这对长江航运能力的扩大是很好的条件。长江周边城镇，怎样利用这个机遇，跟进发展，也是值得研究的。

宁津生 院士
武汉大学测绘学院教授

报告中提到的数字地图，或者是地理空间信息，是智能建设不可缺少的基础设施。测绘地理信息为智能城市建设提供空间、时间的平台框架，把人与物、物与物联系起来。城镇化智能建设中，除了物联网、传感器、云平台、大数据等技术外，测绘地理信息在里面起到基础平台作用。而我们现在的地理信息平台技术已经在武汉、天津、香港等地有了应用，涉及规划和施工等方面，大大提高了设计和建设的精度。

腾讯、阿里、联想和华为等。数据堂与以上大公司维持稳定的客户和长期合作关系。客户基础和长期项目合同是数据堂稳定的收入来源，并且与大公司的合作可以帮助数据堂增强品牌力以及进一步吸引同样的高价值客户，为数据堂带来稳定的业务增长和整体发展。

### 4.2.3 数据隐私保护[1]

大数据的保护隐私问题本质上是一种数据隐私保护问题，而数据隐私是指数据拥有者不愿意被披露的敏感数据或者数据所表征的特性。因此，保护大数据隐私最根本的是保护敏感数据不被泄露，也就是说大数据的隐私问题本质上是大数据的泄露问题。在大数据的整个生命周期内，可能发生数据泄露的领域目前来看主要包括大数据的存储、搜索和计算。与传统的数据隐私保护不同，大数据的存储、搜索和计算这三个方面所面临的隐私保护问题都是新型的隐私保护问题，是由大数据规模大、增长速度不可预知等特点带来的。因此，大数据一般存储在云上，由云存储服务提供者进行管理。虽然将大数据存放在云上极大地方便了数据的拥有者，但是云存储服务提供者并不完全可信，这导致，①数据拥有者必须验证存储在云上数据的完整性，防止数据被破坏；②数据可能将以密文形式存储，所以数据拥有者需要高效的密文搜索算法来搜索存储在云上的加密数据；③数据拥有者需要安全地利用云上的数据进行计算。

在大数据的存储方面，虽然目前已有很多协议可以较为高效地验证存储在云上的大数据的完整性，但是这些协议都需要数据拥有者亲自验证。限于数据拥有者的专业水平、计算能力等原因令其频繁地验证大数据的完整性是不切实际的。因此，在大数据完整性验证协议中引入第三方审计机构是一个自然的选择。然而，这种依赖第三方的大数据完整性验证方法可能会将数据拥有者的数据泄露给审计机构。这就是说，大数据在存储阶段面临隐私泄露风险的主要原因是大数据的完整性验证协议采用了第三方审计机构。因此，大数据存储方面的主要隐私保护问题是如何设计一种安全高效的、能够阻止数据拥有者的数据泄露给第三方审计机构的大数据完整性验证协议。

在大数据的搜索方面，我们知道大数据可能以明文或者密文两种方式存储，按照这两种不同的存储方式分类，大数据的搜索可分为明文搜索和密文搜索两种模式。如果大数据以明文方式存储，则相应的大数据搜索问题即传统的数据查询和数据发布问题，否则，大

[1] 黄刘生，田苗苗，黄河．大数据隐私保护密码技术研究综述 [J]. 软件学报，2015.

数据的搜索即对密文的搜索。大数据以密文方式存储主要是因为这类大数据较为机密，如果大数据的机密性较低或者机密数据因为某些原因被解密，比如某用户得到数据拥有者的授权而获取某些机密数据等，此时大数据将（或者可以看作）以明文方式存储。以明文形式存储的大数据，如果对搜索不加以限制和防范必然会泄露数据的隐私，因此研究人员设计了很多保护隐私的明文搜索算法。虽然密文搜索算法已不是新鲜事物，但是这类算法的安全性仅仅依赖于敌手的计算能力，与敌手的背景知识无关，所以更适用于大数据的隐私保护搜索。在保护隐私的大数据密文搜索问题中，由于机密数据以密文形式存储，因此可以忽略数据泄露的问题而将隐私保护的重点放在如何设计满足大数据实际需求的密文搜索算法上。

另外，在大数据环境下，数据拥有者或者其他用户通常希望利用存储在云上的大数据，因此他们可能会需要云服务提供商计算特定的大数据并将计算结果返回。然而作为计算输入的大数据或者计算结果可能是非常机密的，所以保护

**肖绪文　院士**
中国建筑股份有限公司
技术中心顾问总工

施工现场装配化包括：临建设施装配化、结构构件装配化、配件安装整体化、现场施工机械化、现管理信息化、操作人员专业化、装配化实施的前提条件、建筑设计标准化、构配件生产标准化、设备管道集成化、建筑形式多样化、构配件供应配套化。

绿色建造包括立项绿色策划、绿色设计、绿色施工。其中，立项绿色策划解决的是建筑工程绿色建造总体规划问题；绿色设计重点解决绿色建筑实现问题，为绿色施工提供一定支持；绿色施工重点强调节约资源，减少废弃物排放，解决大环境保护问题。

绿色建造和施工现场装配化两者关系主要表现在，一是施工现场装配化是实现绿色建造的重要途径，可提升绿色建造水平；二是施工现场装配化不一定能实现绿色建造，实现绿色建造有利于施工现场装配化的全面深入推进。

推进施工现场装配化是大势所趋，这既是经济发展阶段决定的，也是新型城镇化发展和建筑业转型升级的需求，更是人力资源短缺现状和装配化技术渐趋成熟使然。

目前我国的施工现场装配化存在诸如建设体制机制不适应、装配技术研究不成熟和现行标准存在不完善等诸多问题。需要强化配式结构体系的整体抗震性能研究、外围护结构基于热工性能、混凝土收缩及防水的综合技术研究、预制体系模数化和标准化研究、构配件生产工业化、信息化、自动化的成套装备研究、基于绿色建造的装配化施工技术研究和基于绿色建造的现场施工装配化配套政策及法规研究等。因此，我针对此提出相关建议：一是明确目标，做好顶层设计，总体规划，分步实施；二是针对目前存在的共性问题，组织联合攻关，基于绿色建造，创新结构体系研究，创造符合装配化综合要求的体系和集成技术；三是合理布局构配件生产厂家，高端切入，培育新的现代化产业，重点发展与装配化要求相适应的配套产品，促进装配化协调发展；四是重视建筑配件整体化、设备安装集成化技术研究和推广应用；五是要注意，施工现场装配化是系统工程，切忌盲目性，注重科学推进。

隐私的大数据计算问题就是指如何能够安全地计算大数据而不泄露机密数据或计算结果给第三方。显然，对于机密数据而言，直接将其提交给云服务提供商进行计算是不明智的，因此在大数据的计算中，数据和计算结果都需要以密文形式保存。在这种情况下，处理大数据计算问题的一个有效的方法就是使用同态加密方案。实际上，能够完全保护大数据计算隐私的技术几乎也仅限于同态加密方案。由于大数据中用户较多，各用户所要求的计算问题可能也比较多，简单的同态加密方案是不适用的，而完全同态加密方案可以对密文作任意复杂的计算，能够在理论上完美地解决大数据的隐私保护计算问题。

## 4.3 智能建设数海的功能组织

### The Function Organization of Data Ocean

数海理清城市建设学科各行业之间的数据流动，建立数据输入端和输出端之间的联系，打破不同行业之间数据交流的隔阂，提供数据发布和索取服务，成为建设相关行业数据共享平台，为行业专家提供数据来源查询服务。

首先对建设工程相关学科进行分类，划分出12个建造工程学科——水文、港口、水工、铁路、污水、规划、道桥、能源、建造、结构、材料、防护，3个数据工程学科——测量、监控和数据库。按照纵轴宏观到微观，横轴自然到人工布局，成为数海的基础骨架。

其次建立数据与学科之间的联系，对单一的建设工程数据其产出源头为数据流出端，以此数据作为进一步工程设计的学科为流入端。

如此将建设工程中的数据建立成网络关系，学科间通过数据交流连接成为上下游关系。

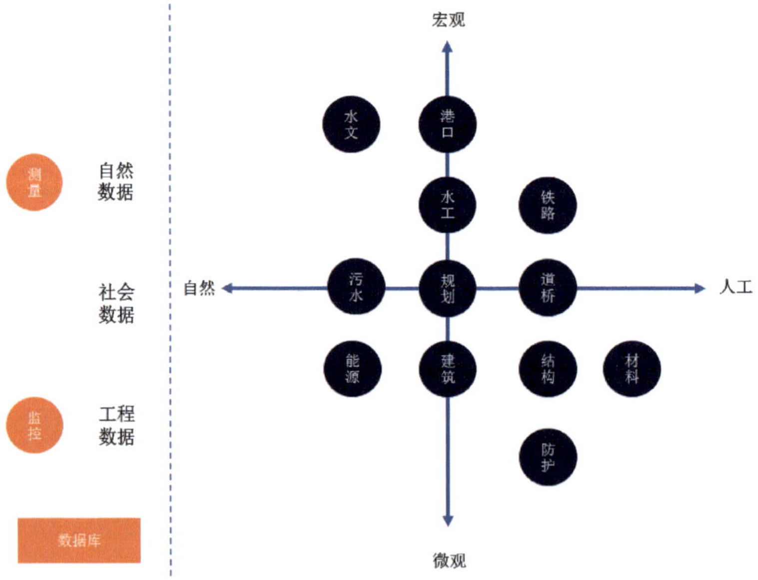


图 4-3-1 数海
Fig. 4-3-1 Data ocean structure

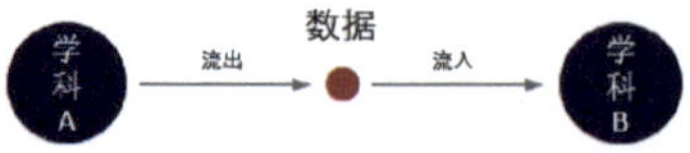


图 4-3-2 数据流动于不同学科间
Fig. 4-3-2 Data flows among different disciplines

潘云鹤　院士
国际欧亚科学院院士

当前，我国的智慧城市建设正处于快速发展期，许多城市都纷纷宣布建设智慧城市，热情之高令世界瞩目。其原因在于，近年来我国城市快速膨胀，由此带来“城市病”高发，急需城市发展的新理念、新方法予以应对。在这样的背景下，我国城市智能化要把握自身发展趋势，在世界智慧城市建设浪潮中走在前列，关键是把握好以下四个方面。

把握城市智能化多层结构深入推进的趋势。与发达国家智慧城市建设不同，我国目前正处于“五化”同步发展阶段，城市智能化发展的任务也应有自身独特内容，包括城市建设、城市信息基础设施、城市产业发展、城市管理与服务、城市人力资源五个方面的智能化。目前，从推进的途径看，我国多数城市的智能化发展都是从建设各种智能应用系统，如智能医疗、智能电网、智能交通等着手，这是可行的。但要不断提高城市智能化水平，还要继续在其他方面发力。

把握城市大数据深度使用的趋势。用好城市大数据，能前所未有地深刻认识城市各系统之间的关系，大大提高城市运行的水平。目前，城市的各种数据大多被条块管理体制分割为信息孤岛，需要将它们打通与汇聚，并合理地提供给大家共享与应用。这样，才能将城市大数据的丰富价值转化为城市发展的巨大动力，为城市政府管理与服务决策、经济发展、民生保障提供智能化支撑。

把握智能经济与智能民生双轮驱动的趋势。城市智能化发展不但要让市民生活明显改善，也要让城市的产业兴旺发达，如加强电子商务与制造业互动、加强城市内行业间的互动、优化主要产业的市场和供应链、加快新型服务业发展等。因此，需要把握智能经济与智能民生的双轮驱动，以推动我国城市智能化、高效率和可持续发展。

把握城市智能化服务于市民需求、企业发展和政府决策的趋势。城市智能化发展是一个从分到合、由浅入深的过程，从建设各智能系统着手，逐步向宏观决策和微观服务深入发展，使城市智能化建设与“经济—社会—生态”发展相统一。

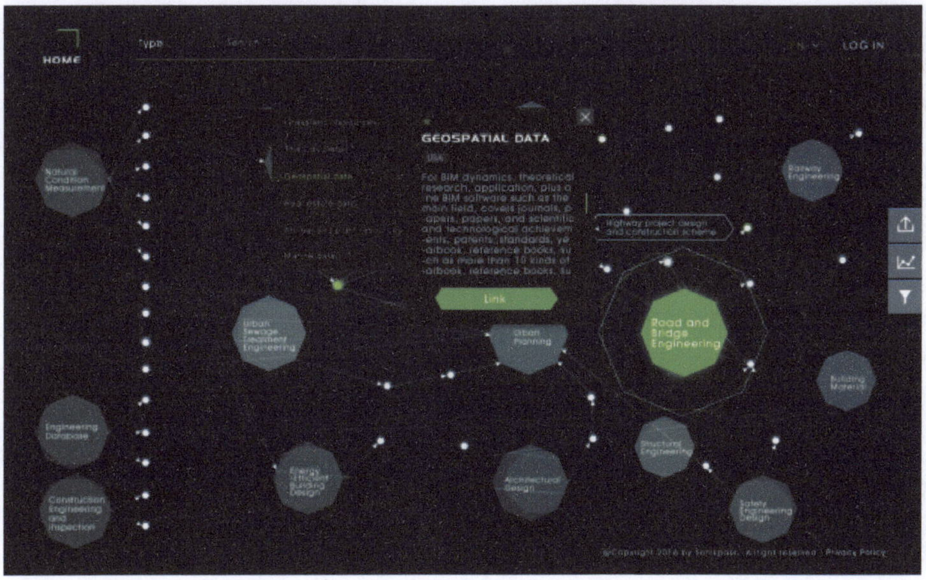


图 4–3–3　数海数据查询
Fig. 4–3–3  Data query

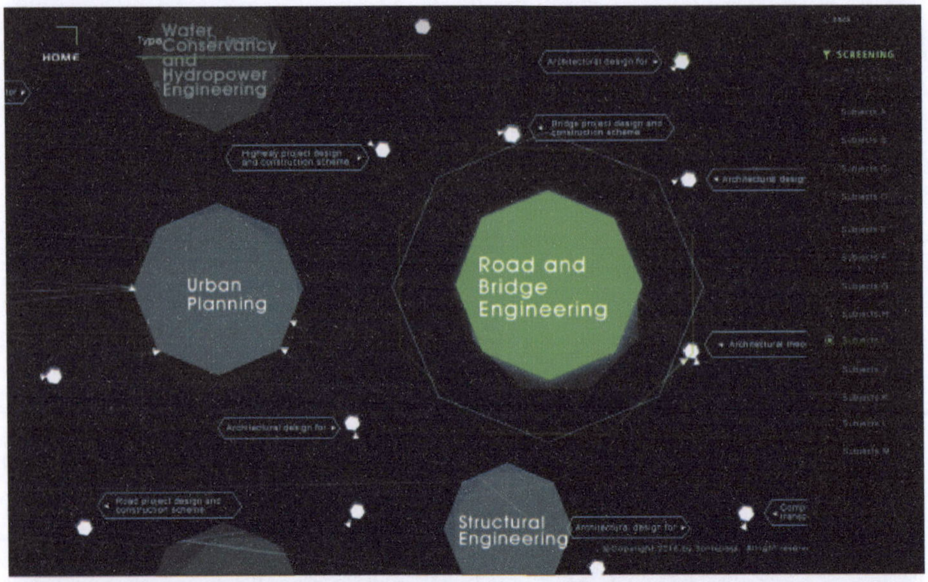


图 4-3-4　数海数据筛选
Fig. 4-3-4  Data filter

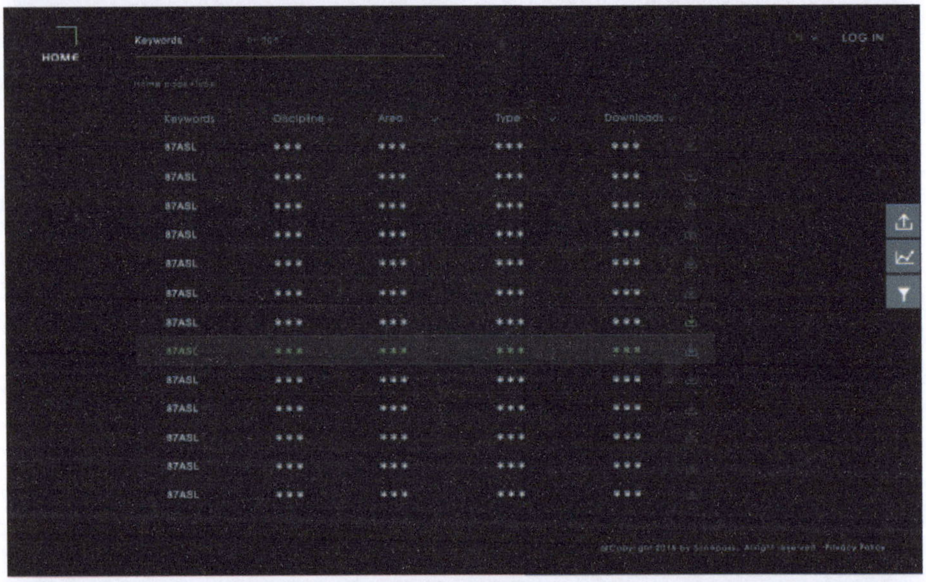


图 4-3-5　数海关键字搜索
Fig. 4-3-5  Key word searching

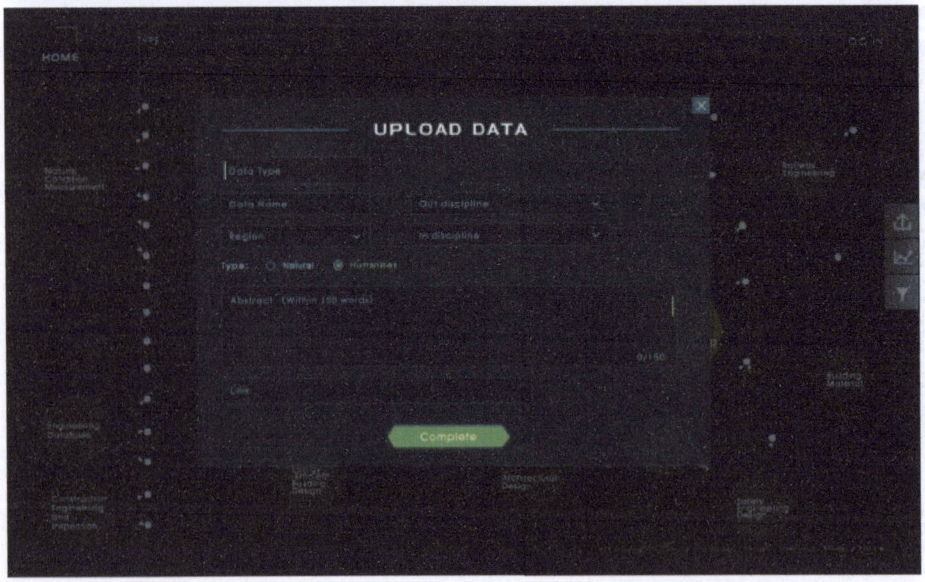


图 4-3-6　数海数据上传
Fig. 4-3-6  Data upload

**周丰峻　院士**
总参工程兵第三研究所
研究员

过去，城市发展的决策过程由于条件不成熟，走了很多弯路，现在有了科学的智能的办法，可以进行智能建设。

从城市发展功能性上，提几点意见：

(1) 交通问题。现在无论是一、二线城市还是三、四线城市，交通问题都十分突出。解决交通问题，需要靠顶层设计。例如解决交通问题至少有两种方式：

①立体化交通。先进国家很多都是运用立体化解决交通问题，如地块深挖等。我国过去总是强调要节省建设资金，但是从长远看，立体化交通其实更加节约。因为建了拆、拆了建来回往返的花费，据统计将更多。

②地下枢纽。交通枢纽也是商业枢纽，对减缓市区的交通压力非常起作用。

(2) 安全问题。在工业、工程安全中，检测、实时监测、疏散通道、紧急情况处置这个思路还没有充分应用。例如消防员红外检测装置，消防队员戴着这个装置，可以很迅速找到被困人员，以及找到逃生出口。这些好的设备如果可以运用于实际，可以大大降低消防队员的伤亡情况。

(3) 环境问题。包括水质问题、沉降问题、空气污染问题、固体废弃物问题等。比如，北京通过汽车牌照限号的政策，不让大家买车，这就不是智慧解决环境的方式。

# 第五章　推进城市智能建设战略建议

CHAPTER 5

CONCLUSIONS AND SUGGESTIONS

## 5.1 新型城镇化的智能建设战略框架

Strategic Framework For Intelligent Construction

| 三个“看不到” | 三个“智化” |
| --- | --- |
| **看不到城市问题**<br>看不到环境发展可持续的问题。城市建设往往只抓形态，以牺牲环境为代价 | **问题追溯智化**<br>通过大数据的手段，精确诊断城市问题成因，区分城市本身的先天问题与规划建设带来的问题 |
| **看不到规划未来**<br>看不见规划设计实施以后未来的城市运行的结果。每一个规划设计决策后面造成的社会经济和整个城市运行的后果 | **方案设计智化**<br>基于模型建构，应用人工智能技术，对方案产生影响进行模拟 |
| **看不到行业协作**<br>城市建设的各子行业间缺少有效的信息交流机制，造成大量的信息重复采集，浪费资源 | **行业协同智化**<br>建立行业间数据共享平台，促进行业间数据交互，形成协同数据网络。同时不断自身学习进化 |

图 5–1–1　智能建设战略框架

Fig. 5–1–1  Strategic framework for intelligent construction

# 5.2 国家政府推进战略建议

Advices for National Governments Promoting Strategies

## 5.2.1 建立国家与地方大数据库体系

建构城市自然地理条件及基于城市建设大数据库的全息三维动态地图。

三维数字地图：以三维电子地图数据库为基础，按照一定比例对现实世界或其中一部分的一个或多个方面的三维、抽象的描述。

随着网络、通讯及数据处理的技术的提升，新一代的数字地图不仅可以记录地图信息，还可以对地图信息数据库进行分类管理，从而建立地图信息和内在数据库的关联。

城市建设大数据库：致力于开展智能城市多源异构数据的采集与整合，校验数据的真实性与可靠性；构建智能城镇化数据库，建立完善区域层面的宏观数据与城市层面微观数据的耦合性；开展数据的即时提取、分析和输出。

## 5.2.2 关注城镇群智能化

城镇群是我国智能城镇化的关键性地区，尤其是京津冀、长三角、珠三角等重点城镇化地区，其面临的生态、环境、资源问题、生活质量和社会风险问题、城市建设和运行效率下降等问题十分突出，由于往往跨越多个行政区域，管理、决策主体分散也使得发展矛盾更为复杂，促进整体协调发展更加困难。传统规划技术面对复杂问题，在信息集成、监控、综合判断和动态应对方面难以适应。因此，应当通过建立整体的监控平台及应用智能规划技术，实现科学理性的规划治理。

## 5.2.3 提供智能建设政策支持

国家应制定智能建设推进的相关政策，鼓励大数据分析、监控、遥感、测绘等智能建设相关产业发展。支持有较强集成能力的信息提供商建设大数据服务平台，提供大数据分析公共支撑、重点领域应用等集成共享服务。支持软硬件企业和服务企业垂直整合，与信息内容服务相结合，提供软硬件一体化的大数据解决方案，延伸相关产业发展，形成全方位的产品和服务供应体系。

加快建设大数据管理平台，整合现有相关职能机构，设立数据资源管理办公室。建立政府数据资产登记制度，实施数据资产目录公开，规范数据资产管理，推动政府数据资源整合、公开共享、开发利用。探索建立社会数据资产登记制度和交易规则，建设大数据交换平台和数据交易市场，加快数据资源流通。

## 5.3 地方政府发展战略建议

Advices for Local Governments Development Strategies

城镇化是保持经济持续健康发展的强大引擎，是推动区域协调发展的有力支撑，也是促进社会全面进步的必然要求。然而，快速城镇化的同时，城市发展也面临巨大的环境与资源压力，外延增长式的城市发展模式已难以为继，《国家新型城镇化规划（2014—2020 年）》明确提出，我国的城镇化必须进入以提升质量为主的转型发展新阶段。习总书记在 2013 年中央城镇化工作会议上明确指出："解决城市缺水问题，必须顺应自然。比如，在提升城市排水系统时要优先考虑把有限的雨水留下来，优先考虑更多利用自然力量排水，建设自然积存、自然渗透、自然净化的海绵城市。"

海绵城市的国际通用术语为"低影响开发雨水系统构建"，是指城市能够像海绵一样，在适应环境变化和应对自然灾害等方面具有良好的"弹性"，下雨时吸水、蓄水、渗水、净水，需要时将蓄存的水"释放"并加以利用，从而让水在城市中的迁移活动更加"自然"。海绵城市遵循生态优先等原则，将自然途径与人工措施相结合，在确保城市排水防涝安全的前提下，最大限度地实现雨水在城市区域的积存、渗透和净化，促进雨水资源的利用和生态环境保护。海绵城市建设应统筹自然降水、地表水和地下水的系统性，协调给水、排水等水循环利用各环节，并考虑其复杂性和长期性。

### 5.3.1 城市立法建立总师制度

从立法方面完善城市建设的管理制度，需要有专门的责权部门和组织架构，不能依靠个人魅力在城市发展建设重大问题方面做决策。

### 5.3.2 建立项目智能化评价标准，并设立智能项目工程奖

智能建设项目的建设效果并不是由几个人凭空决定的，而是需要依据一个明确的标准。因此，我国的城市于 2010 年左右逐步展开有关智能城市评价体系的研究，但并未涉及具体的建设项目。同时我国的智能化建设标准，主要分为建筑、安防、电信、家具、交通等类别，其中的众多标准设立时间过于长远，已不适合现在智能化技术飞速发展的现状。所以急需根据当前状况，建立系统的项目智能化评价标准。

通过政府的引导和监督，由信息化行业相关科研机构及企事业单位基于其行业优势、技术条件和实践经验，经过深入的研究和探索后，主导进行建立。智能建设标准的建立，需要分成国家标准、行业标准和企业标准。标准中国家制定的是强制性的，其他的部分应由行业制定。

### 5.3.3 设立智能建设试点城市

中国各省级政府应支持智能建设推进，设立省级智能建设试点城市，实践智能建设数海在城市建设过程中的应用。依托城市信息中心，以城市空间地图作为底板，汇集城市建设工程相关的数据，公开数据目录，部分数据开放共享。促进数据在各行业间以及行业内不同单位间的流动。

## 5.4 行业技术发展战略建议

Advices for Industries Technology Development Strategies

### 5.4.1 制定行业规范

各城市建设相关行业应紧密联系，在各行业已有标准基础上，建立统一的数据交换标准，进而打通各个行业间的信息壁垒。基于统一的标准可加速大数据平台等产业化进程，市场化运作降低相关技术的门槛，推广智能数据平台的应用。

### 5.4.2 增加北斗卫星的应用

智能建设应大量引入北斗卫星的运用。北斗项目是中国的 GPS 项目，是中国自主的定位系统、遥测系统和授时系统。系统建设目标是：建成独立自主、开放兼容、技术先进、稳定可靠的覆盖全球的北斗卫星导航系统，促进卫星导航产业链形成，形成完善的国家卫星导航应用产业支撑、推广和保障体系，推动卫星导航在国民经济社会各行业的广泛应用。

北斗卫星导航系统由空间段、地面段和用户段三部分组成。空间段包括 5 颗静止轨道卫星和 30 颗非静止轨道卫星，地面段包括主控站、注入站和监测站等若干个地面站，用户段包括北斗用户终端以及与其他卫星导航系统兼容的终端。

随着我国北斗卫星导航系统逐步的发展和进步，可以预见，未来在我国，北斗将在导航与定位应用领域发挥重要作用。作为我国自主研发的卫星定位系统，北斗卫星导航系统将为我国智能城市的建设和发展提供重要技术支撑，在智能交通、智能应急救援、气候观测、气象预报等方面有着大量应用。

## 5.5 大规模投入规划智能化研发

Advices for Research Development Strategies

建议大量投入规划智能化的研发，目前人工智能技术发展正处于飞跃阶段，在自动驾驶、智能医疗等领域得到应用。另外，计算机性能的指数型提升为人工智能大规模运算提供了硬件基础。应将人工智能应用到城市规划的问题诊断、未来情景模拟等方面，为城市规划提供量化的科学支撑。

# 附录

Appendix

2014 / 09 / 02

# 中国新型城镇化的智能建设战略研究

## 咨询项目通讯

中国工程院土木、水利与建筑工程学部咨询研究项目

## 2014 年 9 月 2 日中国工程院土木、水利与建筑工程学部《中国新型城镇化的智能建设战略研究》项目启动会

2014 年 9 月 2 日下午，中国工程院土木、水利与建筑工程学部项目《中国新型城镇化的智能建设战略研究》启动会在上海黄浦区斜土路 688 号华美达和平大酒店 5 楼会议室举行。

该项目由中国工程院项海帆院士任项目负责人，同济大学副校长吴志强教授任项目执笔人，其他参会院士专家包括，中国工程院沈祖炎院士、董石麟院士、王浩院士、谢礼立院士、张建云院士，以及工程院二局阮宝君副局长，土木水利与建筑工程学部唐海英处长，上海院士中心袁硕颀、李静等负责人员。

项海帆院士首先介绍了新型城镇化智能建设项目的研究意义和任务背景，吴志强教授在会上详细汇报了项目背景、任务目标、研究内容、组织形式、预期成果和时间安排。参会院士从项目意义到具体研究内容各自发表了意见和建议。沈祖炎院士强调了项目研究内容的具体布局，工程建造、城乡交通、区城环境应以规划建设为统领。董石麟院士从自身研究领域出发，强调了工业化装配化是工程建造智能化的重要途径之一。王浩院士从水资源的规划、运行、建造三个层面，具体点明了水资源的现状和问题，并提出多部门联动是解决问题的重要手段。张建云院士的发言，主要提出水的智能兴利与除害两方面，并指出旧城改造的智能化建设更为重要。谢礼立院士着重强调了题目的三个关键词“新型”“城镇化”“智能建设”，并建议本项目应立足于工程建设的智能化方面，工程院阮宝君和唐海英也分别提出了意见。

2015/ 01 / 09

# 中国新型城镇化的智能建设战略研究

## 咨询项目通讯

中国工程院土木、水利与建筑工程学部咨询研究项目



### 2015 年 1 月 9 日
### 中国工程院土木、水利与建筑工程学部咨询研究项目院士专家咨询会

2015 年 1 月 9 日上午，《中国新型城镇化的智能建设战略研究》咨询课题在上海召开了院士专家咨询会。魏敦山院士、张锦秋院士、王景全院士、江亿院士，以及工程院阮宝君局长和唐海英主任参加了会议。

《中国新型城镇化的智能建设战略研究》自 2014 年 9 月启动以来，通过院士专家咨询会的组织方式，广泛听取各领域院士专家的意见建议。同时立足上海，选择三个城区（浦东新区、杨浦区、虹口区）作为智能建设实践的典型城区，从理论和实践两个层面同时开展。

此次咨询会上，课题执笔人、同济大学副校长吴志强教授作了项目工作汇报，结合当下与建设紧密联系的各种城市问题，展示了智能建设必须服务于科学决策。

与会院士专家就项目的研究目标、研究重点和研究成果方面提出了若干要求和建议。

2015/ 01 / 16

# 中国新型城镇化的智能建设战略研究

## 咨询项目通讯

中国工程院土木、水利与建筑工程学部咨询研究项目

### 2015 年 1 月 16 日
### 中国工程院土木、水利与建筑工程学部咨询研究项目院士专家咨询会

2015 年 1 月 16 日上午，《中国新型城镇化的智能建设战略研究》咨询课题在上海召开了院士专家咨询会。江欢成院士、周丰峻院士、葛修润院士、郑颖人院士、张祖勋院士等参加了会议。

此次会议上，课题执笔人、同济大学副校长吴志强教授作了项目工作汇报，结合当下与建设紧密联系的各种城市问题，展示了智能建设的方法与内容，并通过实施案例对智能建设进行了系统的说明，提出智能建设必须服务于科学决策。与会院士专家就项目的研究目标、研究重点和研究成果提出了若干要求和建议。

2015/ 02 / 06

# 中国新型城镇化的智能建设战略研究

## 咨询项目通讯

中国工程院土木、水利与建筑工程学部咨询研究项目

### 2015 年 2 月 6 日
### 中国工程院土木、水利与建筑工程学部咨询研究院士专家咨询会

2015 年 2 月 6 日上午，《中国新型城镇化的智能建设战略研究》咨询课题在中国工程院召开了院士专家咨询会。邹德慈院士、韩其为院士、崔俊芝院士、刘先林院士、杨秀敏院士等参加了会议。

此次咨询会上，课题执笔人、同济大学副校长吴志强教授作了项目工作汇报，结合当下与建设紧密联系的各种城市问题，展示了智能建设的方法与内容，并通过实施案例对智能建设进行了系统的说明，提出智能建设必须服务于科学决策。与会院士专家就项目的研究目标、研究重点和研究成果提出了若干要求和建议。

2015/ 03 / 06

# 中国新型城镇化的智能建设战略研究

## 咨询项目通讯

中国工程院土木、水利与建筑工程学部咨询研究项目

### 2015年3月6日
### 中国工程院土木、水利与建筑工程学部咨询研究院士专家咨询会

2015年3月6日上午，《中国新型城镇化的智能建设战略研究》咨询课题在武汉召开了院士专家咨询会。宁津生院士、郭仁忠院士、王家耀院士、刘经南院士、李建成院士、许其凤院士、郑守仁院士，及工程院阮宝君局长和唐海英主任等参加了会议。

此次咨询会上，课题执笔人、同济大学副校长吴志强教授作了项目工作汇报，结合当下与建设紧密联系的各种城市问题，展示了城市智能化建设的5大方面：1平台（模拟评价平台）和4过程（问题诊断、规划方案比选、施工技术、建设管理）。与会院士专家就项目的研究背景、研究总体任务以及目标、项目研究主体内容、项目组织方式与进度等提出了若干要求和建议。

# 后记 Postscript

长期以来，城市作为复杂的巨系统，其规律难以用传统技术方法进行探寻研究。而随着大数据等信息技术的飞速发展，运用智能工具挖掘城市复杂发展规律逐渐成为可能，智能城市(Intelligent City) 建设也由此成为新型城镇化建设的重要发展方向。2011 年 4 月中国工程院启动了重大咨询项目《中国特色新型城镇化发展战略研究》,《中国新型城镇化的智能建设战略研究》便是其中一项课题。

课题的研究是在时任潘云鹤副院长的关怀下，由项海帆院士领衔，由我来具体执行完成的。课题组对于智能城市的建设进行了深入分析，并提出了对应的政策建议。本书集结记录了课题组的部分研究工作，希望为中国城镇化的智能建设发展提供理论基础建议与政策决策支持。

同时，特别感谢袁硕颀、张嘉璨、崔泓冰、裴培、孔翎聿、甘惟、何珍对课题研究做出的突出贡献。此外，还感谢曹布阳、张尚武、王德、殷俊锋、朱若霖、李继军、官远发、周俭、李国华、庞磊、桂任舟、陈卫杰、黄瑶、臧伟、杨秀、胥星静、韩婧、刘伟、乐可柯、庞璐、滕雨薇、张裕锦、林嘉颖、汤挺、张磊、刘晓畅、申程等师生的参与。

谨以此书，与大家分享各位院士、专家的智慧思想，向所有参加课题研究的学者、师生，以及为推动我国智能城乡建设发展不懈努力的各位同仁致敬！

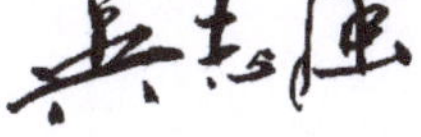